W0332749

LA VÉRITABLE MIREILLE MATHIEU

DANS LA MÊME COLLECTION

La véritable Dalida
par Emmanuel Bonini
·
La véritable Romy Schneider
par Emmanuel Bonini
·
La véritable Joséphine Baker
par Emmanuel Bonini
·
La véritable Greta Garbo
par Bertrand Meyer Stabley
·
La véritable Elizabeth Taylor
par Bertrand Meyer Stabley
·
La véritable Marilyn Monroe
par Bertrand Meyer Stabley
·
La véritable Melina Mercouri
par Bertrand Meyer Stabley
·
La véritable Audrey Hepburn
par Bertrand Meyer Stabley
·
La véritable Jackie Kennedy
par Bertrand Meyer Stabley
·
La véritable Margaret d'Angleterre
par Bertrand Meyer Stabley
·
La véritable Duchesse de Windsor
par Bertrand Meyer Stabley
·
La véritable Ingrid Bergman
par Bertrand Meyer Stabley
·
La véritable Princesse Soraya
par Bertrand Meyer Stabley
·
La véritable Sophia Loren
par Bertrand Meyer Stabley
·
La véritable Élisabeth II
par Vincent Meylan
·
La véritable Farah, impératrice d'Iran
par Vincent Meylan
·
La véritable Marlene Dietrich
par Gilles Plazy

EMMANUEL BONINI

LA VÉRITABLE MIREILLE MATHIEU

Pygmalion

DU MÊME AUTEUR

La véritable Joséphine Baker, Editions Pygmalion/Gérard Watelet, 2000. Editions Corps 16, 2000.

La véritable Romy Schneider, Editions Pygmalion/Gérard Watelet, 2001. Editions Corps 16, 2002.

Joséphine Baker, « 100 images pour une légende », Editions de La Lauze, 2001.

Tino Rossi, Editions du Rocher, 2003. Editions Corps 16, 2004.

Sylvie Vartan, « Le feu sous la glace », Editions Flammarion, 2004.

La véritable Dalida, Editions Pygmalion/Gérard Watelet, 2004.

Sur simple demande adressée à
Pygmalion, département des éditions Flammarion,
87 quai Panhard et Levassor, 75647 Paris cedex 13
vous recevrez gratuitement notre catalogue
qui vous tiendra au courant de nos dernières publications.

© 2005, Pygmalion, département des éditions Flammarion.
ISBN 2-7564-0009-2

Le Code de la propriété intellectuelle n'autorisant, aux termes de l'article L. 122-5 (2° et 3) a), d'une part, que les « copies ou reproductions strictement réservées à l'usage privé du copiste et non destinées à une utilisation collective » et, d'autre part, que les analyses et les courtes citations dans un but d'exemple et d'illustration, « toute représentation ou reproduction intégrale ou partielle faite sans le consentement de l'auteur ou de ses ayants droit ou ayants cause est illicite » (art. L. 122-4).

Cette représentation ou reproduction, par quelque procédé que ce soit, constituerait donc une contrefaçon sanctionnée par les articles L. 335-2 et suivants du Code de la propriété intellectuelle.

À notre ami Raoul Colombe,
levier initial de la gloire de Mireille Mathieu,
en vibrant hommage.
Les Avignonnais doivent beaucoup
à cet homme rare et généreux.
Puissent-ils ne jamais oublier.

PRÉAMBULE

« LA PETITE DE LA CROIX-DES-OISEAUX »

Avignon, fin de février 1966.

DÛMENT annoncé par le « ding ding ding » du haut-parleur, le train en provenance de la capitale avec la petite Mathieu, de la Croix-des-Oiseaux, à son bord, s'apprête à entrer en gare. Va-t-il falloir nous montrer à la hauteur pour fêter comme il se doit l'enfant prodigue ! Âgée seulement de dix-neuf ans, depuis sa victoire au *Jeu de la chance*, voici deux mois, l'ancienne ouvrière de M. Ferran, qui toute la journée collait des enveloppes au pays, du côté de Montfavet, a déjà « fait » l'Olympia en « américaine » de Sacha Distel et Dionne Warwick, enregistré un vrai disque à quatre titres, avec pour l'une des chansons (*Mon Credo* casse actuellement la baraque à la radio) l'orchestration de Paul Mauriat, complice de Charles Aznavour.

Le jour de Noël, notre Mireille, que personne ne connaissait en dehors de sa cité deux mois auparavant, a même eu droit à son visage « en grand », à la une de *France-Soir* ! Et ce n'est pas fini ; on dit que dans quelques jours elle va partir pour « Nouillorque » où l'attendent des producteurs de télévision. Ils sont bien capables de ne plus nous la rendre, ces grands fadas d'Américains !

C'est comme on vous le dit, les conversations ne roulent plus qu'autour d'elle dans toute la France. Alors, ici, vous pensez ! C'est qu'on l'a vue naître, la « petite ». Et, après elle, tous ses frères et sœurs : treize enfants, bientôt quatorze. Cette smala ! On pourrait composer une équipe de football, il en resterait encore pour fournir un arbitre et deux remplaçants ! À présent, elle fait honneur aux siens, la pitchoune.

L'autre jour, Mme Edmonde Charles-Roux a même écrit : « La réussite de la petite Mathieu hante toute la région. Tout le monde se découvre une nouvelle vocation. Car si Sète avait Brassens, Narbonne Charles Trenet, Marseille Fernandel, Ajaccio Tino Rossi et Ménilmontant Maurice Chevalier, Avignon est brusquement auréolé par la jeune gloire éclaboussante de Mireille Mathieu. Mireille est entrée dans la panoplie du "bien de chez nous" (contrairement à la mode yé-yé venue d'outre-Atlantique), avec les Gauloises, le tiercé, la pêche à la ligne, la pétanque, le steak-frites ou les congés payés : une France que l'on croyait démodée, dépassée. Elle va désormais incarner la légitimité française [1]. »

Même si c'est dans une gazette de Paris qu'elle bavarde, Mme Charles-Roux, elle ne dit pas n'importe quoi ! Jamais l'épouse de M. Gaston Deferre n'aurait sorti de sa Westwood « que notre Mireille est à ce point devenue indispensable que les places de l'Olympia devraient être remboursées par la Sécurité Sociale ». Il avait dû boire un pastaga de trop, ce jour-là, M. Paul Giannoli de *Paris-Match* !

1. *Le Figaro*, cité par Christian Page, *Mireille Mathieu*, Bréa éditions.

Fan de chiche, la pauvre Georgette Lemaire, quelle volée elle lui a mis, la Mireille, chez Raymond Marcillac ! Espérons qu'ils ne vont pas nous la changer et qu'elle n'attrapera pas la grosse tête avec tout ça, en revenant ici.

Il paraît qu'elle arrive avec l'imprésario de « Jôhnny » Hallyday : un autre « Jôhnny »... Stark ? Oui c'est ça, « Jôhnny » Stark. Tiens, les voilà. Fan, qu'il est grand ! Il impressionne, on dirait un Américain ! Et elle, toute petite à côté ! Peuchère... Quand même, elle en a de la veine ! Comme on aimerait être à sa place...

« [...] On dut établir un service d'ordre pour éviter à la petite de mourir étouffée. Tout Avignon voulait lui serrer la main, au moins la toucher. Mireille, qui, il y a trois mois encore, se contentait de distribuer des calottes à ses frères et sœurs, ne distribuait plus que des poignées de main. Héritière de Piaf par la voix, elle l'était aussi par le sourire et l'immense enthousiasme qui soulevait la foule. Un peu émue par cet accueil qu'elle n'avait osé espérer, elle répétait : "Oui, je suis lucide. Je me rends compte de tout." Pourtant, lorsque ses compatriotes la portèrent en triomphe, elle faillit perdre son sang-froid [1]. »

Enfant du baby boom, fille d'ici et d'ailleurs, dont la devise pourrait se fondre dans cette dédicace de Colette à Maurice Chevalier : « Reçois, admire et ne t'arrête que pour mourir », le « conte de fées » de Mireille Mathieu commençait. À la baguette : Johnny Stark.

Ébauché dans un pays en deuil de Piaf et déjà en froid avec le Général, quelques décennies plus tard, il a enregistré quelques secousses. L'Hexagone ne s'identifie plus à celle qui fut sa Marianne et Mireille, devenue internationale, à du mal à reconnaître cette France qu'elle continue pourtant de représenter hors frontières.

---

1. *Paris-Presse*, 26 février 1965.

Si, dans son propre pays, des brigands s'appliquent à faire payer à la demoiselle d'Avignon un talent arrogant qui ne se dément pas, depuis toujours, en Allemagne et en Russie, notamment, le nom, le visage et la voix de Mireille Mathieu parlent aux foules. Là-bas, la petite croix qu'elle porte à son cou semble ne faire sourciller personne et, à en juger par la réception réservée à la Mathieu à chacun de ses voyages, on peut en déduire que cette « gloire éclaboussante » dont parlait Edmonde Charles-Roux, est restée franche et intacte, au mépris des campagnes de dénigrement franco-françaises.

La « petite », dont l'hôtel particulier voisine aujourd'hui avec celui d'une célèbre milliardaire, fut reçue en leur temps par les empereurs du Japon et d'Iran et à Monaco par la princesse Grace ; la reine d'Angleterre reste à l'heure actuelle l'une de ses fidèles supportrices, mais là n'est pas l'important.

Mireille Mathieu est une chanteuse. Une vraie. Une artiste à la dimension internationale qui refuse le play-back sur scène et paie comptant avec son public. La Française la plus universellement connue après Brigitte Bardot. Il était temps de nous en souvenir.

Parce que notre bas monde ne se résume pas à l'Hexagone, parce qu'après son départ on peut gager que Mireille Mathieu laissera derrière elle une trace dans l'Histoire du XXe siècle, au moins dans celle du music-hall international, il nous a semblé légitime de rendre hommage à son talent et à sa voix, avec des mots qui resteront.

Il est écrit dans la Bible que chanter, c'est prier trois fois. Alors, chante, Mireille ! *La Vie en rose* sur la scène du Bolchoï avec les fantômes des Chœurs de l'Armée rouge, *People* a cappella chez Maxim's, ou rien que pour nous, entre ces pages. Chante ! Les anges nous ont confié que, tant qu'il en irait ainsi, il ne pleuvrait pas sur *lou pais*…

Pour mieux connaître Mireille Mathieu, nous ferons apparaître les circonstances qui ont déterminé son éclosion, qui en ont inspiré les formes. Or ni un homme ni une œuvre ne s'éclairent parfaitement quand on les sépare du milieu où les caractères se sont formés. Recréer ce décor n'est point toujours chose aisée : il y faut des qualités d'historien, une bonne connaissance de l'époque, oublier parfois son propre temps et se faire, pour ainsi dire, une âme contemporaine de celle dont on doit mettre en lumière les passions. Quand bien même nous arriverait-il de glisser dans la nôtre, l'humain nous y autorise.

I

NAÎTRE « POUR ÇA »

« Quelqu'un m'a dit un jour : "Dieu, c'est le luxe des pauvres."
Alors c'est bien d'avoir été pauvre. »
Mireille Mathieu (*Oui, je crois*)

« Sur le pont d'Avignon,
On y danse, on y danse,
Sur le pont d'Avignon,
On y danse tous en rond... »

LORSQU'EN 1944, fuyant Dunkerque, les bombardements, les divisions Panzer et la vision des soldats anglais laissés pour morts dans le fossé, la jeune Marcelle débarque en Avignon, à sa grande surprise, il n'y a point de « beaux messieurs », ni de « belles dames » et autres « cordonniers » et « blanchisseuses » qui font « comm'ça » et encore « comm'ça », sur le pont de la célèbre comptine.

Pourtant, Marcelle connaît par cœur le refrain de la chanson créée au « temps des rois » et qui a largement contribué à la notoriété de l'ancienne Cité des papes rattachée à la France sous la Révolution. À l'école, le maître certifiait que de Lille à Tamanrasset, chaque fois qu'un écolier entonnait ce joli chant de France censé célébrer les relevailles de l'hiver provençal, c'est tout Avignon qui se gonflait d'orgueil. Le pont est bien là, au-dessus du bas Rhône, solide sur ses piles, mais ce n'est pas le « pont d'Avignon » ; seulement le pont Saint-Bézenet…

Allez va ! Les légendes c'est comme les statues, ça n'a pas d'entrailles. Et puis, on danse quand même en Avignon, la Libération va en fournir le plus glorieux prétexte. Dans l'un de ces petits bals de plein air, un soir, sous les flonflons de la place des Carmes, Marcelle croise l'un de ces regards charmeurs que l'on suit tranquillement et qui vous mènent devant monsieur le curé…

Pour l'état civil, il est Roger Joseph Mathieu, « avec un seul "t"», revient d'Allemagne moins vaillant qu'il ne l'était en partant et n'a toujours pas repris le travail aux côtés de son père dans l'atelier familial de monuments funéraires.

Elle, c'est Marcelle Sophie Poirier, mais elle l'a prévenu ; toutes les blagues sur les poires, on les lui a déjà faites. C'est qu'en bons Provençaux les Avignonnais sont volontiers railleurs et taquins. Et surtout, ne les taxez point de « Marseillais » ou il vous en cuirait !

Un drôle d'univers sucré que Marcelle, la « chti », découvre et donnera à goûter à ses enfants ; toutes ces fleurs de Provence dont elle deviendrait la sève nourricière. À commencer par le premier d'entre eux, une fille, Mireille la bien-nommée en ce pays-ci. Marcelle et Roger dûment *épousaillés*, accordons à présent à l'enfant le droit de paraître.

*

Oh, ce ne fut pas le grand mariage d'après-guerre de la princesse Elizabeth d'Angleterre avec Philippe de Grèce, mais la mariée était en blanc et, à l'autel, la mélodie des « oui » résonna sans fausses notes. Classique pour un nouvel époux depuis toujours féru d'opéra et de bel canto.

Ils y ont quand même mis le temps, ces deux-là, avant d'officialiser ; Mireille cognait déjà si fort à la porte... Elle arriva quatre mois seulement après la cérémonie, un soir, à 22 heures. Au demeurant fort bien réceptionnée par toute la famille : par les parents, bien sûr, mais aussi par la Mamet et le Papet, Germaine et Arcade, et par Irène, la sœur de Roger, elle-même déjà maman. Le Papet et la Mamet ne partagent plus le même toit, mais ils sont restés mariés et la vie continue [1].

L'ennuyeux, c'est que Roger se sent de moins en moins apte à reprendre sa place à l'atelier aux côtés du Papet. Non point qu'il soit fatigué d'y avoir taillé et façonné dans le marbre, l'onyx et le granit des angelots et des vierges depuis l'âge de douze ans, mais mentalement comme physiquement, la « sale guerre » est passée par là : des éclats d'obus, une déformation du bras et un blocage au cou dus à l'explosion d'une bombe dans une rue de Sarrebruck. Cloîtré dans la baraque en planches du quartier des Morillons, l'adresse des Mathieu, toute la journée Roger rumine...

Aussi, en attendant l'or, maigre à faire peur et les yeux cernés, Marcelle met-elle les coudées franches pour sustenter son monde grâce au salaire dérisoire que lui rapporte son nouveau travail à la fabrique de cartonnage, chemin de Bonne-Aventure. Trente-huit kilos seulement, pour environ 1,50 mètre, mais aussi valeureuse qu'un régiment de poilus, Marcelle n'a jamais eu les deux pieds dans le même sabot. Pauvrette, elle aussi traîne son histoire et elle est triste à pleurer.

Délaissée par sa génitrice dès après sa naissance dans un petit bourg du Nord – Rosendael (« La Vallée des roses », en flamand) –, elle fut élevée à Dunkerque par

1. Mireille Mathieu, *Oui, je crois*, Paris, Robert Laffont, 1987, p. 21.

sa grand-mère. À cette misère morale vint bientôt s'ajouter la symphonie délétère des canons et des bombes. En une nuit, en mai 1940, la vieille femme et l'enfant perdirent leur petite maison, ce refuge affectif qui avait redonné à Marcelle un sens à son existence. Pour la grand-mère, âgée de quatre-vingt-douze ans, ce fut l'hospice, puis la mort, quatre mois plus tard. Sans ressources, sinistrée et à nouveau orpheline, Marcelle tenta de retrouver sa mère en retournant dans le café où celle-ci était censée œuvrer en qualité de serveuse.

Volatilisée, cette chère maman.

La patronne de l'établissement n'en savait pas davantage, mais se proposa de recueillir Marcelle. Pour s'acquitter de sa dette, la fille Poirier fut tenue de jouer les baby-sitters. Nous verrions bien pour l'après...

La suite, nous la connaissons : Marcelle débarque à Avignon en 1944, dégote un premier emploi à la mairie où on lui confie le soin d'établir les cartes de tickets de pain, fait la connaissance de Roger, découvre émerveillée l'atelier de son beau-père, près du cimetière de la ville et, éprise autant que rassurée, se laisse épouser, puis devient mère pour la première fois.

Son mari, Marcelle l'aime et ça lui fend le cœur de le voir ainsi dépérir. Le fils d'Arcade possédait une jolie voix de ténor, mais lorsque le vieux l'entendait, burin en main et martel en tête, tirer des plans sur la comète, il fulminait.

— Chanteur, c'est le métier de ceux qui n'en ont pas !

Il n'y a que la pierre qui vaille et se transmette. Chez les Mathieu, Avignonnais de vieille souche, il en va ainsi depuis des générations. Allons, Roger, rassemble-toi, reprends tes outils et tire-moi de ce morceau d'onyx une vierge aussi belle et souveraine que Notre Dame de la Garde !

Jusque dans quelle limite peut-on en vouloir à un père qui impose à son fils le choix de la raison ?

★

S'il est un élément qui domine et s'impose à Mireille Mathieu lorsqu'au hasard programmé de ses rencontres, elle lâche des bribes de souvenirs, c'est bien la musique. Celle qui fait chanter. Toile de fond d'un théâtre où le dieu Râ réchauffe, égaie mais ne nourrit pas toujours, elle va et vient, vient et va, viscérale et mécanique dans le giron de la dynastie Mathieu, héritière comme tout un chacun ici, à la fois de Frédéric Mistral et de Vincent Scotto.

La « petite » a quatre ans lorsqu'elle reçoit de son géniteur un premier cachet : une sucette bien emballée. Sans doute les murs de la salle de patronage de l'église Notre-Dame-de-France, quartier de la Croisière, s'en souviennent-ils. Mireille a gardé l'image d'une fillette pétrifiée dans son petit costume du pays, bricolé pour la circonstance et destiné à la fondre dans le tableau vivant de la crèche reconstituée. Une crèche provençale traditionnelle, cru 1950, avec cette année-là un santon pas plus haut que l'Enfant Jésus. Mais alors cette voix !... Roger avait prévu de faire interpréter à sa digne fille l'une de ces pastorales dont on lui dirait des nouvelles...

« J'étais paniquée, confessera bien plus tard l'héroïne : la salle pleine, les gens que je connaissais et qui m'apostrophaient... Je démarrais le cantique, mais, à la quatrième mesure... le trou. Je cherchais des yeux papa, désespérément. Il me souffla. Je n'entendais rien, j'étais au fond du trou ! Il persista, je remontais à la surface à la joie générale. J'avais connu mon premier trac, ma première angoisse, mon premier public qui maintenant m'applaudissait [1]. » Il faut bien commencer un jour.

1. Mireille Mathieu, *op. cit.*, p. 26.

Dès lors, surnommée « Le Rossignol » par ses premiers admirateurs, Mireille ne cesserait plus de regarder sa voix pousser. À l'école, plus tard à l'usine, devant les amis, les voisins, en faisant la vaisselle : où les autres respirent, Mireille chante. Les plus belles vocations naissent ainsi. La volonté et la baraka font le reste. Dans les rues d'Ajaccio, le petit Constantino Rossi lui non plus ne se faisait jamais prier lorsqu'on lui réclamait un refrain ou une sérénade. Fils d'un tailleur soucieux de la relève, son chemin semblait tout tracé. Or le gamin était né « pour ça ». Coudre et chanter, voilà deux activités compatibles, mais pour certains le besoin de partager le « pour ça » avec des millions est plus qu'un besoin, c'est une vocation. On les appelle des élus. Mireille Mathieu est entrée dans ce carré d'or à sa naissance et lorsqu'un jour, ceux qui restent la rendront à la terre d'où nous venons, son « pour ça » lui survivra.

Tel est le destin des immortels.

⋆

Réduit à deux pièces sombres (la chambre du haut et le salon-cuisine-salle-à-manger-chambre-salle de bains du bas), « l'appartement » (appelons-le ainsi) du quartier de la Croisière gagne en comparaison avec le galetas des Morillons. À ce détail près qu'en dehors des infiltrations d'eau de pluie, été comme hiver, l'eau, l'autre, celle qui désaltère et avec laquelle on fait toilette, c'est à la pompe de la cour qu'il faut la puiser. Et quand il gèle sur la Provence, eh bé, l'eau elle gèle elle aussi, et alors là !...

Roger, depuis longtemps, s'est remis à l'ouvrage. D'autres entreprises comme la sienne pointent leur enseigne alentour, plus modernes, mieux équipées. En dépit de la réputation de la maison Mathieu, la concurrence devient rude. Heureusement, il y a le soleil et les cigales qui font la noce dès que reviennent les beaux jours. Les champs qui entourent la cité restent autant d'évasions permises pour Mireille, sans autre risque de mauvaise rencontre que des essaims de fleurs en équilibre sur leurs frêles cuisses de chlorophylle. Il y en a de toutes les couleurs et chacune a son parfum. Parlez-leur, elles vous répondront. La Mamet jure même que certaines, magiques, sont des remèdes à tout. Pétard, elle en connaît des recettes, cette superstitieuse de Mamet.

⋆

Entre l'atelier de son père qu'elle regarde dessiner et frapper la pierre, un air de *Tosca* entre les dents, et les enseignements très éclectiques de la Mamet qui a vécu et forcément tranche toujours ses opinions aussi sec que les gousses d'ail qu'elle écrase sur les tartines de la « petite », Mireille grandit. Suffisamment mais point trop. Voilà encore une vocation à laquelle on a peu de chance d'échapper.

Premier métier, premier lieu d'exercice, la petite école ne lui a laissé que des souvenirs sucrés, au goût des roses qui ornaient l'entrée de la maternelle qu'elle fréquentait jadis le cœur confiant, comme on se rend chaque matin au pays des lapins bleus et des souris vertes courant dans l'herbe, parce qu'on sait qu'auprès de tels gardiens les maîtresses n'osent plus laisser tomber la règle sur les doigts des petites filles qui écrivent de la main « goche » et ne savent pas que c'est un crime.

« Je la regardais, surprise, racontera Mireille. J'étais appliquée, j'en pinçais les lèvres à force d'être appliquée. Mes lettres étaient parfaites… mais c'est vrai, j'étais gauchère. » Comme le seront quatre autres de ses cadets. À aucun moment, l'institutrice qui avait décidé de punir ne réussit à mettre au jour le problème de la gamine : une dyslexie non corrigée qui suivra Mireille sa vie durant [1].

★

Bientôt rejointe par une première guirlande de sœurs dont la Mamet se demande d'où sa menue belle-fille peut bien les extraire, Mireille voit son univers changer de configuration. Sauf à préciser qu'en continuant à refaire le monde à sa façon et à la régaler toujours des mêmes tartines à l'ail et autres petites histoires de l'Histoire de France qu'elle assaisonne de ses commentaires maison, la bonne vieille dame montre à la « gamine » que rien n'est changé.

Or le nombre creuse le besoin et entre le loyer à payer, la nourriture et les vêtements des petites, en dépit du crédit accordé par l'épicière du coin, c'est maman Marcelle qui ne s'y retrouve plus. La loi des séries joue son plus mauvais opéra, cette année-là, celle des six ans de Mireille ; Marcelle est hospitalisée : ses varices ont éclaté. Dans une maison mal chauffée et laissée à la seule autorité de Mireille, Roger vaquant tout le jour, les unes après les autres les filles Mathieu prennent froid et se refilent le même vilain virus.

May day ! may day ! may day !

Où est la Mamet ? Partie vivre sa vie avec un nouveau Papet, mais pas assez loin pour ne pas accourir et suppléer la pauvre Mireille aux cent coups devant l'ampleur de la tâche. Puis la Mamet à son tour tombe malade. Plus de peur que de mal, mais la peur tout de même. À la limite de ses forces, Mireille s'en remet à Dieu.

« Qu'est-ce qu'on va devenir, se souvient-elle de s'être lamentée devant une bassine d'eau sale et trop

1. Cf. *Oui, je crois*, *op. cit.*, p. 32.

lourde pour elle. Seigneur, tu ne peux pas nous laisser comme ça ! C'est pas possible. On n'a plus rien. Tout le monde est malade. Qu'est-ce qu'on va devenir ? Je suis trop petite, fais un miracle, je t'en prie, fais un miracle. »

La foi de Mireille Mathieu, dont on a pu sourire, on le voit, vient de loin. En France, quel que soit le dessein de ceux qui en furent les instigateurs, pour le plus grand bien de toutes les parties, les Églises et l'État sont censés être divorcés depuis un demi-siècle. Née comme son Papet de mari en l'an de grâce 1894, la Mamet a conservé quelques souvenirs de cette époque où, porteurs d'armes et de décrets, les « terroristes » de l'ordre républicain persécutaient les curés en se présentant aux portes des annexes de la Maison de Dieu pour y faire entrer Marianne de force. En Avignon, Frédéric Mistral fut de ces résistants à la haine anticatholique maquillée en doctrine d'État. De même, chacun sait en Provence qu'avant la guerre de 1940, il était impossible à un Vauclusien d'aller monter une affaire dans le Gard, à majorité protestante.

En la matière la seule légitimité nous paraît être dans le doute mais, chez les Mathieu, un seul principe : la foi ne s'impose pas comme un carcan, ni ne se confisque. Elle se reçoit comme une chance.

II

L'OPÉRA DE VINGT-HUIT PIEDS

« Le simple est ce qu'il y a de plus difficile au monde : c'est le dernier terme de l'expérience et le dernier effort du génie. »

George Sand

Du côté de Lourdes, depuis que la Grotte est Grotte, cela ne fait pas un pli : à tout miracle précède une situation désespérée. En Avignon, grâce divine ou manne directe des services sociaux de la ville, on note une évolution plutôt positive dans le cours des choses. Les démarches incessantes de Marcelle auprès de la mairie, son ancien lieu de travail où elle a laissé de bons souvenirs, ayant porté leurs fruits, les Mathieu ont quitté le quartier de la Croisière. Comme il se doit, ils ont fait leurs adieux aux voisins et sont partis emménager à la cité des… Malpeignés. Avec les jumeaux (Régis et Guy) qui viennent de naître, on ne tenait plus à neuf dans deux petites pièces, dont une, celle du haut, non chauffée en hiver.

Les Malpeignés : un pâté de nouvelles constructions en « Fibrociment » – quatre pièces sans douche mais perméables à la bonne eau de pluie, un seul robinet dans la cuisine mais des toilettes avec une cuvette où l'on pourra trôner autant de temps qu'on le voudra sans attraper la mort, et des vraies fenêtres, « pas des fenestrons ». L'épate !

Pour neuf personnes, cela devrait aller. D'ailleurs, la Mamet est d'avis que Marcelle et Roger pourraient maintenant laisser à d'autres le soin de travailler pour la France. Sept enfants, c'est bien. Mais quand on aime, n'est-ce pas, Mamet ?... Et ces deux-là s'aiment pour de bon, autrement Marcelle n'aurait pas le courage d'avoir de la force pour deux lorsque Roger qui repense trop souvent à la guerre ne fait pas toujours les rêves qu'il voudrait. Ensuite, toute la journée son humeur s'en ressent. Marcelle s'est habituée. Et puis, sept petits qui vous braillent entre les jambes sans répit, ça ne laisse pas beaucoup de temps pour soigner les tourments de l'âme. Alors, on prend les bonnes vieilles recettes et on remet le couvert...

Roger... Jean-Pierre... Rémy... Trois garçons coup sur coup, ça rassure papa Roger qui se désespérait au début de n'avoir que des filles. Et encore : Sophie... Philippe... Béatrice... Qu'est-ce qu'il nous fait le père Mathieu, il veut concurrencer la Joséphine Baker avec ses douze « apôtres » de la Fraternité, ou quoi ! Si on inclut Youki, le chien que les petits ont ramassé au coin de la rue, le total est d'ores et déjà battu, con !

À la maternité, on compte les points. Ces séjours à l'hôpital d'Avignon, réguliers mais toujours trop brefs, la pauvre Marcelle les goûte avec le même soulagement qu'une Parisienne au teint maladif, qui trempe ses orteils dans la Grande Bleue du côté de Bandol, après une année de métro-boulot-dodo. À chacun de ses départs de l'hôpital, les infirmières lui disent « À bientôt » et, lorsqu'elle regagne les Malpeignés, les enfants crient : « Bravo, maman ! »

Un jour, ils seraient quatorze à avoir réclamé le biberon dans un concert de hauts cris... Un opéra de vingt-huit pieds réglé comme du papier à musique.

*

Si c'est pas mignon, vé, cette brochette de minots habillés tous pareils, qui se tiennent la main pour ne pas se perdre ! Lorsqu'ils sont de sortie avec leurs parents, les petits de M. et Mme Mathieu ne passent jamais inaperçus dans les rues d'Avignon. L'uniformité dans les tenues, c'est une décision de Marcelle. Elle tient ferme à ce que rien ne distingue ses enfants entre eux. Elle racle les fonds de tiroirs puisqu'il le faut, mais n'accepte jamais aucun vêtement qu'elle n'ait pas soit confectionné, soit payé de ses deniers et obtenu au rabais aux *Nouvelles Galeries*. C'est avoir aussi beaucoup trop de fierté que de ne pas repasser aux cadets les effets des aînés, mais les principes que l'on s'impose ici sont stricts et inaliénables.

Pourtant, ils ne sont pas riches à pouvoir acheter de la viande tous les jours, les Mathieu. En ville, on surnomme la cité des Malpeignés le « Chicago » d'Avignon. Un surnom qui laisse tout deviner du standing de l'endroit et de sa fréquentation.

— C'est pas la crème, se plaint Marcelle sans trop se plaindre.

Le voisinage se résume à des cas qui ne peuvent être que sociaux, avec pour décorum la violence propre aux exclus et le langage fleuri qui pousse dessus. Chômage et alcool : un cocktail toujours détonant. L'endroit semble plus qu'ailleurs soumis aux éléments. Entre la cour qui se transforme en étang de Berre dès qu'un nuage crève, et les inondations des appartements qui suivent dans l'heure, mi-folklorique mi-cauchemardesque, la « Venise provençale » prend des allures de camp retranché.

*

À cette fatalité, plusieurs remèdes. D'abord, les visites à l'atelier de papa Roger au cimetière Saint-Véran, voisin de l'ancien monastère des Bénédictines. Les enfants sont chez eux dans cet antre du silence, auprès d'un père prompt à considérer le boulevard des dernières demeures comme autant d'espaces où la vie doit gagner. Les écureuils et les tourterelles qu'il s'emploie à y lâcher en sont les premiers garants. Les vocalises de Mireille au milieu des tombes également... Alors, devant les visiteurs venus se recueillir, papa qui n'en chante pas moins fait mine de gronder. Cela compte dans une petite vie la présence d'un père ferme sur la discipline, mais qui préfère expliquer plutôt que lever la main, et d'une mère dont les plus violents reproches se résument à un « Tu m'as fait de la peine » bien plus culpabilisant.

Émerveillés devant ce papa magicien, lui aussi au service de ces petites histoires de France (il tient ça de la Mamet) qui, mises bout à bout, nous font une bonne Grande, les enfants Mathieu apprennent et enregistrent dans leurs cerveaux un peu verts appelés à mûrir.

Combien d'heures la seule Mireille a-t-elle passées dans ce cimetière jadis dépeint en termes poétiques par Maurice Barrès ? Seuls ses locataires pourraient le dire avec la précision acquise par les observateurs au long cours. Les anonymes, dont le lit est défait, et auxquels « la petite » redonne un air de civilisation en déposant ici une fleur, redressant là une croix mal en point. Les célèbres aussi. Le cimetière d'Avignon a ses stars ! La première d'entre elles : Mme de Villelume, née Maurille de Sombreuil, un nom dont Mireille juge d'abord à brûle-pourpoint qu'il fait un peu trop « champignon ». Le jour où « la petite » apprend de la bouche de son père la tragique destinée de cette dame, qui longtemps la marquerait, elle se mord trois fois la langue...

Maurille était la fille du marquis de Sombreuil, gouverneur des Invalides sous Louis XVI. Accusé d'avoir conseillé au marquis de Launay – le gouverneur de la Bastille – de tirer sur la foule le 14 juillet 1789, M. de Sombreuil fut arrêté et incarcéré à la prison de l'Abbaye, à Paris. En septembre 1792, une période plus connue sous le nom de « Massacres de septembre », pendant laquelle en peu de temps des centaines d'innocents furent sauvagement assassinés dans les prisons parisiennes, sous le sournois patronage de Danton, il y était encore. Itou sa fille. Maurille ne tombait sous le coup d'aucun mandat d'arrêt mais, très proche de son père, elle s'était laissé emprisonner avec lui pour partager son sort.

La nuit du 2 septembre, un semblant de tribunal s'improvisa à l'Abbaye, composé de « citoyens » griffés bleu blanc rouge et bien décidés à envoyer les « traîtres » *ad patres.* Après deux questions pour la forme posées aux prisonniers, ceux-ci étaient invités à sortir dans la cour où des grappes de brutes avinées les réceptionnaient. Quand vint le tour du marquis de Sombreuil de répondre de ses actes, il ne se renia pas, mais sa fille, agrippée à son bras, plaida si bien sa cause qu'un instant impressionné par la force de cet amour filial, les juges acceptèrent de déléguer l'un de leurs hommes aux Invalides avant de rendre le verdict. Sans attendre le retour du missionnaire, informés qu'on voulait soustraire un « aristo » à leur folie sanguinaire, les « féroces Marianne » entrèrent dans la salle où la table du « tribunal » avait été dressée et entraînèrent le vieux Sombreuil. Toujours rivée à lui, molestée, piétinée, insultée, vacillant sous les coups et les insultes, pliant genoux, se relevant derechef, les cheveux arrachés par poignées, Maurille hurlait, suppliait, mais ne lâchait pas prise. Des voix s'élevèrent enfin pour demander la grâce.

Survint l'émissaire du « tribunal » qui revenait des Invalides sans aucune charge contre le marquis. Libéré, Sombreuil serait de nouveau fait prisonnier avec sa fille, mais, cette fois, sa tête alla rouler dans le panier du bourreau Sanson. Maurille, quant à elle, retrouva une liberté désormais dépourvue de sens. Jusqu'au dernier de ses jours, marquée au fer rouge par cette nuit d'épouvante, elle fut en proie à de terribles convulsions. « On la voyait se mordre les lèvres et la langue au point d'en avoir la bouche pleine de sang : premiers symptômes d'attaques d'épilepsie. » Elle mourut comtesse de Villelume à Avignon, en 1823, soit plus de vingt ans après le drame. Son cœur lui fut alors enlevé pour être déposé aux Invalides, dans le caveau des Gouverneurs, où il se trouve encore.

On peut imaginer les yeux exorbités des petits Mathieu roulants comme des billes au récit de ces crimes commis au nom de la Liberté, de l'Égalité et de la Fraternité et qui sont le terreau de la République française. Et le Papet qui ne parle que d'égalité en faisant l'apologie de cette affreuse Révolution qui est allée trop loin ou pas assez ! Et papa Roger qui ne quitte jamais son chapeau depuis le début de sa calvitie et qui se découvre, lui aussi, en entendant *La Marseillaise*, un chant gaulois qui fleure la tripe et le boyau ! Entre frères et sœurs, les Mathieu sont bien égaux, oui mais sortis de là ?... C'est à n'y rien comprendre. Et cette pauvre Mlle de Sombreuil... Pour sûr, si papa Roger avait couru un tel danger, ses petiotes se seraient montrées à la hauteur, n'est-ce pas Mireille ? Et Mireille, crâneuse, de lancer à la cantonade :

— Si on t'arrêtait, on en ferait autant !

Elle peut dormir tranquille à présent, la Maurille ; la « petite » de la cité des Malpeignés – la future Mireille Mathieu à qui l'on donnerait à entonner au garde à vous *La Marseillaise* et *Paris en colère* – veillera sur le respect de sa tombe et de sa mémoire. Parce que tous les morts furent de furieux vivants et que nous sommes tous appelés à les aller rejoindre un jour. Tout à l'heure, peut-être...

Il y a aussi la tombe de la femme de chambre de Marie-Antoinette, un peu plus loin, là-bas. Parfois, Mireille and Co. se font un devoir d'aller y passer le « peigne de fer » pour enlever un peu de moisissure. Mais on ne va pas faire comme ça tout le cimetière, on y passerait la nuit. Et la nuit, pétard, on est bien mieux au fond de son lit à rire et à papoter entre sœurs, avec Youki comme bouillotte, que dans un cimetière, té !...

*

Second remède au temps qui passe et ne laisse rien venir : « La boîte à images »...

Lorsque la télévision fait son apparition dans le foyer des Mathieu, Mireille se suspend à son flux magnétique. Pour elle qui n'a encore jamais vu la mer pourtant si proche et qui, lorsqu'elle la découvrira, ne songera qu'à la fuir, la télé vaut le Club Med sans les coups de soleil et ressemble à un ascenseur providentiel pour remonter dans le temps en étant sûr de retrouver son lit, le soir même. La télé c'est la vie des autres, ces hommes et ces femmes du bout du monde, dont on soupçonnait à peine l'existence, tellement semblables et différents à la fois...

Le petit écran : un vrai théâtre ! Qu'y voit-on ? Quantité de choses et du meilleur cru. Tous les ans, le nombre de foyers équipés de postes télévisés augmente à vive cadence. De nouvelles émissions apparaissent, de nouveaux visages, des noms qui depuis sont entrés dans la légende dorée de la Télévision française et que les Mathieu découvrent : *Cinq colonnes à la une* dans les coulisses du Casino de Paris, pour les débuts de Line Renaud au vrai music-hall, dans la revue *Plaisirs* ; Yvette Horner et son accordéon plus grand qu'elle, claquant la bise aux champions sur les routes du Tour (« Vas-y Poupou ! ») ; les « scandaleuses » Françoise Sagan et Brigitte Bardot, la première venue parler littérature dans *Lectures pour tous,* la seconde roucoulant publiquement avec Gilbert Bécaud, dans un show de fin d'année ; Marlène Dietrich qui lance un appel en faveur des victimes de la catastrophe de Fréjus ; les dinosaures du tout-spectacle français qui défilent en smoking et en paillettes à *Trente-six chandelles* et se recroisent à *La Joie de vivre*, pendant que *La caméra explore le temps*, que le général de Gaulle revenu aux affaires prépare ses fameuses allocutions et que la sémillante Anne-Marie fait déjà sa Peysson pour présenter *Jeunesse Magazine*.

Entre deux réclames, s'entend. Nouvelle marque de lait ou apparition d'une lessive révolutionnaire... Pourquoi pas un robot qui ferait la soupe à la place de maman Marcelle !

Ah ! les yeux tendres de Nounours et ce maudit nuage qui nous l'enlève chaque soir jusqu'au lendemain... Ah ! la pointe de l'épée du grand Zorro, qui signe des « Z » en rafales sur la panse de l'infortuné sergent Garcia... Ah ! ce cher Pollux sur son *Manège enchanté*, assisté de son ineffable Zébulon...

> *« Tournicoti ! Tournicoton !*
> *Je suis Zébulon !*
> *Des enfants je suis l'ami*
> *Avec moi on joue, on chante, on rit.*
> *Tournicoti ! Tournicoton ! »*

Même en noir et blanc, ça jette de la couleur et des paillettes dans la soupe des miséreux ! Toutes ces perles méritent bien d'être annoncées par des « femmes troncs » aux sourires de geishas ; Jacqueline Joubert, Jacqueline Caurat, Catherine Langeais... Elles ont beau porter des noms de mortels nos speakerines, elles n'en demeurent pas moins des fées. Si familières et tellement inaccessibles à la fois.

En 1959, un autre programme hebdomadaire à vocation familiale séduit les foyers : *Télé-Dimanche*. Le sport, la variété et les jeux s'y taillent la part du lion, mais ce qui fait monter l'audience, ce sont les grandes vedettes de la chanson que l'on y invite. Les plus « vendeurs » : Tino Rossi, les Compagnons de la Chanson, Dalida...

La musique, chez les Mathieu, inutile de rappeler qu'on en abuse comme César et M. Brun de leurs parties de cartes et de leur pastis. Mireille et les siens sont férus de *Télé-Dimanche*, avec un faible pour le *Jeu de la chance*. Même si, inconsolable de n'avoir pu suivre les cérémonies du couronnement de la reine Elizabeth, retransmise en couleurs dans le monde entier, en 1953, papa Roger vient parfois gâcher son bonheur et celui des autres :

— On l'a eue trop tard, la télévision !

Qu'à cela ne tienne, il pourra toujours se rattraper avec le reportage sur les fastes de la réception de la souveraine britannique à Paris, en juin 1957, pour son premier voyage officiel en France. La promenade nocturne d'une reine et de son prince consort de mari, sur la Seine, au milieu des vivats d'un peuple régicide, cela vaut bien un *God save the Queen* sous les voûtes de Westminster ! Comme il est loin de se douter qu'un jour sa fille obtiendrait les bonnes grâces de Sa Majesté, Roger ignore bien sûr que le *God save* dont Lully écrivit la musique et Mme de Brinon les paroles est français et fut conçu en 1686 pour soutenir le moral de Louis XIV, opéré de la fistule. Avant que Haendel, de passage à la cour du Roi Soleil, ne s'en empare et ne le fasse traduire, comme étant de lui, aux fins d'en faire présent à George Ier d'Angleterre. Sans doute faut-il y voir l'aversion de la reine Victoria pour cet hymne officiel qu'elle tenta en vain de faire remplacer par des compositions dues à des auteurs britanniques...

« À vous, Cognacq-Jay ! »

Sourde aux regrets conventionnels de son père, Mireille croque dans le mirage cathodique et, pendant quelques heures bleues volées ici et là, ferme alors ses oreilles aux cris des nourrissons. Elle ne se souvient plus qu'en sa qualité d'aînée, chaque matin on la réveille avant les autres pour aller chercher le lait et aider maman Marcelle à s'occuper des petits. La télé, ça remplace les poupées qu'on n'a pas. Tout cela avant 20 heures, bien sûr ; le marchand de sable veille au grain… Marcelle est une bonne mère.

S'il devait y en avoir un pour se rebeller franchement contre cette dictature de sons et d'images, le Papet serait celui-là. Arcade Mathieu. À l'écoute de ce communiste probablement carté au Parti, c'est Pandore qu'on a laissée pénétrer dans la maison. Qui sait si le bon bougre ne voit pas juste ?

Avec cet attrape-couillon, les enfants auront-ils encore le goût et l'envie de courir dans les champs après les libellules et les grillons, ou d'aller observer les têtards dans la mare, ou encore de jouer dans la cour avec de la terre et de l'eau pour faire, comme ils disent, ces petits fadas, « des crèmes au chocolat » ? C'est qu'on ne s'entend plus parler avec ce truc qui marche sans marcher et qui commence à nous escagasser !…

D'une seule repartie venue du fond des mines, Marcelle, la « chti », te noircit le Papet sur place : « Il est plus difficile de couper le sifflet à une télé qu'à un Prouvençau ! » Pauvre Papet…

*

Puis un jour, toujours par écran interposé, Mireille découvre le visage de Pigalle sinistré et les gestes en demi-mesure de celle qu'elle connaissait déjà grâce aux disques, « une petite cuillère, avec son crâne bombé et sa poitrine creuse » (Cocteau *dixit*) :

— *And now, ladies and gentlemen* : Mlle Édith Piaf !

III

OUVRIÈRE NON SYNDIQUÉE CHERCHE PLACE AU SOLEIL

« La débutante Mireille Mathieu n'était pas seulement convaincante et jolie, elle avait une histoire à raconter. »
Paulette Coquatrix (*Les Coulisses de ma mémoire*)

« J'ÉTAIS assise dans la salle à manger avec Christiane, l'une de mes sœurs. C'était Noël, je crois. À la télé, Piaf a chanté *Milord*. Ça m'a fait quelque chose d'inimaginable. Je ne sais pas comment le dire. Un autre jour, j'étais au lit. Mon frère a crié : "Piaf !" J'ai bondi. Elle chantait avec Théo Sarapo : *À quoi ça sert l'amour ?* Oh ! Là, là, c'est pas possible… Quand elle chante, je pleure. Si on m'avait dit : "Soigne-la", je l'aurais fait ! Mais quand elle est morte, je n'ai pas eu de larmes. Je me suis sentie… autre. On aurait dit qu'elle me soufflait : "Vas-y [1] !" »

★

Le nom de Piaf, c'est l'écho de la sensibilité du petit peuple. Toujours, lorsqu'on lui demande de l'évoquer,

1. *Paris-Presse*, 26 août 1965.

Mireille Mathieu fait le choix de mots simples. Pas de trémolos pour la Môme Moineau. Rien que de l'amour sûr maintenu au chaud par une admiration pudique et respectueuse. La meilleure façon de prouver à la petite dame à la vie en noir et aux longues mains diaphanes que l'on fait corps avec sa douleur n'est-elle pas encore de revivre sa passion en musique ? Une « passion selon Mathieu » qui soulèvera bien des polémiques parmi les Rouletabille de la presse... Fi donc !

Si un jour Mireille devient grande, elle qui a déjà trouvé sa voix vient de découvrir son métier : elle fera Piaf. En attendant, il faut continuer à mastiquer les aillades de la Mamet, aider au ménage, donner la becquée aux petits, les nettoyer dans la foulée quand la nature a parlé et entre deux trouver le temps d'aller à l'école y prendre la douche qui est gratuite et au passage assister aux projections de plein air de Mme Julien, l'institutrice, pour parler à Daudet en regardant Pagnol. Plus pour longtemps...

Du jour où elle se retrouve « certifiée d'études » avec son nom gravé à vie sur un diplôme qu'elle a eu bien du mal à décrocher mais dont elle n'est pas peu fière, il est décrété que la « petite » ne l'est plus assez pour ne pas prendre le chemin de l'usine ; elle ira coller des enveloppes toute la journée. « Manut » à temps plein pour 350 francs par mois.

Fini pour Mireille le cauchemar du tableau noir et de la page blanche ! Et puis, à nous autres, ça nous permettra de déménager devinez où, les enfants : dans une HLM ! Une vraie, avé des magasins au bas de l'immeuble, le chauffage central et une cuisine aménagée. Vous vous entasserez encore comme des petites sardines, à cinq par chambres, mais vous verrez : à côté de la cité des Malpeignés, la Croix-des-Oiseaux, ce sera Versailles sur Rhône !

*

L'usine de Montfavet non plus n'est pas la manufacture des Gobelins mais, si routinière soit-elle, la tâche n'y est pas épuisante. Elle consiste à coller le plus d'enveloppes possible en un minimum de temps, sans en déchirer aucune. La loi des « trente-cinq heures » étant encore pure science-fiction, si souhaité on peut même faire des heures « sup ».

Or plusieurs kilomètres à pied aller et retour chaque jour, cela fait un bout et « ça use les souliers ». Pour être à l'ouvrage dès 6 heures, un vélo ne ferait-il pas mieux l'affaire ? Qu'elle la prenne, sa bicyclette, « la nouvelle », M. Ferran en défalquera le prix sur son salaire. Plus tard, le Solex relaiera la petite reine. Aux mêmes conditions, s'entend. Un chic patron, M. Ferran.

Mireille est heureuse, les employés sont gentils avec elle. Ils peuvent ! À faire la cigale toute la journée *gratis pro Deo*, ils en oublieraient presque qu'ils ne sont pas ici à l'Olympia. De son chant sans frontières entre le sourd et le clair, une voix où cascadent les « r », Mireille égrène le répertoire de Maria Candido, mais surtout celui de Piaf. Elle a calculé que cinq cents enveloppes représentent exactement le temps qu'il faut pour chanter *La Vie en rose*. Pour *L'Hymne à l'amour*, c'est plus long : mille enveloppes. Après cinq mille enveloppes elle atteint le ciel, mais la journée est déjà finie. À demain !...

Demain, sa sœur Matite (Monique pour l'état civil), assez vieille pour être engagée à son tour, fera le trajet Croix-des-Oiseaux-Montfavet avec elle. Alors, cette secrète peur au ventre que Mireille traîne derrière elle depuis toujours comme une ombre qui pègue aux talons, cette peur sera partagée, comme « coupée en deux ». En descendant chercher leurs bicyclettes dans la cave, le matin très tôt, quand tout dort encore, chacune des filles Mathieu tient un bâton bien serré dans la main : ceux qui ont connu la vie de cité savent que l'on ne s'y arme jamais d'assez de précautions.

Matite est pour Mireille plus qu'une sœur ; un ange

gardien, un « petit doigt », une deuxième peau, le compagnon sûr d'une vie. Au crépuscule qui précède les grandes heures, plus hardie que son aînée, elle est déjà là, omniprésente, qui l'entraîne au Palais de la Bière se mêler aux jeunes du quartier. Quand la timide Mireille hésite ou flanche, elle la regarde et l'autre comprend. Au soir de la victoire de la « petite » au *Jeu de la chance,* Matite aurait sa part de lauriers.

Or c'est un homme, un étranger à la famille, qui va tout déclencher, un « Avignonnais d'Avignon », comme Raoul Colombe se plaît à se définir...

★

À ses débuts, Mireille devait le reconnaître de bonne foi : « Si je n'avais pas rencontré M. Colombe, je n'aurais peut-être jamais chanté, c'est lui qui m'a poussée. »

Raoul Colombe occupe un poste influent puisqu'il est l'adjoint au maire d'Avignon. Son patron est Henri Duffaud, premier magistrat de la Cité des papes, qui a repris la succession d'Édouard Daladier, un homme que M. Colombe a très bien connu. Nommé une première fois président du Conseil au lendemain du jour où Adolf Hitler accéda en Allemagne à la chancellerie, Daladier est resté célèbre pour avoir participé en septembre 1938 aux fameux accords de Munich aux côtés des Chamberlain, Mussolini et Hitler. Une fausse promesse de paix au cours de laquelle il fut donné satisfaction aux revendications allemandes sur le territoire sudète de Tchécoslovaquie. L'ex-député du Vaucluse et futur maire d'Avignon devait se voir sévèrement reproché son attitude jugée par trop « molle ». La guerre déclarée et Pétain en place, il fut arrêté sur ordre de Vichy et comparut devant la cour de Riom, aux côtés, entre autres, de Léon Blum sous le gouvernement duquel il servit. Interné au château d'Ittern pour avoir mis en cause le maréchal Pétain, puis libéré par les Américains, le « taureau du Vaucluse » retrouva les arènes politiques dès 1946 en se faisant élire à l'Assemblée nationale. Devenu maire d'Avignon, on l'a vu s'opposer avec force à la politique menée par la France en Indochine.

Mireille était encore toute *pitchounette* à l'époque de Diên Biên Phu, sans doute ne se souvient-elle de rien. Si de surcroît Daladier lui avait rapporté comme à Raoul Colombe, qu'avec davantage de diplomatie les alliés seraient parvenus à gagner Mussolini, elle aurait écarquillé plus grand encore ses mirettes. Ce qu'elle veut, elle, c'est chanter ! Qu'y peut M. Colombe ? Beaucoup !

En sus de sa fonction d'adjoint au maire d'Avignon, Raoul Colombe, qui tient par ailleurs une affaire de sanitaires florissante, préside aux destinées du C.C.A.A. (Comité de coordination des activités avignonnaises), une vaste structure destinée à l'épanouissement et à la coordination de fêtes et d'activités sportives et touristiques. Le C.C.A.A. est l'enfant de Raoul Colombe, c'est lui qui en a pris l'initiative en proposant son projet à la municipalité dès 1957. Deux ans plus tard, les statuts du C.C.A.A. étaient officiellement déposés.

Il se souvient : « Au temps jadis, vers le printemps, notre ville s'animait soudain, de gais carillons annonçaient les fêtes. Avignon était alors cette ville sonnante que les poètes chantaient. Mais les jours se suivent et il en vint de tristes. Ils le furent de plus en plus. L'ennui que les impondérables amenèrent finit par s'emparer de notre cité. Il fallait réagir.

« Je rêvais d'un palais à édifier sur le terrain communal de Champfleury et qui serait ouvert à la jeunesse, pour les sports, et au tourisme, pour les congrès. En réunissant au sein d'un comité unique toutes les associations avignonnaises, nous aurions toute l'autorité nécessaire pour mener à bien une telle opération. 50 sociétés représentant 20 000 adhérents répondirent à mon appel.

Mais il fallait donner au C.C.A.A. une activité plus spectaculaire en quelque sorte que celle qu'il serait appelé à déployer pour obtenir son palais.

« C'est ainsi qu'en juillet 1960 fut élaboré tout un programme de festivités dans le cadre d'une kermesse où la plupart des sociétés avaient un stand. 1962 vit modestement éclore un certain nombre de galas artistiques donnés tant au palais des Papes avec les Compagnons de la Chanson, que sur la place du Palais, baptisé pour la circonstance : "Théâtre de Verdure". »

1962 marque surtout pour le C.C.A.A. et pour Avignon tout entier, les trois coups d'une manifestation dont la renommée va aller grandissant pour devenir nationale, un Critérium de la chanson organisé chaque année dans les principaux quartiers de la ville : *On chante dans mon quartier.* Le Critérium ne s'étend pour l'heure que jusqu'à Lyon d'un côté et jusqu'à Nice de l'autre, mais le lieu désigné pour la finale, l'intimidante place du palais des Papes, est déjà prestigieux en soit. Il ne manquerait plus que la « petite » ne soit pas de l'aventure ! Déterminée, dès la première édition, elle pose sa candidature.

Dans *Oui, je crois*, Mireille Mathieu parle des exigences du jury du C.C.A.A. en ces termes : « Je remplissais bien les conditions, selon les statuts, à savoir que j'avais quinze ans révolus (je frisais les seize) et je n'étais pas un travesti »...

« Il n'a jamais été fait mention d'une clause sur les travestis dans notre règlement, rectifie aujourd'hui M. Colombe. La plupart d'entre nous savions à peine ce qu'était un travesti. Mireille a tout simplement commis un amalgame. Lorsqu'elle a commencé à être très connue, en effet, il s'est passé une chose assez cocasse : "Skindo", une créature travaillant aux Ambassy, un cabaret d'Avignon, était venue féliciter les parents de Mireille, sollicitant d'eux de devenir la marraine de leur prochain enfant. Ceux-ci la firent entrer, lui offrirent l'apéritif et l'on fit connaissance... Apprenant que Skindo était en pourparlers avec le Crazy Horse pour un engagement dans le célèbre établissement parisien, Roger Mathieu ne cacha plus son éblouissement : “Lorsque nous sommes montés à Paris pour voir Mireille à l'Olympia, nous avons passé la soirée au Lido, s'empressa-t-il de raconter à Pierre Decourcelle, un journaliste local. C'était magnifique. Il y avait de jolies filles.” Ni lui ni son épouse ne s'étaient aperçus que Skindo était un homme. Lorsque la créature prit congé, ils lui donnèrent tout deux du “Au revoir madame”, “Au plaisir madame”. Ce qui nous donna bien à rire pendant longtemps. »

Non, nous n'étions plus au XIXe siècle, quand, à l'inverse, l'impératrice Eugénie intervenait auprès de l'administration pour appuyer les demandes de renouvellement de « permis de travestissement » émises par le fameux peintre animalier Rosa Bonheur, sa cliente et amie...

*

Le C.C.A.A. ne s'endort pas sur ses ambitions ni sur sa générosité puisque, en sus de cadeaux en nature offerts à tous les participants par les commerçants de la ville, un cachet conséquent de 120 francs est remis chaque année au lauréat du jeu, assorti d'une audition à Paris chez Philips, avec éventuellement à la clef l'enregistrement d'un premier disque. Plus grisant encore : cette année l'heureux(se) élu(e) se verra offrir le luxe de partager la même scène que Jacques Brel, le « mec plus ultra » alors en pleine phase ascensionnelle...

IV

UNE CERTAINE MICHÈLE TORR...

« La gloire, astre tardif, lune sereine et sombre
Qui se lève sur les tombeaux. »
Victor Hugo (*Toute la lyre*)

AVEC la chanson qu'elle a choisie (*Les Trois Cloches de Lisbonne,* créée par Maria Candido), la « petite » se hisse jusqu'en demi-finale, mais là, le trac étrangle sa voix, elle trébuche, s'enfuit en courant avant la fin du dernier couplet et passe la nuit à sangloter : « C'est fini, je ne chanterai plus. Je n'ai aucun talent. C'est fini, je ne chanterai plus. »

« Sur le podium de Saint-Ruf, le quartier hors remparts, c'est une jolie blonde qui l'emporta ! »... Dans ses *Mémoires,* Mathieu n'épilogue guère sur l'identité de cette « blonde » qui ne l'était pas encore tout à fait.

Originaire de Courthézon, un petit village proche d'Avignon, la « jolie » Michèle Torr se souvient de tout : « J'ai chanté *Exodus,* la chanson de Piaf. Et j'ai gagné. Sauf que cette fois-ci la concurrence était rude ! Face à moi, une autre candidate, une Avignonnaise à l'accent au moins aussi chantant que le mien et à la voix puissante et magnifique avait tout pour l'emporter.

À mon grand soulagement, elle termina le concours en deuxième position. Si ce jour-là j'ai pris une longueur d'avance sur elle, elle gagna l'année suivante, et ne tarda pas à se faire connaître et aimer du public. Trois ans plus tard, en effet, les téléspectateurs du *Jeu de la chance* découvraient cette autre "petite Française née en Provence". Mireille Mathieu devenait une immense vedette [1]... »

Non, Mathieu ne gagnerait pas l'année suivante, mais c'est bien à la fille de Courthézon écumant elle aussi tous les radios-crochets de la région que devait revenir le privilège de partager la même scène que Brel quelque temps plus tard, sur la place du palais des Papes. En mettant en scène un certain Johnny Stark, Michèle Torr va plus avant dans ses révélations...

⋆

Quel vent poussa ce soir-là un imprésario de la trempe de Johnny Stark à venir promener ses guêtres et ses mèches encore blondes du côté du « pont d'Avignon » ? Le destin, nous dira-t-on ? Trop facile. Il existe certaines espèces de grands poissons qui nagent en surface comme en eaux profondes, guidés par un instinct infaillible et redoutable, mais ce serait encore sous-évaluer la singularité du personnage que de ne pas croire Stark doté d'une qualité encore bien supérieure qui signa son exceptionnelle réussite : un amour immodéré et viscéral de la vie lorsque la vie ressemble à un jeu.

À l'issue de la représentation, Michèle Torr est félicitée par le fameux imprésario qui lui jure que tous deux seront appelés à se revoir. L'homme place ses options. Il ne pourra pas néanmoins se vanter d'avoir

1. Michèle Torr, *La Couleur des mots*, Paris, Jacques-Marie Laffont, 2005, p. 40.

« découvert » Michèle Torr, puisque lorsqu'il la retrouvera à Paris, celle-ci aura déjà signé chez Philips et enregistré deux L.P. Le second, *Dans mes bras oublie ta peine*, devint un temps chouchou à S.L.C. (*Salut les copains*). Stark propose alors de gérer la carrière de la jeune chanteuse encore mineure. Accompagnée de ses parents, Michèle Torr se rend avenue de Wagram, dans les bureaux du Boss...

« Il me prédisait un avenir incroyable, et pas seulement dans la chanson, se remémore Michèle. Selon lui, le cinéma m'ouvrait ses portes. Pas de doute, j'allais devenir une immense star. Il me proposait de m'installer dans un très chic appartement du très chic Neuilly-sur-Seine ; il voulait m'habiller chez les plus grands couturiers, m'offrir un chauffeur personnel, et surtout – si j'acceptais de travailler avec lui – il me rétribuait un million d'anciens francs par mois ! Mais, très vite, maman freina son enthousiasme autant que le mien. Le discours de Stark ne lui inspirait pas confiance. Elle le trouvait trop louche : ce qu'il me proposait lui semblait trop beau pour être honnête. Surtout un million par mois ! Certes, elle trouvait que sa fille avait une jolie voix, mais de là à gagner autant d'argent... [...] J'ai donc dû refuser l'offre de Johnny Stark [1]. »

Raoul Colombe : « Michèle Torr et Mireille Mathieu étant passées à Avignon par les mêmes circuits, j'ai bien connu l'une comme l'autre, ainsi que leurs familles respectives. Cela ne m'étonne pas que la maman de Michèle Torr n'ait pas mordu à l'hameçon. En plus d'être une belle femme, très dynamique, pleine d'allant, capable de négocier, d'affronter n'importe quel interlocuteur, elle restait d'une nature méfiante. Sa fille n'avait que 16 ans, alors qu'à l'époque on ne devenait majeur qu'à 21 ans. Le drame de Michèle c'est le décès prématuré de sa pauvre maman dans un terrible

1. *Ibid.*, pp. 50-51.

accident de voiture au Pontet. C'est à moi, en ma qualité d'adjoint au maire d'Avignon, que revint la pénible mission d'aller reconnaître le corps à la morgue d'Avignon… »

Désormais, la jeune Michèle Torr devra assumer seule ou presque l'éducation de sa petite sœur, dans le douloureux souvenir de leur mère, une « Méridionale type, un personnage à la Jackie Sardou, pleine d'une verve et d'une chaleur débordante mais au tempérament sanguin ».

★

Au lendemain de la victoire de la « jolie blonde », Raoul Colombe prend la « petite » entre quatre yeux :

— Tu dois chanter, tu es faite pour ça. Du talent, tu en as à revendre, seulement tu dois apprendre, tu dois tout apprendre.

Des concours, il y en aura d'autres. L'année prochaine, Mimi pourra à nouveau tenter sa chance. À proximité de l'atelier de son père, près du cimetière, se tient le dépôt de Marcel Collière, un ancien ténor à l'opéra de Toulon reconverti dans la vente de bois, de charbon et de mazout. Son épouse, Laure, elle-même ex-pianiste d'opéra exerce en qualité de répétitrice et chef de chant à l'opéra d'Avignon. En parallèle, elle dispense des cours privés à son domicile. Raoul Colombe touche deux mots au couple Collière. Mireille se sent rassurée : s'il eût fallu retourner au Conservatoire dont son passage éclair lui a laissé le plus mauvais souvenir, sans doute aurait-elle renoncé aux services de cette dame qui accompagne tous les chanteurs sélectionnés pour les éliminatoires dans les quartiers de la ville.

★

Rue des Teinturiers, à Avignon : une petite voie tranquille bordée de platanes et longée par une rivière qui court presque tout silence le long des pavés. Si la fortune a une mémoire, c'est par ici qu'elle reviendrait se promener. Au 43, exactement. Au fond d'une vieille cour, au deuxième étage d'un immeuble où grimpe un escalier de bois, une plaque posée sur une porte indique : « Laure Collière, professeur de chant et de piano. »

Nous y sommes. Dans le petit salon, placé tout près de la fenêtre, le piano occupe presque tout l'espace. Au mur, les sépias de Marcel Collière dans ses plus beaux rôles à l'opéra de Toulon. Un jour, c'est la photo de Mireille Mathieu, sa photo de vedette, qui trônera à la place d'honneur : sur le piano.

— Entre, ma petite, ton père m'a parlé de toi. Alors, comme ça tu veux devenir chanteuse ? Tu as tort ! C'est un métier dur. Un jour, tu te retrouveras dans la dèche !

« Dès le premier jour, je l'ai prévenue, mais elle me répondit : "Ça ne fait rien, je veux être chanteuse !" relatera Mme Collière. Je lui ai donc appris le solfège et à placer sa voix. Elle avait un bel organe, mais elle criait à tort et à travers. Au début, elle collait des petites chansons qui allaient bien avec sa voix. Puis un jour, elle m'a apporté un disque de Piaf. Elle a voulu chanter Piaf. Mais Piaf avait la voix plus grave. J'avais étudié Piaf. J'avais compris comment elle posait les sons. Alors, j'ai développé la voix de Mireille dans le médium et nous avons fait du Piaf. Mireille a quelque chose qui prend le public au cœur, à l'âme. Quand elle chantait l'une des chansons de Piaf : *Soudain une vallée*, elle me faisait frissonner. J'ai eu beaucoup, beaucoup d'élèves, mais de la qualité de Mireille jamais. Jamais [1] ! »

Laure Collière fait travailler l'aînée des Mathieu pendant vingt-deux mois, à la cadence de deux leçons par semaine. Le prix : 600 francs anciens, soit 6 nouveaux francs par heure. Beaucoup moins cher que pour les autres ; le professeur s'est adapté aux moyens de l'élève.

---

1. *Paris-Jour*, 1er octobre 1969.

Pour s'affranchir, Mireille rabote le budget de l'argent de poche dégagé de son salaire, versé dans son intégralité à sa mère : « Je ne savais plus ce que cela signifiait acheter un croissant. Pendant plus d'un an, je n'ai vécu que pour mes leçons. »

Parfois, Mme Collière oublie de réclamer son dû. Souvent même, elle prolonge la séance. La « petite » a de la volonté mais, cabocharde, veut en faire à sa tête. Pour le concours de l'année suivante, elle arrête la décision d'interpréter *L'Hymne à l'amour* et rien ni personne ne pourra la faire revenir sur ce choix jugé malhabile par Mme Collière.

— Tu auras été prévenue, Mireille ; avec cette chanson qui ne déteint absolument pas sur toi, tu vas te prendre le mur, de la même manière que l'année précédente.

Bing ! Pleine face ! « Nous adhérions tous au talent de Mireille, mais elle nous paraissait trop jeune, révèle Raoul Colombe. En accord avec le jury, nous avions décidé de la faire patienter. »

Ce nouveau soufflet agit favorablement sur l'esprit de la fille Mathieu. Entre une larme et un coup de rage, elle fait savoir qu'elle ne déclarera pas forfait. Ce n'est que partie remise, l'année prochaine, elle relèvera à nouveau le gant.

Si « rien ne sert de courir », encore faut-il qu'il y ait un départ. Or ce public poli mais défavorable, elle n'a pas réussi à le retourner et il faut à présent qu'elle en analyse la cause. Et si elle prêtait un peu plus d'attention aux conseils de son professeur, lorsque celle-ci lui explique que même en musique les couvercles ne vont pas sur tous les pots et que hurler n'est point chanter ?...

Mireille croit en son étoile. Pour elle, il n'y a pas eu faille, la conjonction espace-temps ne lui a pas été favorable jusque-là, mais le déclic ne saurait tarder. Ce qui ne l'empêche pas de remettre sur le métier son ouvrage et de se sentir fin prête lorsque l'échéance 1964 arrive.

D'une main tremblante, elle remplit la feuille d'inscription à retourner dans les meilleurs délais au C.C.A.A, mairie d'Avignon.

Nom du concurrent : *Mathieu*

Prénom : *Mireille*

Adresse : *Croix-des-Oiseaux, Entrée 5, 1er étage, HLM F 10*

Catégorie (biffer les mentions inutiles) :

Opéra

Voix

Charme

Moderne

Réaliste

Fantaisiste et Comique.

(Mireille barre toutes les disciplines, sauf l'avant-dernière, « Réaliste », qu'elle signale bien par une petite flèche, au-dessus, à droite.)

Le soussigné s'engage à respecter le RÈGLEMENT dont il a pris connaissance.

Avignon, le 12.3.1964.

Signature : (Mireille signe)

(En observation, Raoul Colombe a écrit : « Élément exceptionnel ».)

Ils sont trente-quatre à concourir, cette année, répartis dans les différentes catégories proposées par le C.C.A.A. Parmi eux : six candidats « réalistes », pour moitié venus de Beaucaire, Carpentras et Forcalquier. Les trois autres, dont Mireille, sont sujets avignonnais.

Samedi 27 juin 1964 : Mireille Mathieu de la Croix-des-Oiseaux : Une, Troisième !

Le premier saut dans le vide est toujours celui de la découverte et de l'inconscience. La deuxième fois, on « sait » et on a peur. La troisième, on ne vit plus. C'est précisément à ce moment-là qu'il faut marquer sa différence en allant chercher en son tréfonds ces énergies qui échappent au rationnel et démontent les portes que l'on avait fini par croire verrouillées.

Pour Mireille, supportée par ses amis du Palais de la Bière, elles s'ouvrent sur le triomphe. Avec *La Vie en rose*, elle a passé la rampe et bluffé tous les Avignonnais endimanchés attroupés autour du podium dressé sur la place du palais des Papes. Jacques Castel, Maurice Beloud, Michèle Boetti di Castino, Réjane Rolland et Suzanne Sintes, « réalistes » malheureux, font grise mine, mais le jury très qualifié (composé cette année de Mmes Aubert, Vasseur, Simon et de MM. Bœuf, Beisson, Clamon et Riona) a décidé.

Mireille apprend dans la foulée que l'usine de Montfavet vient de déposer le bilan et qu'elle est licenciée. Quelle importance à présent que la voilà « chanteuse » ? Comme Édith !

V

À PARIS !

« Être parisien ce n'est pas naître à Paris, c'est y renaître. »

Sacha Guitry

ET MAINTENANT ?…

Raoul Colombe croit en Mireille. Il édite une bande magnétique de la « petite », qu'il s'emploie à diffuser dans toutes les maisons de disques ayant déjà eu des contacts pour la carrière de Michèle Torr. Après plusieurs mois de délais, toutes lui répondent par la négative, Mireille Mathieu ne les intéresse pas. De Philips, il reçoit la nébuleuse missive que voici :

« Nous devons bien nous dire que le cas de Michèle Torr présente un caractère exceptionnel que nous aurons très rarement l'occasion de rencontrer. »

Qu'est-ce à dire ? Que les dirigeants de Philips pensent réellement le talent de Michèle Torr inégalable ? Ou bien craint-on que les deux Provençales ne fassent double emploi à Paris ? Mireille sort peu à peu de son beau rêve. À moins qu'elle ne s'y enfonce à mesure…

Pour l'encourager et lui permettre de gagner quelque argent, le providentiel M. Colombe qui ne désarme pas monte de modestes concerts de variétés dans la périphérie d'Avignon. La « petite » y figure comme l'Autre essuyait « les verres au fond du café ».

M. Colombe a des relations, il la tirera de ce mauvais pas. Les membres du C.C.A.A ne sont-ils pas derrière elle ? Colombe contacte les journalistes de sa connaissance pour qu'ils ouvrent leurs colonnes à la « petite », dans le but d'attirer de grands médias. Au *Provençal*, il appelle MM. Joly et Jourdan, au *Méridional* MM. Boero et Lasseigne, au *Dauphiné libéré* les sieurs Bonnard et Richard, à la *Gazette provençale* MM. Barthélemy et Saint-Jean, à la *Marseillaise* enfin, Mme Tricon. Tous joueront le jeu dans l'ascension de Mireille Mathieu, dès que la roue commencera à tourner dans le bon sens.

*

Par ailleurs, l'adjoint au maire d'Avignon a coutume de collaborer avec les tourneurs, directeurs artistiques et autres imprésarios de France et de Navarre. Dans le cadre des activités du C.C.A.A, pour le plaisir des grandes et petites personnes, tâchant de varier les goûts et les genres, il attire depuis quelques années en sa bonne ville d'Avignon nombre de pointures de la chanson et du spectacle. Ce n'est pas toujours simple d'organiser à distance ce genre de manifestations, mais dans l'ensemble, ni lui ni les Avignonnais n'ont à se plaindre. En 1963, cependant, M. Colombe se fâche. Johnny Stark lui a fait faux bond. Il était convenu que les « fiancés du twist » (Sylvie Vartan et Johnny Hallyday dont Stark gère la carrière), alors en Camargue voisine pour le tournage de *D'où viens-tu Johnny ?*, feraient un crochet par Avignon, le temps d'une représentation, place du Palais, et voilà que...

« La veille du spectacle, se remémore Raoul Colombe, ayant déjà 3 000 places de retenues, après la mobilisation de la police et des pompiers, Stark m'avait envoyé un télégramme me faisant connaître que Johnny ne pouvait pas venir, s'étant blessé en cours de tournage. L'ayant fait suivre par un huissier, je pouvais justifier que Johnny Hallyday était en pleine forme. J'ai perdu le procès (qui m'avait coûté assez cher) parce que j'avais omis de le présenter à un médecin pour diagnostiquer si sa voix était aphone. »

Ce M. Stark a des manières de Tartarin !

Le président du C.C.A.A. et l'imprésario ne sont pas brouillés pour autant, ils continuent de collaborer, mais un Colombe échaudé en vaut plusieurs. En 1965, les deux hommes se retrouvent à nouveau à Avignon, à la faveur d'un gala d'Enrico Macias. Avec force difficultés, le président du C.C.A.A. parvient à imposer la présence de Mireille Mathieu en lever de rideau. Colombe en profite pour demander à Stark ses impressions sur sa protégée.

— Alors, la « petite », comment la trouvez-vous ?

L'autre lui fait clairement sentir que les petites Piaf de son genre se bousculent devant son bureau parisien. En quête d'un ténor du métier capable de prendre véritablement en main la destinée de Mireille, quelqu'un de capable, qui puisse donner à sa carrière une franche impulsion, Colombe accuse le coup : « Grosse déception de la part d'un homme de métier avec lequel j'avais programmé plusieurs spectacles, place du Palais. Stark à cette époque s'occupait de nombreux jeunes qui étaient dans le vent dont les Compagnons de la Chanson. Ils avaient eu un énorme succès en chantant dans la cour du palais des Papes en se servant des installations du Festival, ce qui m'avait attiré les foudres de M. Gagnière, un homme de grande valeur qui se sentait chez lui dans ce palais qu'il défendait avec opiniâtreté pour éviter de le galvauder. »

Sans se démonter, Stark déclarera dans la presse deux ans plus tard : « Ce soir-là, une petite fille chante deux chansons de Piaf. Je reçois un coup de poing au foie. Je demande son adresse. On me la donne, je l'oublie [1]. »

Mireille Mathieu prétendra de même que le grand imprésario est venu vers elle, au soir du gala de Macias, le verbe plein de promesses. Ce qui aujourd'hui fait largement sourire le magnanime Raoul Colombe...

⋆

À l'automne 1965, le palais des Expositions (parc de Champfleury) si ardemment souhaité par Raoul Colombe et qui est l'une de ses œuvres est devenu une réalité. Colombe y organise une soirée dansante avec Claude Bolling en tête d'affiche. Aux yeux du grand public, Bolling reste « le musicien de Brigitte Bardot ». Aux oreilles des avertis, il est ce célèbre jazzman qui a travaillé avec Distel et Dario Moreno, enregistré plusieurs disques avec Albert Raisner et Lionel Hampton. Son premier orchestre date de 1946.

En cette nuit féconde, un autre homme, indispensable maillon d'une chaîne de poulie qui finira par hisser Mireille hors du puits de l'anonymat, entre en scène. Il s'appelle Régis Darcourt, un directeur artistique décrit par Raoul Colombe comme « dynamique et d'une extrême gentillesse » :

« Profitant de sa présence, j'entretiens Darcourt des difficultés que je rencontre pour présenter Mireille à différentes personnalités. Sans hésiter, mon interlocuteur m'assure qu'il va s'occuper d'elle et qu'il est prêt à l'incorporer dans le gala des Étoiles. Cet homme simple qui sera la bonne fée de Mireille et que la presse a oublié dans ses commentaires, va confirmer ses promesses en me demandant de bien vouloir accompagner Mireille à Paris pour auditionner le 19 novembre 1965, dans son

1. *L'Express*, 25 décembre 1967.

programme du *Palmarès des chansons*, intitulé « Les jeunes espoirs de demain », une des multiples organisations de Guy Lux. Mme Duforest s'occupe de la sélection et reçoit confirmation que Mireille a été retenue. »

À Paris ! Chez les Mathieu, préoccupés par la venue de la petite Béatrice, on n'ose y croire. Mais où va-t-elle habiter la pauvrette ? ! Raoul Colombe a tout prévu. Le 8 novembre, il adresse une lettre explicative et détaillée à Darcourt :

Cher Monsieur Darcourt,

Mireille profitera pour son séjour à Paris de l'hospitalité qui lui est offerte par Mademoiselle Magali Viaud, 30, rue d'Aboukir (2e), tél 488.69.54.

Vous n'aurez donc guère à vous déranger pour aller l'attendre à la gare.

Mireille partira probablement le 17 à 13 heures, de façon à ne pas être bousculée et à pouvoir faire coup double si jamais vous aviez l'occasion de la faire auditionner dans une salle. Elle vous téléphonera en arrivant.

Veuillez croire, cher Monsieur Darcourt...

Raoul Colombe.

★

Magali Viaud est originaire de Courthézon. Ses parents sont de grands amis de la famille Torr. Depuis la disparition de la maman de Michèle, la mère de Magali, professeur de piano de la « jolie blonde », veille sur elle avec beaucoup de soin. Raoul Colombe sait qu'avec Magali, la « petite » sera en de bonnes mains.

Paris... Mireille ferme les yeux et pense très fort aux saints de la Mamet. Lorsqu'elle les rouvre, elle se retrouve nez à nez avec la tour Eiffel. Fan de chiche, si on lui avait dit que la capitale c'était si grand avec tant de zinzins qui courent dans tous les sens ! Et tous ces bouquinistes sur les quais… « Là où nous aurions mis des melons, eux ils vendaient des livres ! » s'exclame Mireille. Enfin, maintenant qu'on y est, on ne va pas faire la fine bouche.

En l'accompagnant à la gare d'Avignon, les Mathieu, aux cent coups, avaient multiplié les recommandations à la jeune aventurière…

Matite :

— Ne paume pas les 500 francs que t'a donnés monsieur Colombe. Tu les as bien mis dans ton soutien-gorge ?

Maman Marcelle :

— Tu ne parleras à personne dans le train. Téléphone de chez Magali pour nous rassurer.

Pas de risques ! C'est à peine si, arrivée gare de Lyon, la « petite » ose échanger trois mots avec le chauffeur de taxi. En bon titi, l'homme veut montrer qu'il connaît sa géographie :

— Vous n'êtes pas d'ici, vous !

— Et comment vous savez ça ?

— C'est pas sorcier : « l'assent ».

— Vous aussi, monsieur, vous en avez un !

— Moi ? Pas du tout ! Je suis né ici !

Cette pagnolade nous évoque irrésistiblement une gentille blague très en cours dans la Provence des années 60…

À un Parisien qui lui lance : « Vous en avez de la chance de vivre dans le Midi, il fait toujours beau », un chauffeur de taxi avignonnais rétorque : « Qu'est-ce que vous voulez, à Paris, vous ne pouvez pas tout avoir : le soleil et le gouvernement ! »

*

« C'est vrai, je ne savais rien, et surtout pas parler, avouera Mireille. J'étais comme le petit lapin pour la première fois hors du terrier, ébloui de soleil. Je sortais de mon trou, je ne voulais pas y rentrer. Je voulais conquérir ce monde où tout semblait brillant : les yeux, les projecteurs, les carrosseries de voitures, les miroirs, les bijoux, les sourires... ce monde qui était comme un miracle. Ce miracle que j'avais appelé de toutes mes forces [1]. »

Va-t'en employer « lapin », « terrier » et « miracle » dans une même phrase avec l'une de ces caillasses de Paris, toi ! Aux canards à trois becs qui lui demanderaient un jour quels sont ses livres de chevet favoris, Mireille n'aura pas la même présence d'esprit que Mistinguett qui, en pareille occurrence, décocha à un journaliste dans un phrasé pur faubourien :

— Moi j'lis qu'les catalogues !

Les grands messires de la pensée parisienne, ceux qui, une fois sortis de leurs bureaux et engouffrés dans une bouche de métro redeviennent des sangliers de garrigue qui se rentrent dedans sans même se regarder, Mireille allait les retrouver quand sonnerait l'heure de sa jeune gloire. « Mignonne... mais idiote ! » C'est l'adjectif radical et sans appel qu'un journaliste s'adressant à un confrère concurrent laissera échapper à voix basse, en parlant de la « nouvelle Piaf » qu'il venait d'interviewer, l'autre attendant son tour. La jeune et timide Mireille qui n'avait pas vingt ans sera meurtrie par cette réflexion.

Entre le petit reporter chichement rétribué à la pige et son interviewée, une jeune fille sans instruction, qui touche cent fois son salaire, cherchez le plus malin...

L'instruction au sens où on l'entend d'ordinaire, la « petite » n'en a jamais vraiment eu. Certes. Elle l'admet, le revendique presque. Peu douée à la base pour les études, le contexte familial ne lui permettait pas de se rattraper le soir à la maison. Quant à l'intelligence, pour être en mesure de juger de celle d'autrui il faut soi-même

1. *Oui, je crois*, *op. cit.*, p. 15.

en être pourvu. On ne se sent pas forcément intelligent avec tout le monde ; cela dépend de l'intérêt porté à « l'adversaire ». Ou du peu de cas qu'on fait de lui...

« Je ne connais pas de plus insupportable désagrément de la vie sociale que cette obligation de “faire la conversation” à des gens auxquels on n'a rien à dire et qui n'ont pas davantage à vous apprendre. Si c'est cela qui distingue les hommes des animaux, heureux animaux ! » écrit un certain Philippe Bouvard...

★

En parlant d'un éventuel « coup double » dans sa lettre à Darcourt, qu'entend exactement Raoul Colombe ? Le président du C.C.A.A. a-t-il formé quelque autre projet en laissant partir la « petite » à Paris ? La réponse est non, mais le fait est qu'il y a un coup de théâtre et lequel ! Mireille passe comme prévu son audition chez Guy Lux avec Jacqueline Duforest. Retenue haut la main, on lui annonce qu'elle sera du programme du vendredi 26 novembre. En attendant, l'affaire conclue et la tête pleine d'étoiles, la « petite » songe à reprendre le train pour Avignon.

Surtout qu'elle ne bouge pas ! Le destin est en train de se réveiller...

« Le temps de prendre conscience de l'événement, le téléphone arabe étant en vigueur également en France, je reçois un télégramme m'indiquant que Mireille est convoquée et doit se présenter au Studio 102, quai Kennedy, à l'ORTF, le samedi 20 novembre 1965, à 15 heures, avec partition en main, explique Raoul Colombe. Je téléphone dans la foulée à Mireille de rester à Paris afin de répondre à cette convocation. »

Inutile de préciser à Mireille que le Studio 102, c'est le *Jeu de la chance*, intégré à *Télé-Dimanche*, l'émission dont les Mathieu sont si friands et qu'ils suivent chaque semaine. La « petite » a compris. Depuis le temps que

M. Colombe faisait le siège de la précieuse Nanou Taddei, productrice du jeu, chargée de la sélection des candidats, nous y voici enfin ! Anecdote amusante : Nanou Taddei est l'ex-épouse de Johnny Stark (ils ont divorcé en 1962)...

Un passage à *Télé-Dimanche*, serait-ce le trottoir de la fortune ?

*

Nul n'a pu oublier le nom du concepteur de *Télé-Dimanche*. Sportif de haut niveau (on le sacra champion de France du 400 mètres en 1939), résistant de la première heure dans le « réseau Duvernois », pendant la guerre, Raymond Marcillac fut un grand homme de radio et l'un des pionniers de la télévision. Tour à tour correspondant de guerre, créateur du service des sports, directeur du journal télévisé, il a mis un jour le pied à l'étrier à Michel Drucker, à Robert Chapatte, à Thierry Roland et encore à Stéphane Collaro. Michel Drucker a su s'en souvenir...

Télé-Dimanche est l'un des enfants de Marcillac. Il lui donne le jour en janvier 1959, en adaptant à l'écran l'une de ses émissions de radio intitulée *Sports et musique*. « Mon intention était d'intéresser tous les membres d'une même famille, du grand-père au petit-fils, les sportifs comme ceux qui n'aimaient pas les exercices physiques, relate Raymond Marcillac. L'émission était une alternance de chansons, de sketchs, de jeux, de transmissions sportives directes. C'était un projet ambitieux et difficile à réaliser car il fallait enchaîner des genres très différents et cela risquait d'apparaître un peu fouillis. Les premières émissions furent un pêle-mêle bon enfant. Les diverses phases s'organisaient dans une délirante improvisation [1]. »

1. Raymond Marcillac, *Les dessous de la radio et de la télévision*, Paris, Jacques Granger, 1994, p. 145.

Entre 14 h 30 et 17 h 30, des quatre coins de France on « accourt » au rendez-vous, bien calé dans le fond de la banquette familiale. Les Mathieu, comme bien des gens de leur condition heureux possesseurs d'une boîte à images, s'intéressent essentiellement au *Jeu de la chance*. Premier présentateur de ce « prêt-à-porter télévision de 1959 à 1972 » : Guy Lux. Il vient de la radio. Jusque-là son visage n'a jamais paru à l'écran. Parce que leurs caractères ne s'accordent pas, à plusieurs reprises, Raymond Marcillac (qualifié de « despote » par Guy Lux) exile « monsieur France d'en bas ». Entre ces deux fortes personnalités le torchon brûle. Lux fourmille d'idées nouvelles, il claque un jour la porte pour aller les concrétiser ailleurs. Arrive Roger Lanzac (le monsieur Loyal de *La Piste aux étoiles*), qui prend sa place...

Le *Jeu de la chance* s'appelait à l'origine *Pan pan pan*. C'était une manière de radio-crochet télévisé qui se déroulait alors dans les studios de la rue Cognacq-Jay, devant un public d'un millier de personnes singulièrement interventionnistes. Le canevas qu'en fait Raymond Marcillac relève du bas monde des foires d'empoigne...

Raymond Marcillac : « Tout le monde avait la possibilité de se présenter. Les chanteurs ridicules étaient brutalement interrompus dans leur numéro, par le verdict de la salle qui s'en donnait à cœur joie. Que n'avions-nous pas fait là ! Nous n'avions pas prévu que quelques-uns de ces prétendants ainsi malmenés montreraient triste mine et sangloteraient en gros plan. La décision, appliquée sans ménagement, présentait un côté désobligeant, voire méchant, ce que les téléspectateurs n'admirent pas.

« Dans la semaine qui suivit, nous reçûmes des milliers de lettres nous traitant d'individus cruels, allant jusqu'à des insultes. Devant cette levée de boucliers, unanime, je décidai d'interrompre momentanément le jeu et de le transformer. C'est ainsi que naquit le *Jeu de la chance* qui devait devenir une véritable institution [1]. »

La nouveauté consista à présélectionner cinq chanteurs et à les présenter à l'antenne, en leur donnant la possibilité d'interpréter une chanson dans son intégralité. À l'issue de quoi, les téléspectateurs désignaient leur candidat préféré, par lettre uniquement. La semaine suivante, le vainqueur revenait affronter quatre autres candidats inédits.

*

Le samedi 20 novembre 1965, notre Mireille en est donc au stade de l'audition. Elle sera la meilleure, elle n'a pas d'autre choix que d'être retenue.

« La sélection était effectuée le samedi, avec un soin particulier, par Nanou Taddei, précise Raymond Marcillac. Plus de 150 amateurs se présentaient chaque fois. Ils défilaient un par un sur la scène du Théâtre 102 [Studio 102], accompagnés au piano par Charly Oleg. Nous ne retenions que ceux qui nous paraissaient valables. Nanou Taddei inscrivait leur nom, adresse et téléphone pour les convoquer lorsque leur tour arrivait. »

Maison de la Radio, l'ORTF, comme on dit depuis peu : dans le Studio 102, devant Nanou Taddei et Roger Lanzac, alors l'un des animateurs les plus courtisés de France, « Mireille d'Avignon » déballe sa marchandise (deux chansons de Piaf sinon rien).

Nanou Taddei : « J'avais l'habitude d'auditionner à Paris comme en Province. C'est ainsi que par la suite, j'ai découvert Thierry Le Luron à Perros-Guirec. La toute première fois que j'ai écouté Mireille au Studio 102, j'ai été très impressionnée par le talent qui se révélait. Je fus sous le charme. Très impressionnée. Elle ne pouvait pas laisser indifférent. »

1. *Ibid.*, pp. 150-151.

Dans ses Mémoires, Mireille Mathieu affirme avoir passé une première audition devant Nanou Taddei en mars 1965. Suite à laquelle, après qu'on lui eut lancé le traditionnel « on vous écrira », elle serait repartie le cœur lourd vers ses lavandes et ses grillons. Ni Nanou Taddei ni Raoul Colombe ne gardent souvenir de cette première audition. Tenons-nous-en à celle du 20 novembre 1965. Demain, il fera grand jour, car Mireille, retenue, cela va de soi, jouera sa vie à pile ou face, devant des milliers de téléspectateurs…

VI

LA FAUSSE GUERRE DES PIAF...

> « *J'embrasse mon rival, mais c'est pour mieux l'étouffer.* »
>
> Racine (*Britannicus*)

Les choses s'alambiquent lorsque Raoul Colombe, mandaté par les parents de Mireille et muni d'un contrat dûment signé devant notaire, se retrouve en situation de choisir entre Lux ou Lanzac. Rivaux en diable, aucun des deux hommes n'acceptera de prendre la « petite » si elle s'est compromise chez l'adversaire.

Ils ne sont pas simples ces Parisiens ! Raoul Colombe : « J'éprouve beaucoup de peine et de culpabilité vis-à-vis de Darcourt, mais la carrière de Mireille me dicte de choisir *Télé-Dimanche*. Cette émission étant diffusée devant des milliers de téléspectateurs et suivie par tous les promoteurs de spectacles. »

En outre, au *Jeu de la chance* Mireille pourra repasser autant de fois que le public la plébiscitera, pendant plusieurs semaines d'affilée, tandis que chez Guy Lux, ce sera une émission d'un soir et basta ! Et comme M. Colombe est de bon conseil et tranche toujours dans le sens des intérêts de la fille Mathieu, la « petite » se range à ses vues. « À la suite de cela, j'ai envoyé une lettre d'excuse à Guy Lux et une autre à Darcourt, des êtres formidables, insiste Raoul Colombe. Magnanimes, ils ne nous tinrent pas rigueur de notre choix. »

⋆

Le dimanche 21 novembre 1965, Rika Zaraï est l'invitée vedette de *Télé-Dimanche* et non Line Renaud, contrairement à ce que l'on a pu affirmer. Quand vient son tour de se présenter à la caméra, avec un *Jezebel* (vous avez dit Piaf ?) qui retentit de Menton à Cherbourg, Mireille Mathieu crée une première onde de choc sur le plateau, devant le millier de personnes composant le public. Raymond Marcillac : « Elle se présenta, menue, un peu gauche. Lorsque sa voix puissante, aux intonations éclatantes, envahit le théâtre 102, ce fut une surprise et un émerveillement. »

Les téléspectateurs éprouveront-ils les mêmes frissons ? Le procédé du vote a évolué et le téléphone a remplacé le courrier. Les résultats seront donc connus avant la fin de l'émission et annoncés en direct à l'antenne.

Or une autre candidate déjà en place depuis quelques semaines rafle systématiquement chaque dimanche tous les suffrages. Elle s'appelle Georgette Lemaire et chante Piaf comme personne…

Également fille d'un ouvrier d'usine à Ivry, Georgette Kibler, elle non plus, n'a pas eu la partie belle jusque-là. Marchant sur les traces de sa grand-mère, chanteuse à l'entracte des cinémas, elle quitta l'école à quatorze ans pour écumer les places publiques avec des refrains réalistes de la veine de *On n'a pas tous les jours vingt ans*. Lemaire est une « traditionaliste ». Autrefois une chanson naissait dans la rue. Tradition orale, elle créait ce qu'il est convenu d'appeler le folklore. Chansons à danser, bergerades, comptines pour enfants, complaintes, chants de révolte : le folklore français est riche et foisonnant.

Après qu'on l'eut parée de plumes, de lumières, étouffée par un luxe orgiaque dans les grandes revues de music-hall d'avant-guerre, en 1965 la chanson bon enfant se voit réduite à une industrie, celle du spectacle. Tombant sous le coup d'une ordonnance préfectorale, les chanteurs de rues disparaissent les uns après les autres.

Georgette doit se battre contre la concurrence des juke-boxes et des transistors. La galère des radios-crochets, la jeune femme connaît. À Paris, elle remporta l'une des éditions de celui de la place Gambetta, sans jamais rien voir venir derrière.

Maman de deux petits garçons de deux et cinq ans, elle est devenue l'épouse de Daniel Lemaire, un barman avec qui elle vit du côté de Saint-Ouen. Pour maintenir la tête hors de l'eau, Georgette pousse la note à la terrasse du *Soleil*, un bistrot du marché aux Puces. On décrit la jeune femme comme possédant le tempérament d'un cheval fougueux à qui il ne faut plus montrer cravache. De quel autre cuir la malheureuse pouvait-elle être constituée ? !

Les motivations qui l'ont poussée à concourir chez Marcillac sont les mêmes que celles de Mireille Mathieu. Toutefois, à l'issue du « match », il n'en restera qu'une…

★

— Mesdames, messieurs, chers téléspectateurs, voici les résultats de notre jeu…

Ce trac de part et d'autre !

Roger Lanzac croira se rappeler de tout dans les moindres détails… « Ce jour-là, confessera-t-il en 1969 pour *Paris-Jour*, à une époque où Stark est encore tout-puissant, Mireille ne pensait pas à battre Georgette. Et ici, il faut que je rétablisse la vérité. Au moment de la proclamation des résultats, j'annonce Mireille et Georgette à égalité. J'ai menti ! En réalité, Mireille l'emporte sur Georgette. Oh, de très peu : de quinze points. Mireille a 6 426 voix et Georgette 6 411. Mais Georgette est battue. Oui, pour la première fois, Georgette Lemaire, l'idole du *Jeu de la chance*, est battue par une débutante inconnue. »

Les souvenirs de Raoul Colombe diffèrent : « L'émission terminée, le dépouillement par Nanou Taddei me fait connaître en coulisses que Mireille a perdu de quelques points. Je suis effondré. »

Lanzac : « Mais Georgette a tant fait pour la réputation de notre émission que Raymond Marcillac, le responsable, a décidé de tricher un peu. En plein accord, nous annonçons le match nul [1]. »

Raoul Colombe revendique la paternité de cette initiative : « Je fais savoir à Nanou Taddei que je désirerais voir Raymond Marcillac pour lui faire part d'une suggestion qui pourrait favoriser Mireille et grandir Georgette Lemaire, suivant son comportement. Raymond Marcillac, en grande conversation avec un célèbre boxeur, me reçoit très amicalement. Je lui fais connaître que j'ai apprécié la nouvelle performance de Georgette Lemaire, mais que le peu d'écart qui sépare les deux candidates provient de la notoriété acquise par Georgette Lemaire, en ayant passé quatre fois consécutives à *Télé-Dimanche*. J'indique également à Marcillac que les candidats du *Jeu de la chance* ne passaient habituellement que quatre semaines. De ce fait, je suggère à Raymond Marcillac de mettre les deux candidates à égalité de points »…

Mathieu et Lemaire s'affronteraient donc le dimanche suivant avec de nouveaux candidats.

★

1. *Paris-Jour*, 3 octobre 1969.

En novembre 1965, tandis que sur le petit écran *Belphégor* et *Thierry la Fronde* se disputent les faveurs des téléspectateurs, on parle beaucoup dans l'Hexagone de l'affaire Ben Barka qui vient de rebondir. Or un autre événement monopolise tout à fait le débat : la campagne présidentielle. Pour la première fois, un président de la République va être élu au suffrage universel. À l'Élysée, entré dans sa soixante-quinzième année, de Gaulle sait qu'il lui faudra se méfier d'un ancien vichyste engagé dans une course de fond sans s'être encore découvert de vertu socialiste. Le Général fait moins cas des déclarations pré-coluchiennes de Marcel Barbu : « Français, Françaises, je suis le candidat des chiens battus ! »

Dans ce contexte, le dimanche 28 novembre 1965 la petite France des après-midi télévisés retient son souffle.

Lemaire ou Mathieu ? Mathieu ou Lemaire ?

Roger Lanzac : « Avant l'émission, Georgette est venue me voir, elle paraissait très ennuyée.

— Roger, j'ai chanté tout mon répertoire. J'ai chanté *Jezebel, Milord, L'Hymne à l'amour, La Vie en rose*. Je n'ai plus rien. Faut-il que je reprenne la chanson de mon premier dimanche : *Le Dénicheur* ? Non, je vais abandonner !

— Non, n'abandonne pas. Chante comme les autres candidats. Puis, au moment où je m'apprêterai à annoncer les résultats, tu t'avanceras sur scène et tu diras : “Je laisse la place à Mireille Mathieu !”

C'est ce qu'elle a fait. Et je crois que cela l'a rendue sympathique au public. Mais ce jour-là, Georgette en avait gros sur le cœur [1]. »

Raoul Colombe affirme être allé lui-même vers Mlle Lemaire : « Je lui ai demandé d'annoncer sur le plateau de télévision qu'étant à égalité avec Mireille, elle se désistait en sa faveur. Très sportivement, Georgette fit cette déclaration à la télévision. »

1. *Paris-Jour*, 3 octobre 1969.

★

La légende veut que le 21 novembre, sans attendre la fin de l'émission qui lui aurait permis de redécouvrir la jeune fille qui chantait Piaf l'été précédent à Avignon et dont il affirme avoir perdu les coordonnées, Stark fonça tout de go au Studio 102 sur le plateau de l'émission *Télé-Dimanche*. Là, il serait allé droit vers Mireille et l'aurait félicitée avant de lui sortir le grand jeu. À une nuance près : Stark attendit la semaine suivante pour daigner se déplacer (le troisième dimanche, selon Raoul Colombe). Stark voulait d'abord s'assurer du crédit de Mireille auprès des téléspectateurs.

Le voici donc face à la « petite ». Si elle le veut et si elle est prête à en payer le prix, il fera d'elle une star. Nous l'avons vu, l'homme avait déjà proposé la même offre à Michèle Torr, fermement déclinée par les parents de la « jolie blonde ». Quand bien même ceux-ci auraient accepté de « livrer » leur fille à Stark, Michèle prétend qu'elle n'aurait jamais marché dans cette combine à mi-parcours entre le régiment et le dressage de chien savant.

« Certes, il faut apprendre à placer sa voix, à poser son souffle, écrit-elle dans son autobiographie. À danser ou à jouer la comédie. Mais, apprendre à se tenir en public, franchement non ! Personne ne m'aurait jamais dit, à moi, comment me tenir droite, comment me positionner en chantant, quel geste je devais faire et à quel moment. Et puis quoi encore [1] ! »

Mireille Mathieu mineure et sous contrat avec Raoul Colombe – le 15 décembre 1965, l'adjoint au maire d'Avignon et Roger Mathieu ont signé un contrat établi sous forme d'acte sous seing privé, qui donne à M. Colombe le pouvoir de le représenter –, Johnny Stark veut discuter affaires avec Colombe...

1. Michèle Torr, *op. cit.*, p. 215.

« Il fut vite refroidi quand je lui ai rappelé ses paroles le jour du spectacle d'Enrico Macias et le procès Johnny Hallyday que j'avais perdu, se souvient celui-ci. Comment pouvait-il oser faire des ronds de jambe à Mireille après avoir déclaré que des filles comme elle, qui chantaient Piaf, il en avait autant qu'il voulait ! »

Dimanche après dimanche, Mireille Mathieu gravit les échelons du *Jeu de la chance* en remportant toutes les manches contre des adversaires chaque fois différents. Ses victoires successives n'aiguisent pas seulement l'appétit de Stark...

« Dès le troisième dimanche, Mireille fut interviewée par toute la presse nationale, se souvient Raoul Colombe. Celle-ci se déplaça même à Avignon pour voir la famille Mathieu avec ses treize enfants. La ville était inondée de télévisions du monde entier voulant connaître cette tribu d'où était issue une fille à la voix d'or. Je reçois très vite de nombreux coups de téléphone d'imprésarios, de tourneurs qui veulent engager Mireille pour des tournées dans toute la France. Ayant fréquenté ces gens, je ne peux abandonner Mireille dans les mains de ces commerçants. Ses parents m'ont fait confiance et l'avenir de Mireille est ma priorité. Or tout va très vite et je suis dans l'impasse. Je sais qu'il me faut trouver le plus rapidement possible un véritable manager qui la guiderait pour améliorer sa voix, lui trouver de bonnes chansons, enfin lui apprendre son métier. »

Raoul Colombe entreprend des démarches auprès de Lucien Morisse, l'homme qui a créé Dalida, puis de Jacques Canetti, « l'ancêtre des producteurs », au gré de Marcel Amont. C'est avec lui que les contacts seront les plus sérieux. Frère d'Élias (futur prix Nobel de littérature) et mélomane averti (ami de Ravel, il « importa » Duke Ellington pour la première fois à Paris en 1933), Jacques Canetti est venu à la variété par hasard. Patron des Trois-Baudets et maître d'œuvre chez Polydor, son nom est associé à ceux d'Henri Salvador, Patachou,

Philippe Clay, Juliette Gréco, Georges Brassens, Boris Vian, Jacques Brel, Guy Béart, Serge Gainsbourg… C'est lui qui a convaincu Jeanne Moreau et Serge Reggiani de se lancer dans la chanson.

Un môssieur, Jacques Canetti, devenu un producteur indépendant qui édite ses disques chez Philips.

Tout en remerciant par lettre Raymond Marcillac pour l'aide précieuse qu'il continue à fournir chaque semaine à la jeune Mireille, Raoul Colombe garde à l'esprit le nom de Canetti. Après différents entretiens téléphoniques, rendez-vous est pris entre les deux hommes. Ils se rencontrent à Marseille, à l'hôtel de Noailles. « Il voulait me signer un contrat de cinq ans dans lequel il m'intéressait financièrement, nous instruit M. Colombe. Après réflexion, Je lui écrivis que je n'acceptais pas ses propositions. »

Très intéressé, Canetti revient à la charge en offrant par une lettre à son interlocuteur de le rencontrer à nouveau dans ses bureaux parisiens de l'Immeuble Pleyel…

Colombe n'est pas convaincu, Canetti lui semble un peu dépassé. Il repense alors à Régis Darcourt : ses qualités artistiques et l'intégrité morale dont il a donné tant de preuves jusque-là en feraient un guide désigné pour Mireille. Survient Johnny Stark. L'imprésario sollicite de l'adjoint au maire d'Avignon une nouvelle entrevue. N'étant pas demandeur, Colombe accepte.

« Toujours grand seigneur, il me reçoit comme si c'était la première fois que l'on se rencontrait et il enchaîne immédiatement en me disant qu'il ne vient pas signer un contrat pour Mireille mais seulement pour me faire des propositions.

« 1) Il me faut reconnaître qu'il a actuellement une tournée qui sillonne la France avec Hugues Aufray et France Gall et qu'il lui reste quatre spectacles à présenter du 6 au 9 décembre 1965 (Dijon, Genève, Saint-Étienne et Lyon) et qu'il est prêt à y incorporer

Mireille. Elle finira la tournée et percevra un important cachet.

« 2) Dans la foulée, il s'engage à faire passer Mireille dans un gala de variétés à l'Olympia vers la fin de l'année.

« 3) Pendant son séjour à l'Olympia, il s'oblige à produire un disque.

« Ma surprise est grande, car je sens que la carrière de Mireille est vraiment engagée. »

M. Colombe prend conseil auprès de Raymond Marcillac. Celui-ci lui jure qu'en matière de *management* d'artistes, Stark est ce qu'il y a de plus efficace sur le marché. L'adjoint au maire d'Avignon se laisse convaincre.

Stark adresse alors un satisfecit au président du C.C.A.A., qui vaut aussi promesse d'un engagement sérieux envers Mireille. Remerciant Raoul Colombe (« J'oublie moins que personne que c'est grâce à votre sollicitude éclairée que Mireille Mathieu est sortie de l'anonymat »), il explique à ce dernier que l'écart est grand entre la fiction théâtrale et la réalité. Il lui fait comprendre que l'élaboration de la carrière d'une vedette est un travail complexe, dont le contexte est fait d'une multitude d'éléments pouvant parfois sembler contradictoires à un observateur extérieur. Il concède que l'investissement et la mise de fonds seront lourds et non sans risques, mais le talent et la valeur de Mireille lui laissent augurer une victoire totale. Enfin, il demande à l'adjoint au maire d'Avignon de lui faire entièrement confiance afin que tous deux puissent un jour se congratuler d'avoir gagné ensemble. Raoul Colombe n'a pas fini d'en découdre avec le nouveau pygmalion de la « petite »...

Dès lors, le rouleau compresseur Stark-Mathieu est en marche. Trop « vieille » pour incarner les Cendrillon, Georgette Lemaire disparaît provisoirement des écrans. On a murmuré que Stark lui a offert de l'argent pour obtenir son désistement, mais aucun élément sérieux ne nous permet de croire à cette affirmation fantaisiste.

« On m'a gentiment demandé de me retirer alors que j'avais gagné », se contente de nuancer Lemaire, quelque trente ans après les faits, sans argumenter au-delà, ce qui confirmerait les dires de Raoul Colombe. Adoptant la même nébuleuse prudence, elle ajoute : « La concurrence m'a anéantie ».

« Georgette n'était pas une inconnue pour les professionnels, concède de son côté Eddie Barclay dans ses Mémoires, on l'avait entendue un peu partout en studio et sur scène, vaguement... Mireille avait la fraîcheur, et chantait extraordinairement juste. De plus, elle avait un joli visage et elle était docile, elle écoutait gentiment les conseils de Stark. Mal fagotée, voûtée, sans grâce, un accent du Midi à couper au couteau, elle avait tout pour entrer dans la légende, les frères, les sœurs, le papa pauvre, la maman dévouée, Avignon, etc. [1]. »

Que cela soit su : pour devenir une star, une vraie, pour atteindre cet objectif suprême à mi-chemin entre la prostitution et le sacré, on doit laisser beaucoup de sa pureté derrière soi, user de tous ses instincts et surtout ne jamais s'attendrir sur la concurrence quand elle est aux abois. Hugues Aufray nous a rapporté mot pour mot le conseil que lui adressa un jour l'un de nos vénérables interprètes, surnommé « Amenez vos sous » dans la profession : « Si tu n'es pas capable de marcher sur le corps de ta mère pour arriver tout en haut, ce n'est pas la peine de continuer. » Hugues Aufray n'a pas accédé au Parnasse des monstres sacrés, mais sa pureté et son éthique lui permettent aujourd'hui de n'avoir pas à rougir en contemplant son inaltérable jeunesse dans son miroir. Son sinistre conseiller, en revanche, s'il est bien arrivé « tout en haut » (de quoi ?),

1. Eddie Barclay, *Que la fête continue*, Paris, Robert Laffont, 1988.

avec l'âge son visage a fini par prendre l'empreinte de son âme.

Tout à la fois au cœur de l'action et au-dessus de la mêlée : Johnny Stark. Quel Machiavel ce truculent personnage abrite-t-il donc pour cristalliser tant de passions à la seule évocation de son nom ?

VII

LA GLOIRE PAR LES CORNES

« Dans ce métier livré aux spéculations hasardeuses des détecteurs d'idoles, aux surenchères des maisons de disques, à l'amateurisme camouflé des candidats à la gloire, Johnny Stark a eu au moins le mérite de jouer le jeu, à fond, avec la foi du flambeur aux abois, et l'intelligence de miser sur le bon cheval. »
Danièle Heymann (*L'Express,* 25 décembre 1967)

« TRUAND », « Génie », « Esclavagiste », « Cow-boy », « Seigneur », « Taureau sauvage », « Mécréant », « Tortionnaire » : de son vivant même, le moindre mérite de Johnny Stark aura été de récolter des adjectifs parmi les plus divers et les plus colorés sans que cela entrave jamais sa route. C'est le propre des êtres de feu de ne pas susciter la tiédeur. Si nous devions user de la virile métaphore d'un autre, nous définirions notre homme comme « une gueule de corsaire viking avec une trogne faite pour tremper dans le whisky et des rouflaquettes toutes blanches qui moutonnent sur ses joues brûlées de soleil ». Ce ne serait pas suffisant.

Laissons l'intéressé s'évoquer lui-même ; la vie, ce sont encore les morts qui en parlent le mieux. Nous étions en décembre 1967. Il avait alors quarante-cinq ans (il est né le 29 août 1922, à 5 heures et 15 minutes) : « On peut dire ou écrire n'importe quoi sur moi, pourvu qu'on orthographie mon nom convenablement, et qu'on n'y rajoute pas de "c". Oui, n'en déplaise à mes "amis", je m'appelle vraiment Stark, Roger, Oscar, Johnny. J'ai vécu en Corse jusqu'à l'âge de 11 ans. Puis, dans le Midi. J'ai été engagé volontaire en Afrique du Nord. Mais voyez-vous, je n'évoque pas ces années-là pour servir ma publicité…

« En 1946, le démon du spectacle me saisit. J'organise "La Nuit des vedettes", à Cannes, au stade des Hespérides. Je me prends pour Cecil B. De Mille, je repeins les fauteuils en jaune, en vert, en rouge. Je réunis Édith Piaf, Lily Fayol, Reda Caire, Marie Bizet, Johnny Hess ; je convaincs Marcel Cerdan – que j'avais connu au Maroc pendant la guerre – de venir me donner un coup de main. J'appâte d'autres sportifs avec le nom de Cerdan : Robert Charron, Laurent Dauthuille acceptent. C'est le plus beau plateau du monde. Mais je perds un million de francs. De l'époque.

« Qu'importe, le virus est dans mon sang. Je deviens "tourneur", j'organise quinze tournées avec Tino Rossi, onze avec Roger Pierre et Jean-Marc Thibault, je lance Marino Marini, qui me rapporte une fortune, je fais travailler Gloria Lasso, Luis Mariano, Line Renaud, Dalida. J'achète des tableaux, des Buffet, un Monet. Et puis, à la fin d'une tournée avec Ray Charles, je loupe un gala. Je me retrouve seul avec les musiciens et le dédit à payer. Ray Charles avait eu besoin de s'approvisionner en drogue, il avait manqué l'avion. C'est le gadin, c'est la ruine. Je revends toutes mes toiles. Je suis peut-être un bandit. Mais j'ai toujours payé mes dettes. Je mens, je bluffe, mais je ne triche jamais [1]. »

Stark oublie de préciser qu'Yves Montand participa également à « La Nuit des vedettes » pour laquelle il perçut un cachet 40 000 anciens francs – 50 000 pour Lily Fayol et 70 000 pour Édith Piaf. Montand était alors managé par Stark, domicilié à Cannes. Le futur

1. Cité par Danièle Heymann, *L'Express*, 25 décembre 1967.

« Pépé Jo » ne possédait pas le téléphone, mais il avait investi dans un triporteur et parcourait ainsi les rues en collant lui-même les affiches. Ému et séduit à la fois par la volonté et l'efficacité du jeune homme, Loulou Gasté lui demanda de devenir l'imprésario de Line Renaud, peu après la participation de celle-ci au Tour de France 1949 (en qualité de chanteuse...). Son épouse Nandette (Nanou Taddei), s'improvisa elle secrétaire de la triomphatrice de *Ma cabane au Canada* et lui servit de témoin lors du mariage surprise offert à Line par son Loulou providentiel, à la mairie du XVIIe arrondissement de Paris, le 19 décembre 1950.

Contrairement à ce que beaucoup continuent à croire, Stark dit l'exacte vérité sur son nom. Il l'a hérité de son père, Oscar, un jardinier originaire de Huningue, une petite ville de la plaine d'Alsace, dans le Sundgau, au nord de Bâle. Oscar Stark a un temps exercé sa profession à Ajaccio, ce qui donne à son fils Roger Oscar Émile (et non Roger Oscar Johnny, l'acte de naissance faisant foi) le goût de s'affirmer Corse. Mireille Mathieu elle-même nous a confirmé la *corsitude* de son mentor. Rien n'est moins faux. Maman Stark (née Julie Chappuit) n'était elle non plus en rien originaire de l'île de Beauté. Lorsqu'elle mourut, Johnny était très jeune. Il n'en reste pas moins que Stark voue une passion à la Corse, à son art de vivre, à ses traditions, à son code d'honneur. Depuis son mariage avec Nanou Taddei, originaire du Fiumorbu (l'une des plus belles régions de Corse) dont il est divorcé depuis 1962, nous l'avons vu, l'animal se prétend tout bonnement fils de la « Terre des Seigneurs ». Les légendes ne se nourrissent jamais que de fruits sélects et du meilleur jus, mais s'il est un fait troublant, avéré et incontestable c'est bien la date de « La Nuit des vedettes », qui signa l'entrée de Stark dans la profession (15 août 1946) ; elle coïncide presque jour pour jour avec la naissance à Avignon de la fille aînée de Marcelle et Roger Mathieu, le 22 juillet précédent.

★

Mireille Mathieu à la une de *France-Soir*, le quotidien qui parraine le *Jeu de la chance*. Ça va vite avec Johnny Stark !

Leçon première : en lui plaçant un bouquet de fleurs sous le bras et en l'emmenant à la rédaction dudit *France-Soir* afin qu'elle remercie l'ensemble du service des spectacles, Stark forme la « petite » à l'art de mettre dans sa poche les journalistes, ces gens si susceptibles mais indispensables relais et dont il faut lorgner l'aval pour obtenir celui du grand public. En dernier lieu, il lui présente le patron de l'enseigne : Pierre Lazareff... Ça va même très vite !

Mireille puise dans ses références : « Le bureau de monsieur Lazareff est plus grand que toutes nos chambres de la Croix-des-Oiseaux réunies ; mais lui est tout petit, et ça me rassure ! »

Face à un homme d'un mètre cinquante-six, les lunettes toujours haut perchées sur le front, avec à la bouche en permanence une pipe qu'il mordille mais ne fume jamais, un homme qui, entre deux ires vésuviennes, gratifie ses collaborateurs de « mon coco », comment l'ingénue pourrait-elle imaginer un instant qu'une sommité la contemple ? Lazareff c'est *France-Soir*, un journal – progaulliste mais non gouvernemental – créé par lui et qui depuis trois ans amorce un léger déclin, mais c'est aussi *Cinq colonnes à la une*, avec des interviews de Jean XXIII, du shah d'Iran, le visage douloureux d'Édith Piaf, celui non moins bouleversant de Brigitte Bardot venue lancer un appel humanitaire en faveur de Joséphine Baker et de ses enfants adoptifs menacés d'expulsion.

Jacques Chaban-Delmas qualifie Lazareff de « superministre » et Georges Pompidou, son intime, se déclare « conquis par son aspect de juif laborieux, constructeur et imaginatif ».

Est-ce un môssieur que ce monsieur-là ? Mieux vaut être dans ses petits papiers. « Extrêmement méfiant, il avait horreur des nouveautés, dit encore de lui Sam Cohen, ancien directeur de *France-Soir*. Il était sensible à la flatterie et aimait les choses compliquées. Il était fastueux et méprisait l'argent. Il était extraordinaire pour vous piquer des idées. Pierre avait beaucoup d'intuition, mais il vivait en circuit fermé. C'était un type seul avec de grandes qualités humaines. »

Dans *France-Soir* comme à *Cinq colonnes à la une*, Lazareff n'applique qu'une seule politique : la réalité des faits, montrer la vie sous tous ses aspects. Une vision populiste de l'actualité, avec des sujets graves ou légers servis sans réflexion ni synthèse.

« Il raffolait de ces histoires à faire pleurer Margot, y compris le certain mauvais goût qui les qualifie quelquefois », rapporte l'un de ses anciens associés.

L'histoire de Mireille Mathieu ne pouvait que séduire Lazareff. En outre, une certaine camaraderie le liait à Johnny Stark, du temps où tous deux aimaient à se retrouver Chez Victor, une épicerie corse de la rue Gît-le-Cœur, à Paris. Carmen Tessier y tenait alors salon. Au menu de « la Commère » de *France-Soir* : rosserie et tripes à la mode d'Ajaccio.

Les amis de ses amis devenant ses amis, tant que Lazareff régnerait, jamais Mireille Mathieu n'aurait à redouter d'attaques de la part de qui que ce soit dans les pages de *France-Soir*. « La moindre critique, quand elle concernait un de ses amis, le mettait hors de lui, témoigne Jean Ferniot – un temps pressenti par Lazareff pour reprendre sa succession à *France-Soir*. C'est évidemment embêtant pour un journal de grande information, mais c'était une faiblesse touchante, comme celle d'un enfant qui ne veut pas qu'on dise du mal de ses copains. »

★

« En bas », invités au rêve par procuration, l'esprit en pèlerinage du côté des saints de la Mamet, les Mathieu sont sous le choc... Tu parles d'un miracle ! Diou qu'il aurait aimé voir ça, le Papet ! Il n'a pas attendu...

Les malheureux campent à des années-lumière des arrière-plans commerciaux et des études de marché minutieuses qui déjà dans les années 60 régissent l'industrie du spectacle où l'on construit des vedettes comme des moteurs de bateaux. Le jeudi après-midi, une maison de disques laisse même enregistrer qui veut, en promettant l'édition d'un 45 tours. Dans un grand ensemble de la région parisienne, les sorties d'école furent longtemps surveillées...

Si les Mathieu apprenaient de surcroît que les financiers des Chaussettes Stemm sont intervenus dans le lancement des Chaussettes noires et de leur leader Eddy Mitchell, ils se demanderaient dans quelle aventure leur fille est en train de s'embarquer...

Laissons-les remercier la Sainte Vierge et s'émoustiller devant la manchette de *France-Soir*. Tout ce qui échoit à leur fille est prodigieux et l'heure est aux grandes décisions. Mireille arrive en train de Paris avec ce M. Stark dont elle a rebattu les oreilles de sa mère descendue prendre son appel téléphonique chez l'épicier. La « petite » mineure, en vertu de la loi rien ne peut se décider sans l'aval des parents. Partant Johnny Stark veut deviser business avec papa Roger en espérant avoir plus de chances qu'avec M. et Mme Torr.

Il débarque en Avignon, les bras chargés de cadeaux.

Entre le fabricant de stars et le tailleur de pierres le courant passe. Quel que soit son interlocuteur, d'un commerce et d'une société toujours des plus agréables, Stark sait se mettre à niveau. Lorsqu'il évoque son ami Tino Rossi, l'idole de Marcelle, celle-ci se sent pousser des ailes. À elle et à son mari, qui le contemplent comme s'ils avaient vu la Soubirou à la fenêtre de sa grotte, le vieux bourlingueur ne cache rien de son ambition de conduire la « petite » au firmament. La fille Mathieu devrait faire preuve de beaucoup de courage, d'une résistance nerveuse à toute épreuve, accepter nombre de sacrifices et ne pas avoir peur de toujours se remettre en question. Mireille possède un potentiel énorme, certes, qui peut la mener où elle veut, et ça c'est sa partie, mais dans ce genre de conte il n'y a ni fées ni baguettes magiques. Seulement du travail, un labeur de bagnard enchaîné à une rigueur et une vigilance sans failles.

Marcelle et Roger pressentent que leur aînée sera en confiance auprès de ce maître Jacques, si impressionnant, qui a l'air de tout savoir, de tout connaître. Ils donnent leur accord et pour toute la famille la journée se termine dans un restaurant coté de la ville. Aux frais du prince, s'entend... Grand seigneur, le Butch ! (un autre de ses surnoms, en référence à Butch Cassidy).

« Devant un homme de loi de la mairie d'Avignon, dira Stark, je signe mon premier contrat avec Mireille Mathieu, trois mois d'essai. Ce contrat sera prolongé de six mois, puis remplacé par un autre contrat, d'exclusivité, de plus longue durée, de beaucoup plus longue durée [1]... »

★

Mireille chez Marcillac, c'est la victoire de Raoul Colombe, celle du clan Mathieu. Bon sang n'a pas su mentir, n'est-ce pas, papa Roger ? Pythonisses du succès et cracks de la chanson font chorus pour prédire à la gamine un chemin de lumière dont on fait les légendes.

« Durera, durera pas ? » s'interrogent déjà les critiques.

« Marre des sauts de cabri du tonitruant Claude François ! marre des couettes d'une Sheila incapable d'aller affronter son public sur une scène ! marre de l'amateurisme prolongé de l'irrécupérable Sylvie Vartan

1. Cité par Danièle Heymann, *L'Express*, 25 décembre 1967.

engouffrée dans la brèche », leur répond en écho la grande clameur de la France profonde, prête à brûler ce qu'elle a adoré. Depuis quelques années, le tapage créé autour de la mode yé-yé empêche des vedettes en renom et des chanteurs d'expression de se faire entendre, apprécier. Richard Anthony a le souci d'exprimer la jeunesse de son époque, le souci du rythme. Soit. Trenet avait eu la même prétention lorsqu'en 1936 sa poésie scénique et ses rythmes négro-américains portèrent un coup au vieux music-hall cocardier. Or en quelque trente années, la qualité poétique et musicale semble s'être quelque peu perdue en route.

Sonnera-t-elle le glas pour tous ces bébés hurleurs, aux voix truquées par l'ingénieur du son, qui faussent les rapports entre le chanteur et son public ? Foi de « Pépé Jo » : l'avenir appartient à Mireille Mathieu ! Au demeurant, la « petite » s'avoue indifférente au sort des yé-yé : « Leurs chansons n'ont pas de sens. »

Dans la rue, les choucroutes commencent à retomber comme des soufflets ratés de cantine scolaire et tout semble bel et bien l'indiquer : désormais le temps est compté pour la grande « famille » des copains, ces jeunes millionnaires qui se haïssent autant que le solfège peut les détester. Qu'ont-ils fait de leur « révolution » ?

« C'est une sorte de révolte contre le monde adulte, écrit Christian Hermelin – responsable de la Fédération des loisirs et culture cinématographique –, on le dit souvent, mais une fausse révolte, à bien y regarder. Fausse révolte puisque finalement elle ne s'attaque à rien de sérieux, hormis casser quelques chaises (ce que l'on ne fait plus que rarement). Fausse révolte, puisqu'elle va exactement à l'inverse de ce que l'on attend d'une jeunesse en colère ; au lieu d'une remise en question des valeurs traditionnelles, elle ne fait que les confirmer gentiment, sans s'y engager vraiment. Certes il y a là un besoin de non-conformisme ; il y a un besoin, caractéristique de l'adolescence, de faire éclater un trop-plein de vitalité ou bien de se laisser aller à la tristesse et à la mélancolie ; il y a même dans une certaine mesure un besoin de s'affronter au monde... mais qui, justement, se traduit par une impuissance à la révolte. La raison profonde de leur révolte, ils la trouvent encore chez un Jacques Brel qui a le succès que l'on sait. La génération des copains, si elle est à l'image de ses idoles – ce qui n'est pas certain –, est finalement assez conformiste, vivant d'une morale bourgeoise, sans histoire. On aspire à un bonheur tranquille, à l'argent.

« Quelques exemples ? Johnny Hallyday fait son service militaire à une époque où des jeunes s'interrogent sur cette institution et parlent librement d'objection de conscience. *Salut les copains* fête l'événement par une couverture en couleurs (trois pour être précis), sur laquelle Johnny arbore triomphalement sa tenue de troufion ; on lui prête des déclarations du genre : “Je suis heureux de faire mon devoir... comme tous les jeunes Français”, et il fait le peloton. Il ne s'agit même pas d'une montée de nationalisme : le service est surtout présenté, à cette occasion, de la manière la plus gentille possible, comme une manière de se retrouver entre copains. Les copains de régiment, on y revient !... Ces jeunes révoltés se comportent comme de gentils petits vieux !

« Autre exemple : le caractère filial des vedettes, en particulier, des filles... Quand un journaliste “surprend” une vedette dans l'intimité familiale, c'est pour constater qu'elle n'est jamais aussi heureuse qu'entourée de ses parents : Sheila aime faire la vaisselle et mijoter les petits plats et Sylvie Vartan a pour ses parents une tendre affection. Tout va bien et les adultes n'ont guère lieu de s'inquiéter : nos jeunes révoltés sont finalement très sages [1]. » Il faut s'appeler Brigitte Bardot pour oser

1. Christian Hermelin, *Mass média, radio-disque-chanson*, Belgique, Éditions Bloud et Gay, 1966, pp. 39-40.

casser le moule des conventions et fouler aux pieds les carcans bourgeois.

Quantité d'observateurs pensent qu'avec Mireille et grâce au sang frais qu'elle apporte dans le paysage de la chanson française, le public qui ne se laisse jamais griser bien longtemps par les effets de mode va *in fine* pouvoir renouer avec l'exigence des interprétations qui prennent aux tripes.

« *Vous les copains, on ne vous oubliera jamais* »...

★

Preuve que l'impact de « Mireille d'Avignon » sur le public est réelle, en décembre 1965, un sondage IFOP de popularité place Piaf en tête de peloton avec 12 % des suffrages. Un an plus tard, la Môme sera effacée des tablettes et Mireille Mathieu totalisera 39 % des voix. « C'est une question de cœur, de battement de cœur », aurait estimé la Baker, un génie scénique que Mireille Mathieu ne croisera qu'à une seule occasion, lors d'un gala à Divonne-les-Bains, en 1967.

Contre les sentiments souvent la pensée ne peut rien. À la fin de 1965, on assiste bien à la naissance d'un phénomène, capable de séduire et d'émouvoir les foules et tout le monde y trouve son compte.

Eddie Barclay : « Elle les a bien émus en effet. Et nous avec. Quand je dis "nous", c'est cette rafale de gens intéressés qui s'est abattue, tel un cyclone, sur la petite d'Avignon, Lucien Morisse (qui n'en ratait pas une) et un sacré malin du show business, Johnny Stark. Sans oublier Maurice Siegel, qui lui aussi flairait les bonnes affaires. On aurait dit une mêlée de rugby, un soir de grand match, lorsqu'il y a de l'électricité dans l'air. Et du pognon ! Finalement, nous nous sommes tous mis d'accord : Stark serait son imprésario, Mireille signerait chez Barclay, et Europe I en aurait l'exclusivité [1]. »

---

1. Eddie Barclay, *op. cit.*, p. 93.

★

Avec beaucoup d'honnêteté, Barclay met ici le doigt sur l'un des aspects les moins moraux de l'ascension de Mireille Mathieu. « De plus en plus, on assiste à un regroupement des intérêts, à des alliances, à la constitution de groupes financiers, dénonce Christian Hermelin, en 1966. Tout cela pour aboutir à la domination du marché par quelques-uns, quelques groupes ! Alliance entre salles de music-hall et poste de radio, entre maisons de disques et éditeurs.

« Autant l'argent est nécessaire à la création cinématographique, autant il est superflu, extérieur à la fabrication d'une chanson. Son intervention devient nécessaire uniquement au niveau de la diffusion et de la fabrication des moyens de diffusion. Ces moyens de diffusion, le disque notamment, ont fait beaucoup pour la qualité d'une certaine chanson et pour la rencontre de celle-là avec le public. Par ailleurs, le système crée une sorte d'émulation : le disque étant un moyen de diffusion extraordinaire donne envie de s'en servir. Et on enregistre très facilement aujourd'hui ! Quand on voit le nombre de jeunes (et pas seulement les "yé-yé") qui font un 45 tours sans jamais en faire un second, on comprend qu'il soit facile d'enregistrer. Se faire connaître est un autre aspect de la question [1] ! »

Dans le cas de Mireille Mathieu, c'est Johnny Stark qui accomplira le « gros œuvre », comme Lucien Morisse le fit pour Dalida et d'autres avant et après lui pour d'autres encore…

★

Noël approche. Un Noël chrétien pour les Français qui ont dit oui à de Gaulle. Le ballottage face à

1. Christian Hermelin, *op. cit.*, pp. 34-35.

Mitterrand lui a été favorable, mais le Général sent poindre sa chute. « Les Français ne m'ont pas encore signifié que je les fatiguais avec ma grandeur et mon ambition nationale, déclare-t-il au lendemain de son élection. Je le sais. Pourtant l'ingratitude viendra et Judas l'aidera. »

Pour l'héroïne de la Croix-des-Oiseaux, il n'y aura pas cette année de réunion familiale autour de la crèche de Roger, la même depuis dix-neuf ans. Marcelle se souvient que, pour parvenir à payer tous les santons, elle a dû se dessaisir d'une paire de boucles d'oreilles héritées de sa grand-mère, auxquelles elle tenait. Un jour la « petite » la dédommagera au centuple. Maman Mathieu n'aura alors plus assez de ses deux oreilles pour faire briller tous les joyaux que son aînée sera en mesure de lui offrir.

Coupée de sa famille et de son environnement naturel et affectif, la lauréate du *Jeu de la chance* vit maintenant à Paris chez celui qu'elle n'appellera plus que « Pépé Jo » et peut-être autrement les jours de tension…

Stark lui présente sa seconde femme (Nicole Blanche Roberte Bertho), un ancien mannequin, et leur petite Vincence. Celle-ci a connu son heure de gloire l'année précédente au mariage de Sylvie et Johnny à Loconville ; elle était l'une des demoiselles d'honneur de la mariée, l'autre étant la fille du sergent de régiment d'Hallyday lors de son service militaire en Allemagne. « Pépé Jo », organisateur de cette bamboula médiatique, servit en qualité de témoin du marié.

Feuilleton bien ordonné, Mireille découvre pêle-mêle le coiffeur, la manucure, les couturiers, les belles voitures blanches avec chauffeur et téléphone, les petites têtes du Tout-Paris sous leurs grands chapeaux à plumes, un soir au domicile privé de Pierre Cardin et le goût de la langouste, qui l'a rendue malade et à laquelle elle préférera toujours un bon poulet avec une bonne gousse d'ail dans le derrière.

« Rien ne l'étonne, rien ne l'émerveille, rapporte Thérèse Fournier dans *Paris-Presse*. Pas même l'avion qu'elle a pris pour la première fois de Marseille à Paris (un regard sur le vide et elle s'est replongée dans *Lisette*). Quand on lui a annoncé il y a deux jours : "On ira à New York et à Hollywood en février, pour des émissions de télévision", elle a répondu : "Bon, ça va." »

Qui est allé vérifier si le soir, loin de l'agitation bourdonnante de la ruche parisienne, redevenue seule face à elle-même, Mireille n'a pas déposé sur l'oreiller autant de larmes que de rêves ? Peur de la fulgurance avec laquelle les événements se bousculent. Mal des siens restés là-bas...

Le moins qu'on puisse cependant affirmer est que l'Avignonnaise témoigne d'une vive capacité d'adaptation. Curieuse de tout, elle s'amuse comme une enfant avec au fond le sérieux d'une adulte. A-t-elle compris qu'elle est avant tout une valeur marchande, que pour « Pépé Jo » il s'agit d'un investissement et que tout cela a donc un sens ? Il lui faudra se montrer à la hauteur en devenant productive. Ne pas décevoir. Pour ça, il faut bien écouter tout ce qu'on lui dira, retenir ce qu'on lui aura appris. Paternaliste avec elle parce qu'il est « le meilleur des hommes », Stark l'a avertie qu'il n'aime pas les « terres fainéantes », comme il se plaît à le répéter. Il ne tolérera aucun relâchement, pas la moindre faiblesse. Il est un peu le coach et elle, l'athlète de haut niveau. Pour elle, pour lui, il va aller chercher le meilleur comme on présente son vin le plus fin et ses meilleurs cigares à un invité de marque.

*

Déjà la presse annonce que celle qui continue à faire les beaux dimanches de la télévision va passer à l'Olympia, le 29 décembre, en première partie du programme de Sacha Distel et de la somptueuse Dionne Warwick. Qu'avant cela quelques dates de tournée ont été prévues. Qu'ensuite, vers la fin de février, il y a aura la sortie du premier 45 tours sur lequel de très grands auteurs planchent déjà.

Conscient qu'il ne peut la lâcher dans l'arène sans armes préalablement fourbies, Stark envoie Mireille chez la fameuse Annette Charlot pour lui faire travailler sa voix. Jean Lumière, ancien crooner reconverti lui aussi dans l'art d'enseigner le chant, montre à la « petite » l'utilité du yoga dans l'acquisition des techniques respiratoires. D'autres leçons suivront, des leçons de maintien, de diction, de gymnastique, d'anglais, de culture générale. On va apprendre à Mireille à se présenter, à marcher, à s'exprimer, à peler une poire, à se parfumer *Cabochard*, à devenir *in fine* ce que le public a envie qu'elle soit. Ce que « Pépé Jo » appelle, lui, « polir le diamant », c'est la fabrication de l'image, si essentielle dans le métier de l'illusion.

Flirtant avec la sensiblerie, le Butch exploite à fond dans la presse du cœur l'image d'Épinal de la petite Cosette provençale, aînée d'une fratrie de quatorze enfants, réveillée chaque jour aux aurores pour aller par tous les temps coller des enveloppes à l'usine. Celle de la famille française type, « pauvre mais honnête », « nombreuse et unie », « subissant son destin avec courage »…

Stratégie de bon aloi et vieille comme le vedettariat. Elle consiste à créer la légende d'un artiste, à lui fournir son *ex-libris* qui permettra aux gens de le distinguer d'un autre artiste. Dans un livre très complaisant (*Mes copains, les idoles*), paru dans les années 60, Philippe Maillard lève un bout de voile sur la fabrication du produit Sheila, ex-vendeuse de bonbons sur les marchés avec ses parents : « On s'est attaché à lui donner un physique. La coiffure fit l'objet de recherches et d'essais qui durèrent deux mois, jusqu'au jour où on lui trouva le style caniche avec une couette de chaque côté du visage... [1] »

Ainsi « Pépé Jo » avait-il agi pour Johnny Hallyday, son premier poulain. Autre cas de cirque où les biscuits existentiels ne manquaient pas pour nourrir l'insatiable Margot dans sa chaumière.

Encline à minimiser aujourd'hui ce qu'elle doit à Stark (en sus de cours particuliers avec Daniel Filipacchi), la bienheureuse Sylvie Vartan qui prétend avoir mené sa carrière « toute seule » bénéficia également des précieux services du Butch. S'il est patent que la saga de la petite fille de Sofia, dont les valeureux parents d'origine arméno-hongroise sont devenus Bulgares à la défaveur des revers de l'Histoire, commence comme un roman de Dostoïevski, eu égard à la minceur du bagage artistique de l'intéressée et à sa transparence sur scène, dans son cas Stark misa autant sur la fin que sur les moyens. Nul besoin de grossir le trait pour le dieu Hallyday, enfant de la balle élevé à la chaleur des rampes, qui apprit l'alphabet sur des affiches et moucha ses colères de gosse dans des rideaux rouges. Itou pour une Mireille Mathieu affreusement « godiche » mais magnétique et née « pour ça ». Tous pour autant auraient à cravacher ferme. Johnny, le surdoué, moins que les autres, Mireille, beaucoup plus. Quant à l'ambitieuse Sylvie, « le plus beau cadeau de la France depuis la statue de la Liberté [2] », quarante ans après avoir été la

1. Cité par Christian Hermelin, *op. cit.*, p. 32.

2. Slogan publicitaire risqué par le producteur Tony Scotti, pour la promotion du spectacle de sa promise aux USA, en 1982 et 1983. En sus d'une manifestation des syndicats de musiciens à Los Angeles, s'élevant contre l'usage du play-back pratiqué par Miss Vartan, le « cadeau français » écopera d'une impitoyable fin de non-recevoir dans le célèbre magazine *Variety*. Chauvins mais fair-play, les Américains savent reconnaître le talent quand talent il y a, mais le play-back reste pour eux un inadmissible et impardonnable carottage.

dernière de la classe, son statut d'ex-épouse Hallyday et ses fameux « progrès » qui lui ont apporté la réussite sociale ne suffisent toujours pas à la préserver de critiques qui feraient pleurer de honte une chanteuse de karaoké. La reconnaissance du talent, quand ça ne veut pas venir… Prends-en note, « petite » : l'exposition médiatique est une rude école.

Avec beaucoup de chance, notre époque permet à des jeunes assimilés « artistes » de percer sans être des monstres de talent. Lemaire, elle, possédait le talent, or la chance semble l'avoir toujours fuie. Chez Mathieu, les deux composantes du succès étaient réunies.

VIII

LES BOULES ONT PARLÉ

« La première fois que j'ai couché dans un palace, je ne savais pas comment demander un café au lait ! »
Mireille Mathieu (Danièle Heymann, *L'Express*)

La première tournée, avec Hugues Aufray et France Gall !

La vedette du spectacle est bien entendu le très populaire Hugues Aufray. Le public réserve un accueil plus que cordial à « Mireille d'Avignon », nimbée de son titre de lauréate du *Jeu de la chance* et précédée d'un tapage médiatique sans précédent dans l'histoire du spectacle. Les *Sucettes* de France Gall, vedette américaine et récente triomphatrice au grand prix de l'Eurovision, en font les frais...

— Tu ne me fais pas de cadeaux, lâche-t-elle à Mathieu, tout en lui offrant de partager sa loge.

Pendant quatre jours, les deux adolescentes apprennent à se connaître. À s'apprécier ? Entre autres « secrets » de filles, Mireille découvre que, musicien, le papa de France est de la partie. *La Mamma* d'Aznavour : c'est lui. Il a également travaillé pour Piaf. À présent, il s'occupe de France qui lui doit la musique et le succès de *Sacré Charlemagne*. Ce qui fera dire à Coluche : « Tout le show biz est plus ou moins issu de la classe ouvrière. À part France Gall, qui est née chanteuse à succès. »

Un papa qui travaillait pour Édith Piaf !... Mireille ne retient que cela. Le sien construit de belles demeures pour ceux qui n'en ont plus besoin, mais ce n'est pas pareil... Dijon, Saint-Étienne, Lyon... La mini-tournée s'achève le quatrième soir à Genève. On s'étreint en promettant de garder le contact. Ni les uns ni les autres ne se reverront. Stark avait promis cette tournée à Raoul Colombe. Celui-ci se sent plus rassuré et l'écrit à Régis Darcourt :

Cher Monsieur Darcourt,

Permettez-moi, un peu tardivement, de vous remercier de l'aide et du précieux concours que vous nous avez apportés pour essayer de placer Mireille dans l'orbite si difficile à atteindre et si pleine d'imprévus que représente la carrière artistique.

C'est grâce à votre confiante estime que nous avons pu reprendre l'espoir de parvenir au but que nous nous étions fixé pour notre jeune protégée.

[...]

Bien que j'aie quelque peu été effrayé par la rapidité des choses, je me suis rendu à cette raison qu'il était difficile d'arrêter la marche du temps et de ne pas profiter du climat de sympathie qui s'est spontanément créé autour de Mireille.

La télévision a donné le ton, la presse a continué et nous avons, ici, laissé faire les événements.

Notre amitié ne devant en rien être altérée par la position que j'ai dû prendre pour Mireille, je vous prie de croire, cher Monsieur...

Bien cordialement vôtre,

Raoul Colombe.

⋆

Franc succès, donc, pour Mireille.

Nous ne sommes qu'au début d'une aventure qui fait déjà beaucoup de bruit, or rien n'est encore acquis. À Genève, le Butch a fait filmer son élève à son insu. Des images qu'il projette dans son appartement de Neuilly, en présence de l'intéressée. Rude en est pour elle la réception ! Des tics et des grimaces, une raideur de gisant, une voix livrée brute sans emballage ni élégance : en découvrant tous ces défauts imputables à son inexpérience, la « petite » mesure le chemin qui lui reste à parcourir. Non pour devenir une star, car selon Coco Chanel les stars n'existent pas, mais à tout le moins pour en prendre les gestes.

Quel sera l'avenir de la dénommée Mireille Mathieu ? Cinq voyantes sont mises à l'épreuve par la rédaction du magazine populaire *Noir et blanc*, qui toutes planchent à l'édification d'un tableau comparatif entre les destins de Mireille Mathieu et de Georgette Lemaire. Ni les journalistes ni les téléspectateurs ne semblent avoir oublié celle qui tint le haut du pavé pendant plusieurs semaines au *Jeu de la chance*. La seule rivale crédible et potentielle de Mathieu, c'est elle !

En public, les deux chanteuses jouent le jeu et jurent qu'elles sont amies. Or, Georgette Lemaire ne garde jamais très longtemps sa langue dans le fond de sa poche décousue... Lors d'une soirée de gala à Deauville où elles sont réunies, interviewée par Bernard Gourbin (*Ouest-France*), après la représentation Georgette se lâche : « J'étais bourrée de trac. C'est le fait de chanter ici en même temps qu'elle, je ne pouvais m'empêcher d'y songer. »

Puis, évoquant Stark : « Lui au moins sait faire de la publicité ! Je sais qu'il voudrait bien m'avoir, mais comment : pour m'aider ou pour me descendre ? »

« Johnny Stark ne va rien négliger, cette fois encore, conclut Bernard Gourbin. Rameutant les photographes et prétextant une rivalité des plus farouches (c'est bon pour la pub !), il oppose les deux femmes qui pourtant ont toutes les raisons de se connaître et de s'estimer... »

Guy Lux (sur la « querelle » entre Mireille Mathieu et Georgette Lemaire) : « Il faut dire que Georgette n'a jamais tout à fait pardonné à sa cadette son triomphe. Une querelle larvée que les journaux spécialisés se font un plaisir de ranimer, de temps à autre, par articles interposés... »

Georgette aura-t-elle un jour sa revanche sur Mireille ? Consultons l'oracle...

*

Nicole Valier (la voyante de la jeune génération) : « La renommée de Mireille Mathieu va encore grandir grâce à un disque qui sera mis en vente à la rentrée et connaîtra un énorme succès. Elle fera du cinéma et se révélera très bonne actrice. Sa vie sentimentale sera tracée dans les trois ans qui viennent : elle trouvera son idéal en amour, fera un mariage bien assorti et réussira le difficile équilibre entre vie professionnelle et vie privée. Quant à Georgette Lemaire, elle va voir sa carrière prendre forme. Après lui avoir nui, la concurrence de Mireille Mathieu va la servir... »

*

Paulette Bigot (astrologie et voyance combinée) : « Pour Mireille Mathieu, je vois une carrière vraiment fulgurante, et ceci malgré certaines jalousies qui lui vaudront quelques ennuis. Dans deux ans, elle pensera au mariage. Pourtant, celui-ci risque de ne pas lui être très favorable. Il peut même porter un coup préjudiciable à sa carrière. Les heureux débuts de Mireille Mathieu s'expliquent par le fait qu'elle était en pleine période de chance. Cela n'a pas été le cas de Georgette

Lemaire. Le 21 novembre 1965 (cette fameuse journée où elle dut céder la place à Mireille Mathieu au *Jeu de la chance*) était une journée très défavorable pour elle. Toutes deux feront carrière, mais très différemment. Mireille Mathieu fera toujours passer son art avant les sentiments. Elle chantera longtemps. Femme de tête, elle ne gaspillera pas son argent, achètera des immeubles et aura une très belle propriété dans le Midi. Elle vivra très vieille et souffrira de rhumatismes… »

★

Rose Stoler (voyante prétendue de Françoise Hardy, Sophia Loren, etc.) : « Mireille Mathieu sera une très grande vedette, mais ce sera au détriment de sa vie privée, qu'elle va sacrifier pendant plusieurs années à un travail écrasant. Elle aura du mal à se dégager de l'emprise de Piaf et sa grande gloire durera à peu près six ans. Après, elle déclinera lentement. Sa vie sentimentale sera profondément marquée par un homme très grand, aux cheveux châtains. Elle parviendra difficilement à fixer son cœur, mais se mariera pourtant. Contrairement à Mireille Mathieu, Georgette Lemaire saura se dégager de l'emprise de Piaf et fera de grands progrès. Elle sera l'idole des publics populaires, des midinettes… »

★

France Marquer (voyante prétendue « attitrée » d'Annie Girardot) : « Mireille Mathieu et Georgette Lemaire connaîtront des réussites, car la rivalité qui les oppose sera comme un stimulant pour chacune. Le public les valorisera en les comparant. Mais elles mèneront différemment leurs carrières. Mireille a la vocation de la réussite, c'est une batailleuse, une gagneuse. Georgette au contraire a peur de cet héritage de Piaf dont on lui parle sans cesse. Elle réussira mais presque malgré elle. Mireille Mathieu a une nature si combative et si ardente qu'elle ne fléchira pas. Elle supportera également sans plier les coups que lui porteront ses ennemis, car elle aura toujours, au fond d'elle-même, la certitude de sa propre valeur. Il y a cependant pour elle nécessité de se cultiver. Si elle parvient à affiner son intelligence, elle deviendra de plus en plus séduisante et recevra les hommages des hommes les plus brillants. Il est possible qu'elle envisage de se marier dans les trois années qui viennent, mais ce mariage ne lui serait pas favorable. Elle serait plus heureuse en amour si elle renonçait au mariage. L'avenir de Georgette Lemaire n'est pas aussi bien tracé que celui de Mireille Mathieu. Il y aura des incohérences, des hauts et des bas, des alternatives de succès et d'oubli. Cela sera dû à la nature même de Georgette, qui est une anxieuse. Georgette Lemaire va gagner beaucoup d'argent, car ses imprésarios sauront la guider. D'ailleurs, elle-même saura "sentir" son public, communier avec lui. Elle sera même plus apte que Mireille Mathieu à établir ce précieux contact populaire. »

*

Judith Henry (voyante, conférencière et femme de lettres) : « Mireille Mathieu atteindra à une plus grande gloire que Georgette Lemaire, car elle sacrifiera sa vie privée à sa carrière. Il ne faut pas croire qu'elle fera ce choix de gaieté de cœur, car Mireille est très sentimentale. Au cours des années, Mireille Mathieu ne se débarrassera pas de l'emprise de Piaf. Au contraire, elle lui ressemblera de plus en plus : elle montrera les mêmes qualités de cœur, mais aussi la même propension à se dépenser sans compter. Georgette Lemaire, elle, se révélera sinon une femme d'affaires, du moins une femme organisée et raisonnable. Elle modifiera sa manière et son style au point de s'éloigner considérablement de Piaf. Elle se mettra à écrire des chansons et gagnera beaucoup d'argent, surtout aux États-Unis [1]... »

★

Superstitieuse, Mireille Mathieu prend-elle à la lettre les prédictions de ces apprenties sorcières ? Elle reste bouleversée par son étrange rencontre avec une voyante à Avignon. La « petite » devait avoir douze ou treize ans, lorsqu'on lui annonça :

— Je te vois avec des rois et des reines. Je te vois faisant le tour du monde.

Avec deux de ses sœurs qui l'accompagnaient ce jour-là, Mireille en avait bien ri. La dame devait être un peu piquée de la tarentule.

« Des années après, relate la chanteuse dans *Oui, je crois*, Christiane étant devenue infirmière à l'hôpital, elle eut à surveiller une grave opérée. Sa malade lui dit brusquement :

— Vous êtes la sœur de Mireille Mathieu ?

Christiane ne me ressemble pas et, de plus, elle n'aime pas se présenter comme ma sœur. Elle n'en fait jamais état.

— Non, dit-elle.

— Mais si. Je le sais et j'avais raison : votre sœur fait le tour du monde et rencontre des rois et des reines !

Christiane me raconta cette histoire à ne pas croire quand je revins de tournée.

— Je voudrais bien revoir cette dame, lui dis-je.

— Tu ne peux pas. Elle est morte dans la nuit qui a suivi.

Je ne suis jamais allée voir une voyante depuis. »

---

1. Toutes ces prédictions ont été publiées par *Noir et blanc*, juillet 1966, n° 1114.

IX

LE RETOUR DE L'ENFANT PRODIGUE

« Mireille a un petit drapeau bleu, blanc, rouge dans un coin de son cœur. Elle représente dignement notre pays et sa ville natale : Avignon. »

Raoul Colombe

L'Olympia !

Parce que Paris est l'épicentre, parce que c'est là que tout se passe, au fil des jours la pression monte et le Butch se fait un sang d'encre. Fût-ce en lever de rideau, un passage chez Coquatrix revêtira toujours une importance bien plus stratégique que dix galas provinciaux en vedette. Cette première aventure de Mireille, boulevard des Capucines, dans le programme de Sacha Distel et Dionne Warwick, a valeur de test pour la suite des bonnes affaires de « Pépé Jo ». Sa pouliche ayant à concourir sans répertoire personnel, il puise dans celui de Piaf, suffisamment achalandé, et en extrait trois chansons : *Je ne sais comment, Noël de la rue, L'Hymne à l'amour*. Commencent alors les répétitions avec Henri Byrs, le pianiste attitré de Charles Aznavour. Elles vont bon train.

Et si la « petite » nous claquait entre les doigts ?

Le soir de la première, Stark fait circuler dans la salle

des questionnaires à remettre aux ouvreuses à la fin de la représentation :

— Avez-vous aimé Mireille Mathieu ?

— Sa « ressemblance » avec Édith Piaf vous gêne-t-elle ?

— Avez-vous assisté à l'un des galas de Piaf ?

En traitant directement avec le public, le Butch s'adresse à la fois à Dieu et à ses saints. Là est le trait de génie.

Au lendemain de l'échéance, après la lecture de la critique de Danièle Lord (*Marie-Claire*), le « bourreau au cœur tendre » soulève enfin sa soupape…

« L'autre, on l'appelait “moineau”. Elle, on l'appelle “cigale”. Elle est entrée sur scène dans une mini robe de dentelle noire, à collerette, plus apeurée qu'un enfant grondé. Et puis, elle a relevé la tête. Et puis elle ouvre la bouche. Et puis, de ses lèvres, s'est élevé, venu on ne sait d'où, un chant qui n'avait pas de frontières. Les ouvreuses se sont assises. Le machiniste s'est accoudé sur ses projecteurs. Bruno Coquatrix, le grand Bruno, l'inventeur de Trenet, Aznavour, de Johnny Hallyday et de tant d'autres, cadré derrière un pilier, croisait et décroisait ses doigts pour conjurer le maléfice qui allait sûrement s'abattre sur la salle. Les premières notes étaient sublimes. Les dernières le seraient-elles ? Mais à dix-neuf ans, Mireille Mathieu, pas plus haute derrière son micro que le moineau d'autrefois, ses yeux pers ombrés de fatigue, son visage émouvant de jeune torero espagnol tout entier offert à la musique, relevant le défi, arrachait d'un coup d'aile les craintes de Bruno, le vieux renard de la chanson, réchauffant les cœurs les plus endurcis. La chanson *Hymne à l'amour*, par le truchement de sa voix, la profondeur, le génie de sa voix, retrouvait les accents d'un autre *Hymne à l'amour.* »

Oui, à 95 % les gens ont aimé le spectacle. Non, à 90 % ils n'ont pas été embarrassés par une hypothétique ressemblance avec Piaf. Excellent présage ? Sur l'échelle des valeurs et dans la hiérarchie artistique Mireille Mathieu n'est pas encore une vedette à proprement parler. Stark de le lui rappeler froidement.

*

À la Croix-des-Oiseaux, maman Marcelle qui n'a pas reçu la Légion d'honneur comme tous ces artistes qui font graver leur titre sur leur carte de visite, continue vaillamment à œuvrer pour le pays. En secret elle nous prépare le quatorzième ! Pour Stark, c'est pain béni ; son petit Poucet va compter un caillou de plus dans le sac de sa légende déjà cousue de fil d'or…

Il ne fait aucun doute que, pour les Avignonnais, Mireille Mathieu est le nouveau messie de la chanson française, la huitième merveille, le quatrième secret de Fatima. Or il y aura bientôt deux mois que la « petite » est partie, deux mois où grâce à elle on parle d'Avignon aux quatre coins de la douce France et même au-delà, et ses « compatriotes » n'ont pas encore eu l'heur de fêter dignement leur enfant prodigue. Aussi la réclament-ils bruyamment. Mireille a bien effectué des sauts de puce, une fois notamment vers le début de décembre (Raoul Colombe l'a emmenée en visite dans les locaux du *Dauphiné libéré*), une autre fois en janvier pour présenter ses vœux à ses parents et au député-maire de la ville, M. Henri Duffaut (il lui avait adressé les siens et ceux du conseil municipal à l'Olympia). Sans plus.

« Pépé Jo », dessine-moi une Pénélope heureuse d'avoir fait un beau voyage…

Et comme notre homme ne laisse jamais rien au hasard, ce retour de Mireille à Avignon sera un peu celui d'Anna (personnage incarné par Gina Lollobrigida dans *Anna de Brooklyn,* un film de Lastricati, en 1957), une paysanne italienne qui retourne en fanfare dans son petit village après avoir fait fortune aux Amériques.

La date du 23 février 1966 est arrêtée. Un mercredi. Tous les médias sont sur le qui-vive, locaux et nationaux. Pensez, il y aura même les caméras de la télévision ! Il y aura surtout et d'abord les caméras de la télévision… À la mairie de la Cité des papes, le protocole de la visite de la jeune chanteuse a été soigneusement étudié. Qu'on en juge plutôt…

HORAIRES DES DIFFÉRENTES INTERVENTIONS ORTF :

— entre 10 h 30 et 11 heures précises : à l'aéroport de Marseille-Marignane, M. et Mme Mathieu, accompagnés de leurs enfants, viendront accueillir Mireille à sa descente d'avion.

— entre 12 h 30 et 12 h 45 : Mireille est reçue à l'hôtel de ville par monsieur le maire d'Avignon et son conseil municipal.

— entre 14 heures et 14 h 30 : Mireille retrouve ses « copains » au Palais de la Bière où ils avaient coutume de se rencontrer autrefois.

— entre 16 heures et 16 h 30 : Mireille retrouve Mme Julien qui fut sa maîtresse d'école dans son ancienne école.

— vers 18 heures : Mireille est reçue au Club Léo-Lagrange dont elle est la marraine.

HIT-PARADE (de 19 h 15 à 19 h 50)

Mireille présente le HIT-PARADE de la Maison des jeunes et de la culture de la Croix-des-Oiseaux, son ancien quartier.

LES 400 COUPS (de 20 h 20 à 21 h 15) AU PALAIS DE LA BIÈRE. Résultats du HIT-PARADE.

Repas familial avec ses parents, ses frères et sœurs, et quelques amis dont Roger Lanzac.

— de 21 h 15 à 21 h 30 – en remontant le COURS JEAN-JAURÈS, Mireille et ses amis quittent le Palais de la Bière et se dirigent vers la place Clemenceau, accompagnés par le RÉVEIL AVIGNONNAIS et par tous les Avignonnais qui souhaitent entendre ses nouvelles chansons.

LA VÉRITABLE MIREILLE MATHIEU

— de 21 h 30 à 22 heures – PLACE CLEMENCEAU, L'HARMONIE MUNICIPALE accueille Mireille.

Mireille chante pour tous ses amis avignonnais, pour la première fois au public ses quatre dernières chansons.

Le minutage serré de cet édifiant programme n'est pas sans rappeler celui du Général dans ses déplacements officiels. Pas une minute de répit. Elle va respirer quand, la mignonnette ? ! Si, après cela, elle montre encore quelques signes de résistance physique, il y aura tout lieu de s'inquiéter et de lui prendre le pouls !

Pas d'affolement, maman Marcelle est une fille du Nord, une région où l'on a coutume de tremper un tison brûlant dans le lait des bébés pour leur procurer force et vigueur. Mireille est née cigale, mais dans ses veines coule l'énergie et la robustesse des corons. La voilà, d'ailleurs, Marcelle, aux côtés de son homme dûment chapeauté et de leur progéniture, tous alignés comme à la parade, sur le tarmac de Marignane. Chez les Mathieu, on a toujours appris à faire les choses « comme il faut » et à ne pas se faire remarquer. Avec une Mireille propulsée sur le devant de la scène et exhibée telle autrefois la girafe de Charles X au Jardin des Plantes, les bonnes habitudes ont déjà pris un grand coup de pied dans le derrière. Ce n'est ici qu'un début...

Sitôt la Caravelle d'Air France posée, la passerelle s'avance vers la porte avant gauche de l'appareil. L'héroïne du jour en sort. La première. Suivie de Johnny Stark et de Roger Lanzac. On avait oublié à quel point elle était jolie...

Elle s'est faite encore plus belle pour la circonstance : une robe bleue à parements blancs sous un manteau blanc à larges poches appliquées, avec un foulard autour du cou... Un diamant ! Un diamant de chez nous, s'entend !

Quel dommage que M. Colombe en voyage d'études, organisé outre-Atlantique par les anciens du Génie, ne soit pas présent en ce jour faste ! Madame lui racontera. Raoul Colombe, le levier initial de la gloire de Mireille Mathieu, celui qui continue à se battre pour elle, qui la défend dans la presse lorsque des journalistes tentent de rallumer à nouveau une guerre factice avec Georgette Lemaire, celui qui prend soin des Mathieu comme s'il s'agissait de sa propre famille. Raoul Colombe qui depuis son bureau à la mairie fédère un club, « Les amis de Mireille Mathieu » (vingt mille membres dans le monde entier), dans le but d'aider la petite fille de la Croix-des-Oiseaux à rester ce qu'elle est : une Avignonnaise lancée à la conquête des hommes, qui doit se souvenir de ses racines afin de porter plus haut encore la renommée de la Cité des papes.

« À son entrée en ville, deux motards de la gendarmerie et une voiture de la police urbaine ouvrirent la route et le cortège pénétra ainsi à l'intérieur des remparts au bruit des Klaxon, rassemblant les curieux tout au long des trottoirs. »

Aussi à l'aise qu'une souveraine rompue depuis toujours à ce genre de manifestation, Mireille salue de la main, offrant le sourire d'un enfant sage et poli à qui l'on vient d'offrir un gros jouet. « Pépé Jo » est un diable d'homme ; il a même prévu l'apparition du soleil, après toute une nuit d'ondée !

À la mairie, devant le gratin de la région, l'accueil est solennel. Les micros de l'ORTF tendus vers lui, M. Duffaut se sent en devoir de ne pas rater les effets de son discours : « La ville d'Avignon est particulièrement heureuse de vous recevoir. Vous êtes issue d'une belle famille de travailleurs de cette cité et j'ai une admiration profonde pour votre père qui a élevé tant d'enfants, ainsi que pour votre mère qui leur a assuré une formation morale.

« Votre talent vous est une chance magnifique. On vous compare à une grande chanteuse disparue. Il y a quelques mois, c'eût été un sacrilège, maintenant c'est une victoire. C'est M. Colombe, notre adjoint, qui vous a découverte et, depuis *On chante dans mon quartier*, vous avez révélé votre entière valeur.

« Le grand tempérament d'artiste qui est votre apanage vous ouvre une carrière magnifique et je vous souhaite d'y trouver avec les efforts et le travail qui l'accompagnent la réussite et le bonheur personnel. Votre présence et votre visite mettent Avignon à l'heure américaine. Très simplement, nous vous y accueillons comme un de nos enfants, et nous restons persuadés que vous êtes pour notre ville un fleuron qui s'ajoutera à son histoire et à son charme. »

Attention, voici la réponse de la « petite » : « Vous êtes si gentils que j'ai envie de pleurer ! »

Le maire a tourné ses mots de manière à contenter tout le monde : Mireille Mathieu reste propriétaire de son talent et à Raoul Colombe revient le juste privilège d'avoir favorisé sa chance. Une énorme gerbe de fleurs dans les bras, Mimi saute au cou de M. Duffaut et lui claque une bise qui lui valent des salves d'applaudissements. Puis l'un des petits Mathieu déboule en trombe et remet à son illustre sœur un béret de marin nanti d'un pompon rouge.

On n'est jamais assez superstitieux !

L'après-midi, aux ronds de jambe des officiels succède la fougue spontanée de la jeunesse. Nous voici rendus au Palais de la Bière, le café que Mireille, flanquée de « sœur Matite » fréquentait… nous allions dire jadis. Tous les copains sont là, excités par une effervescence qu'ils s'emploient à maintenir à haut degré en lançant des rafales de « Hourra ! ». Ovation monstre pour la petite fille de la Croix-des-Oiseaux, fleurie à nouveau par Mme Monminoux, la patronne des lieux.

Suivent les retrouvailles avec Mme Julien, l'institutrice, gorgées d'émotion. Là encore, on s'embrasse, on se souvient, sous l'œil des objectifs et au son d'applaudissements toujours aussi nourris. Hâte-toi, Mireille, la représentation n'est pas terminée !

Vite ! vite ! trois petits tours au Club Léo-Lagrange, le temps d'y recevoir une plaque ciselée des mains de M. Schoeppler et la « petite » se retrouve à présenter le hit-parade de *France-Inter* à la Maison des jeunes, dans son ancien quartier de la Croix-des-Oiseaux. Par intermittence, on la fait converser en duplex avec Bruno Coquatrix à l'Olympia, avec Eddie Barclay en son domicile parisien, avec Raymond Marcillac dans un studio de l'ORTF, et encore avec Raoul Colombe à Boston. Une telle démonstration de force, ça vous coupe la chique à un Avignonnais !

Retour au Palais de la Bière pour un dîner frugal vite expédié ; à la radio les horaires sont stricts et Mireille, un casque sur les oreilles, doit répondre aux questions des animateurs parisiens. Ouf, terminé ! Elle va enfin pouvoir s'adonner à son sport préféré : chanter. Elle fait bien chanteuse comme métier, non ? On l'aurait presque oublié...

À pied, dans les artères d'Avignon noires de monde, la « petite » remonte la rue de la République aux accents du Réveil avignonnais, jusqu'à la place de l'Horloge où l'attend un podium...

« Là-haut, l'Harmonie Municipale donna une aubade à la nouvelle reine de la chanson. Mireille chanta ensuite pour cet Avignon qui l'a vu naître. Elle y mit tout son cœur, sa passion et tout son être. Ce furent des minutes émouvantes, chaleureuses, pleines de tendresse, qui montèrent vers le ciel fourmillant d'étoiles curieuses qui scintillaient pour mieux sourire à leur sœurette de Provence. La foule fascinée écoutait, bouleversée par la puissance émanant de cette jeune fille toute simple. Une nouvelle reine de la chanson échafaude sa gloire : Mireille Mathieu. »

Le lendemain, l'enfant chérie reprend les airs, pour une émission de télévision en Belgique. Non sans s'être engagée à revenir. Promesse tenue : le 26 mai suivant, les Avignonnais retrouvent Mireille, invitée vedette de Guy Lux qui accomplit un tour de France avec son *Palmarès des chansons.* Où donc « l'homme aux fiches » a-t-il choisi de planter ses caméras ? Sous le chapiteau de Champfleury, à l'endroit précis où, sept mois plus tôt, Raoul Colombe sollicitait de Régis Darcourt un passage chez le même Guy Lux en faveur d'une jeune chanteuse inconnue en qui il croyait désespérément ! Pour l'anecdote, le soir du *Palmarès,* esthéticienne de profession, Suzanne Colombe (la sœur de l'adjoint au maire) offre à la « petite » ses services de maquilleuse.

Les uns et les autres attendront longtemps, très longtemps avant de pouvoir applaudir à nouveau la Mathieu sous les cieux d'Avignon.

X

OUI, ELLE CROÎT !

« Passer pour un idiot aux yeux d'un imbécile est une volonté de fin gourmet. »

Jules Renard

AVANT même la sortie officielle de son premier « quatre titres », pour lequel Stark n'a voulu que du neuf et du sur mesure, rejetant les chansons de filles à matelots, enfin tout ce qui collait trop à Piaf, pour sa plus grande satisfaction Mireille est renvoyée au front avant sa vaste tournée d'été et... son premier voyage aux États-Unis. Le Butch, qui a déjà tenté d'exporter là-bas Line Renaud, Sylvie Vartan et Johnny Hallyday, s'y est constitué un solide carnet d'adresses. Il en connaît du monde, « Pépé Jo »... Rendez-vous compte ; il va nous faire découvrir la Californie avant la côte d'Azur !

L'Amérique, c'est pour bientôt mais pas encore pour tout de suite, Mireille. Et puis, vois-tu, chez l'Oncle Sam, il n'y a que les candidats à la présidence qui parviennent à s'imposer au bluff. Signe-toi si cela peut t'aider, mais ne va pas plus vite que tes rêves. En attendant, grimpe sur la scène et chante ; on t'attend derrière le Mont-Blanc.

Pas toujours tendres les critiques genevois. Il faut les comprendre ; depuis le début de la décennie, ils ne reçoivent plus de la cousine France que des petits génies en herbe à la réputation surfaite. Conseil de « Pépé Jo » à la « petite » : même si le « tout cuit » n'existe pas dans ce métier, reste toi-même, comme tu l'as toujours été jusqu'ici, sans oublier de mettre à profit ce qu'on t'a appris et qu'on s'escrime à te marteler chaque jour. Le reste suivra...

Bingo !

Triomphe pour Mireille Mathieu au théâtre de la Réformation. *La Tribune de Genève* a bien émis quelques petites observations un poil désobligeantes, mais sur le fond ils se sont inclinés (au contraire de ce que l'on attendait), comme on le fait devant une toute jeune reine appelée à un règne magnifique.

Ailleurs, dans l'Hexagone, partout où Mireille paraît les foules assurent à la lauréate du *Jeu de la chance* un succès conséquent. La télévision est le pays où Mireille Mathieu est née ; tous ceux qui furent du « 21 novembre 1965 » se sentent un peu comme ses parrains. Si l'on exclut l'efficacité des nouvelles forces de frappe commerciales mises à sa disposition par Johnny Stark, à quoi tient pareil engouement ? Alain Ganassi, de *Bourgogne Dimanche*, croit être en mesure de nous l'expliquer : « La recette ? Certains disent qu'elle est simple : 50 % de voix. 30 % de charme. 5 % de naïveté. 15 % de cas social. Les 5 % de naïveté ? Ils y sont... même un peu plus. »

« Vous m'affolez avec tous vos grands mots, croira devoir se dédouaner Mireille par ailleurs, auprès d'un journaliste belge. Il faut m'excuser si je ne comprends pas tout : maman a été si souvent malade que j'ai été obligée de m'occuper de mes petites sœurs et de mes petits frères. »

À la différence de certains de ses consœurs et confrères, la « petite » n'a jamais renié ses racines, ni même essayé de paraître ce qu'elle n'est pas. Dès le début, obéissant à son instinct, elle a fait provision de suffisamment d'astuce pour savoir le danger qu'il y a dans sa situation à faire état de ses opinions politiques ou à taper trop fort sur la concurrence en public. Cela s'appelle le bon sens. Celui avec lequel maman Marcelle parfume ses biberons. Plus rare que l'érudition, plus précieux que l'intelligence et plus solide que le génie.

« Elle a dix-neuf ans et demi, mais les réactions d'une gosse de quatorze ans », explique « Pépé Jo » à ceux qui se plaignent de ne pouvoir parler avec Mireille autrement que sous la surveillance de son manager…

★

1 335 000 exemplaires vendus ! Pour un coup d'essai… Nouvellement installée avec sa tante Irène et une bonne dans un appartement à Neuilly, la protégée de sainte Rita a maintenant de sérieuses garanties pour chanter « Oui, je crois ». Ce sont les premières paroles de *Mon Credo*, titre phare de ce premier 45 tours tant attendu, dont la pochette laisse exploser un bonheur juvénile auquel on adhère. La frange de la « petite » est signée Elrhodes, le nouveau coiffeur chic et branché de la planète show biz. Au recto : Mireille pose avec Marcelle, Roger et tous les siens, autour de la table de la salle à manger d'Avignon. Sous la photo, il nous est sobrement indiqué que Françoise Dorin, Francis Lai et François Rauber, orchestrateur de Jacques Brel, ont apporté leur contribution et un peu de leurs univers à ce vinyle qui deviendra collector. Stark avait annoncé une composition de Michel Legrand ainsi qu'un texte de Jacques Plante, parolier de l'opérette *Monsieur Carnaval*, d'Aznavour. Ce ne serait que partie remise.

D'emblée, ceux qui ne l'auraient pas encore compris le découvrent après écoute : les chansons de Mireille Mathieu ne feront pas lever des armées. Juliette Gréco n'a-t-elle pas déclaré au sujet de Piaf qu'avec son talent la Môme faisait passer les pires sottises ? Françoise Dorin (auteur de *C'est ton nom*), pour ne retenir qu'elle, ne donne pas l'image d'une révolutionnaire, loin s'en faut. Fille de l'un des plus brillants chansonniers d'avant-guerre, elle s'est déjà essayée à la comédie, à l'écriture de romans et de pièces dramatiques qui valent au talent de Mme Jean Poiré (à la ville) d'être assimilé à ceux d'Eugène Labiche, de Jean Giraudoux et de Luigi Pirandello. Or le peuple du spectacle, essentiellement de gauche, va peu à peu la descendre de son « socle comparatif » pour la qualifier de « réactionnaire », comme on reprochera très vite à Mathieu d'avancer dans le sens du vent. Est-ce un handicap ?

Dans une époque en pleine évolution technique, royalement servie par son talent inné et par une équipe qui s'y entend, la « petite » arrive au moment idoine pour refermer la parenthèse yé-yé.

The right woman at the right place in a right time.

Oui, elle peut croire en ses lendemains. « Pépé Jo » veille sur elle. Tante Irène aussi… Raoul Colombe : « Il est de mon devoir de dire combien Tante Irène a compté dans la carrière de Mireille. J'avais réuni la famille Mathieu pour rechercher une personne de confiance qui vivrait continuellement avec Mireille. Monsieur Mathieu pensa de suite à sa sœur, que j'avais eu l'occasion de rencontrer et qui m'avait fait forte impression par son calme, sa facilité d'élocution et sa netteté qu'elle portait sur elle. C'était Tante Irène, vivant seule, ayant un fils qui avait une famille, une situation. Elle a guidé Mireille avec intelligence et doigté et fut pour moi une alliée précieuse. Sachant que j'avais une responsabilité morale et matérielle délicate à faire respecter, Tante Irène me faisait connaître les programmes journaliers de Mireille et en particulier le comportement de Johnny Stark envers Mireille, qui n'était pas toujours sans reproches. Tante Irène s'adapta d'une façon étonnante à cette nouvelle cadence de vie de travail acharné, imposée par Stark. Elle a été l'élément journalier qui a adouci cette vie de labeur, elle a modéré la volonté de Stark de se servir de Mireille comme d'une gamine. Une mère poule inquiète de son avenir. Elle veillait à tout. »

★

En France, le mode d'enregistrement qui prévaut chez la nouvelle génération de chanteurs est celle de la facilité. D'un côté la bande orchestre, de l'autre la voix. Avec des raccommodages très accommodants, pour soulager l'interprète. « Pépé Jo » s'élève contre ces méthodes : « Je m'obstine aux montages, aux disques faits de bouts à bouts. Ce serait rendre un mauvais service à Mireille, surtout pour la scène. Elle doit chanter en studio comme en public : d'une traite, sans une faute, sans une erreur. »

La « petite » a transpiré mais son *Credo* est devenu celui des Français et la radio n'est pas étrangère à ce succès. Au même titre que la télévision, la radio allie à la fois une technique de masse et d'intimité, touchant simultanément une population et les individus qui la composent. La puissance de ces deux médias provient de ce paradoxe. La radio et la télé : deux extraordinaires machines à faire l'opinion, par le système du matraquage. En 1966, *Europe I, Radio Luxembourg* et *Radio Monte Carlo* sont les trois mammouths des ondes. Si *Radio Luxembourg* est indépendante, *Europe I* et *Radio Monte Carlo*, en revanche, sont partiellement tributaires (selon des conditions qui varient fréquemment) d'une société financière dans laquelle l'État français possède la majorité des actions et dont le directeur est nommé par le gouvernement. *France Inter, France Culture* et *France Musique* sont, elles, franchement radios d'État. On ne parle pas alors de « radios libres ». De même la notion d'audimat n'empêche personne de dormir. Toutefois, certains trouvent très ingénieux le système exploité par les Américains et les Anglais en matière de télévision. Il consiste à placer un petit appareil appelé « audimètre » sur le récepteur d'une famille désignée. Cela permet de déterminer les goûts du consommateur sans avoir à passer par les enquêtes à domicile, trop coûteuses, ou le système du sondage par téléphone (15 % seulement des foyers français sont équipés d'un poste téléphonique).

Que l'on aime ou non son *Credo*, que l'on regrette ou pas de ne point retrouver chez elle l'« impact charnel » de Marilyn, diablement photogénique, et les tripes en porte-voix Mireille Mathieu crève l'écran et la décennie et entre en force dans les salons. On vous l'avait annoncé : la « petite » ne miaule pas, elle chante !

★

Manifestement Mathieu est un nom qui danse avec la chance. Une ancienne chanteuse inconnue devenue une comédienne célèbre portait le même ; une certaine Micheline à qui l'on avait vivement conseillé d'adopter un pseudonyme : « Mathieu, ce n'est pas un bon nom pour une chanteuse. » Après mûre réflexion, la voix française de Miss Piggy devait opter pour Dax.

Si tout continue d'aller à l'avenant, « Pépé Jo » risque fort de rentrer sous peu dans ses frais. C'est que l'investissement a été lourd ! En 1967, dans *L'Express*, Danièle Heymann avance le chiffre supposé de 3 millions : « Stark paye les robes, il paye les voitures, il paye l'appartement, le chef d'orchestre… »

Suit une interview d'un Butch à l'état brut : « Et vous savez, Mireille Mathieu n'est encore qu'à 20 % de ses possibilités. Je suis comme un cultivateur en automne ; je sème, je fume, je laboure comme un fou. Mais j'ai confiance, le produit est bon.

« Mireille n'aime pas sortir, elle n'aime pas danser. Elle n'aime pas non plus les admirateurs. Alors, j'ai supprimé les séances de signatures. De toute façon, je suis contre. Ça démystifie. En tournée, elle répète beaucoup, elle mange bien, elle dort onze heures par jour. Elle s'ennuie en vacances. Je l'ai emmenée au Portugal, avec ma femme. Au bout de trois jours, elle disait : “Pépé Jo, je veux chanter.” »

Lorsque Stark affirme que Mireille « n'aime pas les fans », mesure-t-il la portée de ses propos ? Mettons que la foule et certains comportements excessifs font parfois peur à la « petite ». Les fous déguisés en admirateurs, elle en connaît son lot. Des malades qui ont fait d'elle leur raison de vivre et la poursuivent jour et nuit sur tous les continents. D'autres, qui menacent carrément de la tuer et exercent un odieux chantage sur ses parents...

Suite de l'interview du Butch : « Je suis très gentil avec elle mais, quand elle a mal travaillé, je fais la gueule pendant deux jours. Je suis ses progrès de très près. Chaque ville où nous sommes passés a son dossier : contrats, capacité de la salle, fréquentation, état des loges, des coulisses, qualité du personnel, humeur du directeur, et une bande magnétique où j'enregistre tout le spectacle. *Tout,* tous les soirs. Ainsi, je peux dire à Mireille : “À Carpentras, tu as fait une faute de mesure dans le *Credo.*” Avec preuves à l'appui.

« On dit qu'elle n'a pas d'âme ? Faut-il donc coucher avec quatre garçons par jour pour avoir une âme ? On dit que je la tyrannise ? Allons donc, je n'en suis pas amoureux. On dit que je l'exploite ? Soyons raisonnables. Si un imprésario classique procure à un artiste 40 galas à 4 000 francs, et qu'il lui prenne 10 %, c'est normal. Mais si moi, Johnny Stark, je procure à ce même artiste 200 galas à 20 000 francs, n'est-il pas normal que je prenne 25 % ? »

Une déduction et des calculs qui ne convainquent guère Danièle Heymann :

« Normal, en effet, aux chiffres près. On affirme bien haut dans le “métier”, que Johnny Stark prend plus volontiers 30 % que 25 %, et on murmure même qu'il va jusqu'à prélever souvent jusqu'à 50 %. Normal encore, finalement dans une association. La réussite du manager Johnny Stark, comme celle du manager Claude Carrère, qui “inventa” Sheila, empêche d'ailleurs toutes les vedettes françaises de toucher en paix leurs royalties. Le système Stark est efficace. Il n'est pas que le “tuteur” de Mireille Mathieu, il est aussi son éditeur et le producteur de ses disques. C'est ce qu'on a coutume d'appeler dans le métier de l'industrie la concentration. Il ne se sert de l'infrastructure de la maison Barclay que pour la distribution et l'affichage. Richard Anthony a été, lui aussi, tenté par le système il y a six mois. Il vient de renoncer. N'est pas Stark qui veut. »

De quoi se mêlent-ils, tous ! Et Mireille, dans cette affaire ?! Sans que l'on puisse à aucun moment la soupçonner de solidarité féminine active envers une « victime » consentante, la journaliste de *L'Express* conclut néanmoins son article par une manière de baroud d'honneur qui a le mérite tardif de mettre en exergue la valeur artistique de la jeune Avignonnaise :

« Lancée comme une lessive, Mireille Mathieu a réussi à prouver qu'elle était une chanteuse. À l'instant de son face-à-face inégal avec le public de générale – elle est si petite, il est si méfiant – la publicité ne pouvait plus rien pour elle. Elle a gagné. Avec ses armes propres. Une voix aux aigus inaltérables. Une espèce de dignité dans les gestes. Elle mord les mots, elle obéit à la musique, visage offert comme au vent, et les bravos qui montent vers elle sont chargés de respect. » Nous préférons cela !

La réussite de « Pépé Jo » et celle de Mireille Mathieu sont étroitement liées. Elles n'ont été possibles qu'au prix d'une affection, d'une complicité et d'une estime réciproques. Un amour, ne soyons pas frileux, qui ne pouvait que déranger. Un jour, après la lecture d'une très méchante critique, Mireille craque. Devant son joli minois qui a pris des allures de Camargue sinistrée, Stark tire de son chapeau une explication qui en vaut bien une autre : « Dès que quelque chose existe, tu as des gens qui préféreraient que ça n'existe pas. C'est comme ça. »

Il faudrait à la « petite » apprendre à composer avec la jalousie et les féroces, sans jamais en tenir compte. Si le public se mettait subitement à moins apprécier Mireille, pour sûr tous ses ennemis se sentiraient alors en devoir de l'aimer. Or cette « association » Mathieu-Stark qui fait tant jaser, va bientôt faire rugir. Une voix que l'on attendait forcément et qui depuis toujours parle « pour dans dix siècles »...

XI

OÙ LE « ROI LÉO » LÂCHE SES CHIENS

« J'aime chanter l'espoir, l'amour. Je ne me vois pas du tout chanter des textes engagés. Mais je conçois parfaitement que d'autres le fassent. »
Mireille Mathieu (citée par Christian Page)

FERRÉ, Léo : poète de religion et chanteur laïc, à qui les mots doivent tant et qui doit tant aux mots. Trop grand pour être oublié, il n'oubliait pas les grands. C'est à Piaf qu'il pense, un soir, lorsque en marge de son génie, le châtelain millionnaire, possesseur de belles voitures, qui prétend s'identifier au peuple, écrit et compose un hymne conçu comme un pavé de mai 68 destiné à aller rouler dans la cour de Stark et de Mathieu.

Quèsaco ?

Toujours la même litanie ; alors que depuis le début Mireille fait chorus avec son manager pour demander qu'on la laisse être elle-même (ne furent-ils pas sujets à caution ?) l'étiquette « nouvelle Piaf » lui colle à la peau comme une sucette Pierrot Gourmand. Et quand le marchand de douceurs a pour enseigne Léo Ferré, gare aux caries…

« T'avais un nom d'oiseau et tu chantais comme cent [...]
T'aurais chanté Franc'-Soir *comme de l'Apollinaire [...]*
On t'a pas remplacée bien qu'on ait mis l'paquet
Le pognon et ton ombre... ils peuvent pas s'expliquer
Sous les projos miracles et sous la rampe à arc
Quoi qu'en pense et que dise et que fass'monsieur Stark !
Arrêtez ! Arrêtez la musique[1]. »

Ce n'est pas la première fois que Ferré lâche ses chiens contre « l'affaire commerciale » Mireille Mathieu. Dans *Le Nouveau Candide*, le contestataire contesté emploie des termes très explicites dont le producteur Eddie Barclay fait les frais :

« Barclay m'a dit l'autre jour : "Je n'ai pas le droit de laisser Mireille Mathieu. Quelqu'un d'autre la prendra si je ne le fais pas."

« L'esclavage, ça existe. Encore pire qu'avant ! Avant, l'esclave pouvait se révolter, tuer son maître à l'occasion. Aujourd'hui, il est sous contrat. On ne peut pas tuer Barclay. Il est gentil, il a un bon cigare, une belle moustache, et puis, il vous invite à déjeuner tous les jours. Il est adorable, monsieur Barclay, mais c'est tout de même un négrier. Moi aussi je traite bien avec les négriers. Je signe même des contrats, et quand c'est signé, je m'exécute, je suis honnête. Si je le décide, je le fais. Seulement, moi, je peux me défendre, je suis esclave à moitié affranchi ou provisionné [2]. »

Dans *Lettre à une chanteuse morte* le nom de Mireille Mathieu n'apparaît qu'en filigrane. Celui de « Pépé Jo » en revanche... Ferré et Mireille étant sous contrat dans la même maison de disques, en l'occurrence Barclay, celui-ci prendra-t-il le risque de se mettre à dos le grand Butch en éditant la chanson du poète anarchiste ? Bien entendu, chacun des deux compères se défendra

1. *Lettre à une chanteuse morte*, paroles et musique de Léo Ferré.
2. Témoignage figurant dans *Oui, je crois*, *op. cit.*

toujours d'avoir été à l'origine de la censure du Roi Léo.

« Cette affaire ne me concerne pas, déclare Stark, dans *Paris-Jour*. Je ne suis au courant de rien. Je suppose que Léo Ferré avait envie de se payer un petit coup de publicité. Vous voyez, même lui a besoin de moi ! En tout cas, il a très bien réussi son affaire. C'est génial. »

Et si « Pépé Jo » disait vrai ?... Le 8 janvier 1969, dans un *Radioscopie* de Jacques Chancel, Ferré expliquera qu'avant sa censure, *Lettre à une chanteuse morte* devait être le treizième titre prévu pour figurer sur l'un de ses albums. Le poète n'impute pas ses déconvenues à Barclay, ni même à Stark. Un directeur artistique aurait pris sur lui de supprimer la chanson polémiste, ce qui lui vaudra d'être mis à pied par Barclay. Ferré affirme avoir découvert cet état de choses après le procès qu'il intenta à Barclay et qu'il perdit [1]...

La censure ne s'exerçant pas sur scène, à Bobino le poète inscrit soir après soir *Lettre à une chanteuse morte* à son répertoire. Pendant ce temps, Mireille Mathieu s'emploie à désamorcer la bombe : « Moi, j'aime bien Léo Ferré. Il écrit de très jolies chansons et je voudrais qu'il en fasse pour moi. Je l'ai déjà dit à Johnny. Il pense que ce serait une excellente idée [2]. »

Les trois parties (Ferré/Barclay/Stark) eurent-elles le moindre sentiment de compassion pour la « petite », dont une réponse antérieure faite à un journaliste très inspiré qui lui demandait à une autre occasion ce qu'elle devait faire et à qui elle claqua un déstabilisant :

1. Le jugement rappela que « la direction d'une firme phonographique peut toujours [...] refuser d'éditer une œuvre contenant le dénigrement d'un autre artiste » [...], mais affirma que « tout auteur, notamment le chansonnier, est libre d'exprimer son opinion sur le talent de quiconque » – sans pouvoir cependant exiger l'édition.

2. *Paris-Jour*, 21 septembre 1967.

« Chanter ! Du moment que je chaaante, je suis conteeente ! », aurait pu résumer à elle seule cette basse histoire de coulisses ?

Que l'on nous permette d'émettre un doute courtois.

Un jour, sondé sur les mystères de l'inspiration, Ferré déclare : « Je suis *dicté*. Je copie cette voix qui m'arrive de *là-bas*, je le sais ; et je la reconnais chaque fois. Je suis le porte-parole d'*un monde perdu*, présent pour moi. » Ferré et Mathieu n'entretiennent pas une conception tout à fait identique du « *là-bas* », mais qui après cela osera présenter notre « petite », avec ses vierges et ses bondieuseries, comme l'unique illuminée du show business français ? !

⋆

Il nous faut admettre que l'atout Piaf surutilisé par Stark pour lancer sa nouvelle recrue dans la compétition – une manière de collé fondu entre Mireille et la « Môme », leur puissance de voix égale, leurs frêles et minuscules silhouettes ressemblantes et leurs origines populaires communes – ne pouvait prêter qu'à équivoque.

Un transfert à double tranchant dont Mireille est la première « responsable mais pas coupable » et sur lequel Stark a surfé un temps, avant de songer à redresser intelligemment la barre. Le vieux baroudeur comprit très vite que, pour devenir elle-même, la gamine se devait de se dépouiller de sa petite robe noire, de divorcer d'avec son fantôme et d'aborder un répertoire qui ne soit pas une « reconstitution historique ».

« J'étais parvenue à un tel mimétisme avec mon idole que je ne me croyais pas capable de faire autre chose, devait admettre Mireille Mathieu. Ce fut sur le coup une des plus grandes désillusions de ma vie [1]. »

---

1. Cf. Christian Page, *op. cit*, p. 46.

Or le « mal » est fait. Irréparable. Ferré n'est plus le seul à montrer les crocs. Profitant de ce que le débat soit ouvert, des journalistes conjecturent. On parle d'un triomphe, mais d'un « triomphe commémoratif ». En d'autres termes, Stark est suspecté de vouloir bâtir toute la carrière de Mathieu sur le souvenir d'Édith Piaf...

Que d'encre ! Entre glousseurs et dédaigneux, comme au temps de l'Affaire, un peu partout dans les salles de rédaction les plumes volent.

La Réforme : « Piaf chantait dans les cours pour mendier sa pitance ; Mireille Mathieu chantait dans sa cuisine en préparant la pitance de ses douze frères et sœurs. Là s'arrête la similitude de leurs destins. [...] On reste navré que Mireille Mathieu, ayant reçu une voix comme la sienne, ne se soit pas demandé au service de quoi et de qui elle allait la mettre. Édith Piaf, elle, s'était posé cette question. Elle avait su exprimer un monde – qui n'était peut-être ni le vôtre ni le mien – mais qui dans ses refrains nous touchait, vous et moi, nous concernait [1]. »

La Dernière Heure : « Le public ferme les yeux, croyant réentendre Piaf ; mais dès qu'il les ouvrira, il verra une toute jeune fille chanter la passion tragique et déchirante à l'âge où elle ignore encore tout de ces sentiments. Alors, il se sentira lésé et ne comprendra plus [2]. »

Témoignage chrétien : « Être la copie la plus conforme qui soit ne peut suffire, à moins d'être faussaire pour faire une carrière. Aujourd'hui où chacun peut avoir, par les disques, la voix authentique d'Édith Piaf, on ne voit pas pourquoi on irait s'en payer une copie. À ce moment-là, on achètera du Mireille Mathieu, si Mireille Mathieu il y a... En attendant, le moineau vaut son pesant d'or [3]. »

---

1. Article de Bertrand Delorh, 19 mars 1966.
2. Article signé P., 11 septembre 1966.
3. Article de Christian Hermelin, 24 avril 1966.

Henri Lemaire (*Le Soir*) a la courtoisie et la délicatesse de demander son sentiment à la jeune chanteuse.

— On dit que vous imitez volontairement Piaf. Est-ce vrai ?

— Oh ! Non ! J'ai de la chance d'avoir la même voix qu'elle, c'est tout. Je ne crois pas être la nouvelle Piaf. Une Piaf, il n'y en aura jamais qu'une.

— Et les journalistes qui écrivent que vous vous contentez de copier, qu'est-ce que vous en pensez ?

— Ils marquent ce qu'ils pensent, mais ce n'est pas vrai. On ne peut tout de même pas m'en vouloir si j'ai la même voix qu'elle !...

— Mais alors, oui ou non, êtes-vous contente lorsque l'on dit que vous êtes la seule qui puisse succéder à Piaf ?

— Je touche du bois... Si jamais j'ai le quart du succès qu'elle a eu, je serai la plus heureuse des filles !

— Et quand Antoine chante *Je n'aime pas Édith Mathieu*, avez-vous du chagrin ?

— Ça me fait rire. Je ne suis pas Édith Mathieu, je suis Mireille Mathieu.

★

Au feu de cet entretien, nous le constatons, le souvenir de Piaf qui a servi Mireille au tout début de sa jeune carrière semble à présent l'embarrasser. Sans renier son idole, elle ne voudrait devoir sa gloire qu'à son propre talent (un talent que personne ne lui conteste) et non plus au souvenir d'une morte par trop vampirisant. Les bienveillants ont perçu le malaise et ne manquent pas de s'afficher en partisans de l'adolescente. En première ligne : l'ombrageuse et tranchante Edmonde Charles-Roux. Dans *Le Figaro littéraire*, à ceux qui engagent des pronostics à la manière de turfistes, elle répond : « Parlera-t-on de Mireille Mathieu dans deux ou trois ans ? Qu'importe ! Le principal est l'aventure qu'elle impose. Et comment ne pas se rebeller contre l'étrange plaisir qu'éprouvent tant de grincheux à toujours prévoir le pire ? Qu'une débutante appliquée, une sorte de Poulbot mais bien lavé, avec des joues couleur de pomme et le poil brillant, le nez court, les yeux largement écartés d'un petit taureau de Camargue, que cette fille-là fasse une entrée claironnante dans le pâle, dans le sinistre univers de la chanson yé-yé, qu'éclate sa voix hardie, parfois acide et semblable à un raisin vert, une de ces voix qui font lever le soleil, comme on dit dans le quartier populaire d'Avignon où Mireille est née, et que font nos grincheux ? Cette voix, disent-ils, elle l'a volée à Piaf et elle doit à ce larcin toute sa popularité. Remarque d'autant plus absurde qu'une voix est de naissance à celle qui la possède. "C'est tout moi", affirme du fond de son Vaucluse natal l'honnête M. Mathieu. Il réclame l'entière paternité de cette voix. Il laisse le reste à la mère, mais cette voix, il affirme que Mireille ne la doit qu'à lui. Il répète : "C'est tout moi…" Croyons-le… "À 14 ans, dit-il, Mireille chantait déjà avec cette voix-là. Il fallait l'entendre dans *Minuit Chrétien !* Elle n'a jamais rien chanté de plus beau." Pourquoi en douter ? Les témoins ne manquent pas. J'en connais beaucoup. À Avignon, du côté de la Croix-des-Oiseaux, on se souvient parfaitement de quelle voix chantait Mireille, il y a de cela un an environ, lorsqu'elle travaillait encore dans une manufacture d'enveloppes. Elle chantait à l'école, elle chantait à l'église, elle chantait toute la journée. Cela se sait jusqu'au Pontet où habite ma mère. »

Dans *La Tribune de Genève,* un critique helvétique, en général plutôt du genre sévère et qui signe toujours ses papiers « GB », prend le relais de l'épouse de Gaston Deferre, poussant encore un peu plus loin le bouchon salvateur : « On a dit que Mireille Mathieu ressemble et imite Piaf. Mais pourquoi ne dirait-on pas que Piaf lui ressemblait ? Quoi qu'il en soit, tout cela est faux. Ce nouveau moineau est infiniment plus joli que la Piaf. Elle a les pommettes hautes, le regard noir et brillant, une large bouche, des doigts très fins. Enfin, elle a une voix, cette petite ! Ce qui est extrêmement rare dans la chanson actuelle, de Françoise Hardy à Sylvie Vartan. Une voix travaillée qui passe joliment de la douceur à la puissance. Elle peut toucher. Ce qu'on pourrait peut-être contester, c'est le répertoire, avec ses "secrets émois", ces "bonheurs perdus", ces "frissons merveilleux". Quoi, tout le credo de l'amour. Mais ce répertoire existe depuis longtemps. Il est tombé dans la rue avant de monter sur scène. Si la chanson populaire, et vide, plaît à ce joli petit monstre et à sa clientèle, pourquoi pas ? »

★

« Piques et polémiques » roulent à l'avenant tant à Paris qu'en province et dans les pays francophones, jusqu'à occulter parfois les vrais problèmes de l'actualité. On en veut cruellement à Mireille Mathieu pour ce degré de notoriété auquel elle serait parvenue « sans efforts ». Une gloire trop rapide et selon d'aucuns acquise trop facilement grâce à une industrie du disque toute-puissante qui peut engager sur un talent des budgets de publicité considérables, grâce aussi aux moyens de diffusion dont le talent dispose.

Dans *Le Figaro*, Guermantes déterre les époques et réveille les morts à dessein pour établir un parallèle et constater à bon droit qu'en une seule émission de télévision, en un soir une vedette de la chanson est vue et entendue par beaucoup plus de spectateurs que Rachel et Sarah Bernhardt durant toute leur vie. À chacun ses fantômes.

Mireille est de ces bonnes vivantes et le prouve en continuant à offrir aux spectateurs comblés cette voix dont on lui fait tant grief. Les yeux bien ouverts sur tout ce qui lui arrive, elle constate que le patronyme de ses parents n'est plus un nom gris, caché, anonyme, mais sept lettres bien ordonnées qui commencent à éblouir. Elle sait de même que, si elle n'a pas eu à effectuer de « parcours du combattant », tout n'est pas venu en une seule nuit. Constance, patience, opiniâtreté, courage : toutes ces qualités héritées de Marcelle et Roger, elle a eu le temps de les mettre à l'épreuve avant de chanter victoire. Une victoire précaire et fragile. La Mathieu règne à ses risques et périls, elle en a été avisée. Si d'aventure elle venait à l'oublier, « Pépé Jo » serait là pour le lui rappeler, comme il lui montre chaque jour la voix de l'effort. Travailler et travailler dur pour garder la tête hors de l'eau. « Toujours plus. »

Le défi est dans la durée. Sujette à la superstition, Mireille a bien ses secrets pour conjurer le sort, mais on n'y croit jamais qu'à moitié. Pas question néanmoins de cirer ses chaussures le soir : « Ça porte malheur ! » Hors le folklore, le reste est dans la puissance de travail et dans la main de Dieu. « Dieu est avec moi », dit-elle. Voilà encore une valeur sûre.

⋆

Quand « Mimi » croit s'être enfin fait un nom à elle, voilà que d'autres qui jusque-là s'étaient faits silencieux, viennent retremper leur plume dans la plaie. Ma petite caille, il est long le chemin qui ne mène nulle part…

Sarraute, Claude, fille de Nathalie : elle s'obstine à voir en Mireille Mathieu qu'elle trouve « trop jeune ou pas assez » un clone de Piaf et n'en démord pas. Selon elle, le décalage serait trop grand entre ce que l'on donne à chanter à la « Môme Mathieu » et sa réalité de poupée frangée par Elrhodes. « C'est un peu comme si un collégien rond et rose voulait écrire *La Ballade des pendus* », écrit-elle. L'autre jour, elle y est allée si fort que « Pépé Jo » a froncé un sourcil. Dans *Le Monde*, autel du sacrifice, il fait paraître une lettre-réponse à l'article-affirmation de la journaliste : « Je me demande ce que vous avez voulu dire exactement en me conseillant de mettre Mireille Mathieu "à l'école de la douleur". Serait-ce que vous songiez sérieusement à faire vivre à cet enfant l'enfer pathétique qui fut le triste lot d'Édith Piaf ? Allons donc, ce ne peut être qu'un malentendu !

« Quoi qu'il en soit, jamais Mireille Mathieu ne marchera sur les brisées de Mme Piaf, dont elle n'a ni les aspirations ni le tempérament. Il faut en prendre son parti, Mireille Mathieu sera Mireille Mathieu. Le fruit est encore vert, ça je vous l'accorde d'autant plus volontiers que je ne fais que le dire et le répéter, mais ce n'est de la faute de personne si le public a plébiscité la petite Avignonnaise avec un peu d'avance sur la maturité de son talent. Mireille Mathieu n'est pas responsable des sacs de lettres qui lui arrivent tous les jours du monde entier, ni de la foule qui se presse pour venir l'entendre. Sur sa coiffeuse s'entassent des télégrammes d'encouragement signés par des grands noms de l'actualité mondiale. Qui pourrait croire, sans fabuler, que j'ai le pouvoir de réunir autant de personnalités si différentes ?

« Les gens aiment Mireille Mathieu, peut-être encore plus pour ce qu'elle donnera que pour ce qu'elle leur donne, avec ce subtil instinct des affaires de cœur qui ne se commande pas. »

★

Inoubliable « Petit Papa Noël » cher aux cœurs des petits Français et à celui de Mireille, Tino Rossi lui aussi avait fait les frais d'attaques successives de la part de Claude Sarraute. De guerre lasse, devant l'inébranlabilité du colosse de la chanson française, la critique du *Monde* avait fini par s'essouffler. Sauf notre respect, avant de secouer des cocotiers toujours les mêmes, la future Mme « *Peace and love* » du PAF aurait peut-être gagné à prendre l'entière mesure du parcours de la fille Mathieu. Le compteur de sa vie ne délivrait qu'un faible kilométrage, mais dans la tête, le cœur et sur les mains, il faisait sans doute déjà vieux chez la fraîche Demoiselle d'Avignon.

Chanter l'Amour, vache ou velours, implique-t-il d'avoir auparavant croisé le fer avec ce monstre aux mille visages dont l'adresse reste un mystère ? Caméléon ascendant scorpion, l'amour prend la couleur qu'on lui donne et pique là où il veut, de la façon qu'il a choisie. Par nature, il est bien trop indéfinissable pour n'appartenir qu'à ceux qui transpirent sous des ciels de lit chaque fois différents et collectionnent les bleus au cœur comme des étiquettes de fromages. Autant d'inutiles accessoires pour s'inventer un scénario. Ceux qui se targuent de tutoyer Éros et de ne jamais baisser les yeux devant lui, sont des montagnes d'hypocrisie, dont s'échappent parfois les souris. Souris, Mireille Mathieu l'est. Devant elle, nulle autre montagne que sa foi. Depuis longtemps elle sait la couleur et les parfums du sentiment amoureux puisque Dieu vit en elle. Un amour sûr et inviolable qui autorise tous les autres à se décliner à l'infini. « Je ne croirais à un dieu que s'il danse », avait écrit Nietzsche. Celui de Mireille chante et ne sait faire que cela. Chanter : tout est là.

En outre, la jeune femme le rappelle fort habilement : « Les gens qui jouent les meurtriers au cinéma, ils n'ont pas besoin de tuer ! Moi, c'est pareil ! »

Que sait-on au juste du bruit que font les canons de l'amour dans la tête de la Mireille 1966 ? Rêves érotiques en couleurs ou images chastes d'un nid à deux avec vue sur la garrigue et suspendu au-dessus du lit des enfants une branche des Rameaux bénie par le curé. À quel titre s'adjuge-t-on le droit de se substituer à cette jeune fille pour lui voler sa liberté de penser et de se taire ?

Sainte Rita, faites que chaque matin, avant de s'asseoir devant leur petite machine, tous ceux des journaux qui racontent que « Pépé Jo » me fait envoyer des télégrammes de félicitations signés Frank Sinatra, Barbra Streisand et Sammy Davis Jr. par un complice de Los Angeles soient condamnés à faire mille vaisselles et à langer trois étages de maternité. Alors, tous ces vertébrés, avec leurs grands airs, ils comprendront vite. Ils sauront pourquoi je passe chaque jour tellement et tellement de crème sur mes pauvres petites mains. Vous verrez aussi que les cagades qu'ils écrivent sur moi, ils les laisseront à l'entrée de leur cabanon !

XII

LA BÉNÉDICTION DE « MOMO DE MÉNILMUCHE »

« Mireille Mathieu, le plus touchant poussin artistique que le destin a cru bon de me faire connaître. Il y a tant de fraîcheur dans ce petit être. Tant de beauté, de jeunesse, d'innocence, qu'elle devient comme une eau de source. »
Maurice Chevalier (*80 berges*)

« Quand on regarde le visage et les yeux de Mireille Mathieu, on ne peut pas penser au mal. »
Maurice Chevalier (*France-Soir*, 23 novembre 1968)

APRÈS les plonges à répétition, les corvées d'épluchage de patates et les cris de paon de nouveau-nés, la petite Mathieu aurait davantage besoin de raffinement que de brutalité. Celles qui peuvent tuer un artiste en s'écoutant écrire sauraient-elles reconnaître un point d'Alençon d'un point de Valenciennes ? Établir une différence entre la dentelle et la broderie ? Peuchère non ! Ces femmes-là n'existent plus. Alors qu'on la laisse chanter en paix, cette gamine, parce que ça, c'est de la graine de chanteuse ! Seuls les artistes peuvent en toute légitimité deviser art sans craindre le ridicule. Et M. Chevalier, lui, en est un d'artiste et lequel ! Un géant qui depuis des décennies voit son nom briller en rouge, en majuscules et en français sur les frontons des salles de spectacle internationales. Vénérable cabot aux tempes grises, sur lequel le dieu du théâtre ne se résout pas à faire tomber le rideau, « Momo » en profite pour continuer à exporter comme jamais son

Ménilmuche et son *french accent* de l'autre côté de l'Atlantique. Là-bas, les foules accourent en masse dans les arènes pour le bonheur très américain de voir et d'entendre un chanteur si *frenchie*.

Auréolé d'une légende dorée comparable à celle de Chaplin, au mitan des années 60 Chevalier est la vivante incarnation d'une époque révolue où Paris enseigna au monde ce que music-hall veut dire. Sans jamais se départir de son incomparable panache, et avant l'arrivée de la tornade Baker avec son jazz et ses bananes, la Miss, longtemps phare du métier, y tenait une comptabilité serrée de ses succès, de ses amants et de ses « pelots ». Elle et Chevalier, à la réussite duquel elle contribua largement, s'étaient aimés. Follement. « Pour lui, j'aurais fait des folies », aimait à répéter Mistinguett, qui se verrait un jour sentimentalement délaissée pour d'autres femmes plus belles, plus jeunes… À la fin de sa vie (elle mourut en janvier 1956), l'étonnante interprète de *Ça, c'est Paris !*, monstre sacré parmi les sacrés monstres, plaisantait avec son dernier carré de fidèles :

— D'après vous, qui de Momo ou de moi cassera sa pipe le premier ?

Ce à quoi l'acteur Pizani lui répondait invariablement :

— Vous savez bien, Miss, que vous êtes immortelle et que Maurice va mourir demain !

Voilà dix ans que Miss a disparu et son douloureux déclin hante un Chevalier nostalgique, qui à l'heure du bilan compte ses billes. Lui, l'ancien petit pauvre « parti de Ménilmontant pour faire rayonner dans tous les coins de la planète ce que les pavés avaient formé dans son cœur de Gavroche », ne se sent plus vraiment en phase avec un monde pressé et déserteur, où même les valeurs du spectacle prennent les chemins de traverse. Pour autant, parce qu'il est un artiste, partant un être généreux, « l'Homme au canotier » joue le jeu et pose sur les nouveaux talents qui « poussent comme des fleurs sauvages » le regard d'un bon père.

Rangé aux vues de Jules Renard – « Quand on apprend du bien de quelqu'un on le répète, quand on ne sait rien on qu'on en sait du mal on se tait », dans ses journaux successifs Chevalier a laissé le portrait d'un homme n'ayant vécu certes que pour son art, mais un homme par trop avisé de la dangerosité d'un métier qui rend celui qui l'exerce tributaire de l'admiration d'un public souvent cruel et versatile, pour s'autoriser à discréditer ses pairs. Dans ses écrits, ici ou là ont pu se glisser des sentiments un rien sceptiques et habilement maquillés à l'égard d'Untel, mais auxquels viennent toujours se greffer un conseil professionnel, une recommandation. Le traditionnel « Peut mieux faire » par la critique positive.

Chevalier fut pendant quinze ans le souffre-douleur de Philippe Bouvard, avant le tardif mais sincère *mea culpa* de son agresseur. Or les grands ne perdent jamais leur temps à désosser les médiocres ou à vanter ce qui n'existe pas. Ainsi le nom de Mireille Mathieu apparaît-il sans discontinuité dans l'œuvre littéraire de Chevalier. Au même titre que celui de Brigitte Bardot dont il se dit inconditionnel depuis les débuts de la « sacrée gamine. » Dans les deux cas, sans avoir à aiguiser son flair, le vieux routard avait compris à quel destin seraient promises ces deux filles de France dont le buste signé Aslan ornerait un jour les cheminées dans les mairies de la République.

Après la découverte de Mireille Mathieu à la télévision, intrigué, Chevalier se promet d'aller observer d'un peu plus près le nouveau phénomène *of ze french variety*. Bientôt. Pour l'heure, le voilà qui chausse ses besicles pour se pencher sur l'analyse très *underground* d'un certain Guy Monréal, dans *Combat*...

*

« On croit que le Pop'Art est en train de démaquiller les rues de Paris à grands coups de traits noirs et blancs. Et Mireille Mathieu arrive. On croit que le Palladium n'en finit pas d'enchaîner nuit du 4 août sur nuit du 4 août et d'abolir privilèges physiques, sociaux et sentimentaux sur l'autel du folk song et Mireille Mathieu arrive. On croit que Courrèges rabote nos femmes, allonge leurs jambes, polit leurs genoux et blanchit leur âme et Mireille Mathieu arrive. On croit que Godard est un miroir de l'humanité ambiante et que ses films références, irritants ou passionnants sont un positif de la jeunesse actuelle. Et Mireille Mathieu arrive. [...]

« Et pourtant, du fin fond d'une génération, elle fait renaître une France oubliée, que la guerre, les gadgets et la télévision avaient réussi à rendre anecdotique, voire historique, sans réussir à la noyer. En tout cas, après son triomphe commémoratif, qui osera prétendre que les Français ne sont pas conservateurs et n'ont pas le culte du souvenir ? »

⋆

Que tend à démontrer notre *parisian* critique, en définitive ? Que depuis la Révolution un fossé de sang sépare deux France qui n'en finissent pas de ne pas vouloir boire dans le même verre. Deux tendances qui se rejettent ; d'un côté « la majorité silencieuse », de l'autre, « l'élite », qui affiche la tendance et gouverne par la pensée. Mireille Mathieu n'est ici que le prétexte. Un bouc émissaire. Preuve qu'elle est loin de laisser indifférente et que phénomène il y a.

Après la bardomania et la gaullomania, place à la mathieuite !

Si l'on admet qu'en France pour un admirateur on peut compter deux ennemis, cela fait beaucoup de monde à convaincre. Par chance, le public et les copains sont là.

Raoul Colombe en première ligne : « Mireille a surgi comme une nécessité nationale dès son premier passage à *Téle-Dimanche*. Depuis, comme on dit dans le métier devenu le sien, elle casse tout. Son extraordinaire succès ne la grise pas. Se défendant d'être la plus grande vedette actuelle en raison de son rayonnement, tant en France qu'à l'étranger, sur tout le public sans distinction d'âge ou de classe, Mireille se dit tout simplement une chanteuse. Elle est de fait une chanteuse populaire capable d'émouvoir le bourgeois, l'ouvrier, l'étudiant, l'apprenti, le professeur. La chanteuse de tous les HLM de France et de Navarre. Précisons que Mireille n'a pris la place de personne. Il fallait quelqu'un comme Mireille Mathieu pour redonner à ceux qui l'avaient perdu ou à ceux qui l'avaient toujours ignoré le goût de la bonne chanson française. J'entends une chanson rajeunie, une chanson de jeunes et même de vrais jeunes. Mireille n'a pas et n'aurait pas pu imiter Piaf. Elle continue, elle perpétue Piaf sans renier, ou plutôt en adoptant la tendance actuelle. »

Devant les photographes, Fernand Raynaud susurre à l'oreille de la « petite » : « Moi, à côté de toi, je bricole. »

De son côté, Louis Féraud, couturier favori de la jeune chanteuse, prend les lecteurs de *Télé 7 jours* à témoin : « Elle est terriblement bagarreuse et elle sait ce qu'elle veut ! Comme elle est née à Avignon et moi à Arles, cela crée beaucoup d'affinités... C'est très difficile de lui faire entendre raison lorsqu'elle a décidé de quelque chose. Elle refuse 85 % de la mode en général. J'ai eu du mal à la convaincre de s'habiller pour la scène tout en rouge. Elle tenait à sa petite robe noire. Elle a une personnalité fabuleuse. Elle arrive en taxi en chantant, chante pendant tous ses essayages et repart comme un ouragan, en chantant. D'une vitalité et d'un dynamisme stupéfiants, lorsqu'elle se sent en confiance, sa personnalité éclate. Mireille Mathieu ira loin. C'est une grande chance pour la chanson de l'avoir découverte ! Ce qui la caractérise le plus : sa volonté de fer et sa lucidité. Elle connaît ses limites et sait ce qu'elle peut se permettre. Pour l'instant, il y a un décalage entre la grande vedette qu'elle représente et qu'elle doit assumer, et sa véritable personnalité. Elle doit faire face. Mais lorsqu'elle sera devenue ce qu'elle paraît être et qu'il y aura harmonie entre ses deux personnages, Mireille Mathieu sera une fille sensationnelle. J'ai créé pour elle une vingtaine de robes. Mon rôle de couturier : mettre ses chansons en valeur plutôt que la couture. Elle est petite mais très bien faite et facile à habiller. Elle n'aime pas le style géométrique et adore la simplicité. »

Maurice Chevalier n'a plus besoin de publicité ; il offre davantage à la « petite »... Un coup de foudre scelle leur amitié dès la première rencontre à « La Louque », l'antre du vieux loup à Marnes-la-Coquette. Tout à la satisfaction de lui faire découvrir son musée personnel où trônent la clef de la ville de New York, des photos dédicacées par les gloires du siècle, ou encore le célèbre diplôme d'« Artisan de France » dont Momo s'enorgueillit, le créateur de *Valentine* revit avec la « petite » ses débuts contestés. Lui aussi fut accusé de plagiat ; on disait qu'il se prenait pour Dranem. Piaf elle-même ne fut-elle pas jadis suspectée de vouloir copier Fréhel ? Alors !

Il faut que la presse roule et que les opinions s'expriment, l'essentiel étant de garder le contact avec le public. Entre deux sourires et une bonne blague *made in* Ménilmuche, Chevalier insiste cependant : si elle aspire vraiment à la crédibilité, Mireille doit impérativement continuer à se démarquer de Piaf. « Mireille Mathieu ? Ah ! Oui, cette petite qui pousse sur la tombe de Piaf »... Le vieil homme ne veut plus ouïr ce genre de réflexions. « Piaf était sur le trottoir de l'ombre, toi tu es comme moi sur celui où il y a du soleil », assène-t-il à Mireille, comme une vérité et un encouragement pour les batailles à venir.

Qu'on lui laisse donc le temps de trouver ses marques et de se forger un style, à cette gosse qui ne comptabilise pas même six mois de métier !

« Elle a beaucoup à apprendre, mais elle est douée des dons du ciel, écrit Chevalier dans ses Mémoires. La voix est fraîche, forte et gaie. Elle paraît armée, si bien dirigée, pour devenir la vraie petite championne internationale française. » Les yeux bleus du vieux ménestrel voient clair et loin, *but long is the road,* comme il le dirait lui-même de cette voix de phonographe que l'on n'a pu qu'imiter. « Pépé Jo », surnommé « le Cow-Boy » par les petits frères jumeaux de Mireille, partage le même avis. Avant cela, il faudra à la « grande sœur » traverser les vraies épreuves de l'existence. Des tests tellement nécessaires pour acquérir une émotivité dont certains la pensent dépourvue et qui reste la première et grande vérité des vedettes.

*

En Amérique, nous le réaffirmons, seuls les candidats à la Maison Blanche parviennent à s'imposer au bluff. « Mireille d'Avignon » qui débarque dans le froid new-yorkais à l'hiver 1966, trois ans après le décès de Marilyn Monroe, c'est peu ou prou Neil Armstrong qui pose son pied sur la Lune avec un peu d'avance. Là-bas, la « petite » n'est pas même le tiers d'un ersatz de vedette. À peine une enfant qui rit trop fort quand il ne le faudrait pas, accumule les gaffes et téléphone tous les quarts d'heure à l'épicier de la Croix-des-Oiseaux pour se réchauffer à la voix de sa mère…

— Maman, je suis à New York !

— Pas possible ! On t'entend mieux que lorsque tu es à Paris !

Quand on lui présente Elvis Presley dont elle ne soupçonnait peut-être même pas l'existence, elle lui ressort sans se démonter les trois mots d'anglais qu'elle a eus toutes les peines à emmagasiner.

« *Good luck* » la salue le King au moment de la quitter.

Et notre Mimi de répondre en écho : « *Good loque !* »

L'interview en anglais de Miss « Mathiou » au *Johnny Carlson Show* par le présentateur vedette, devant soixante-cinq millions de téléspectateurs et un public de six cents personnes, est fabuleuse :

— *Do you like New York ?*

— *Yes.*

— *Do you like the song ?*

— *Yes.*

— *Do you like your job ?*

— *Yes.*

— *Do you speak english ?*

— *No !*

Bravo, Mimi, tu viens de gagner le droit de revenir ! Juste avant l'enregistrement de cette émission, Johnny Stark a réussi à décrocher pour Mireille un programme plus prestigieux encore : le *Ed Sullivan Show*, le Graal de tout artiste ambitieux. « Passer chez Ed Sullivan, devant quatre-vingt-quinze millions de téléspectateurs, c'est comme recevoir la Légion d'honneur », déclare une chanteuse française qui précéda la Demoiselle d'Avignon sur le plateau du « plus chou des shows ». Dès le lendemain, dans les artères de la pieuvre new-yorkaise, cernée de chasseurs d'autographes, Mireille teste l'impact d'un passage chez « Pépé Sullivan ».

Las Vegas, Los Angeles, Honolulu... Partout Stark établit des contacts, sonde les possibilités, cherche des terrains constructibles. Des projets se dessinent. Partout Mireille plaît et séduit. On veut employer sa *nice face* au cinéma et au théâtre, mais elle renâcle : « Moi, ce que je veux, c'est chanter ! »

Devant les réactions jugées sans doute « provinciales » d'une élève qui oublie trop souvent de se taire quand tout parle contre elle, devant sa naïveté, devant le gouffre de son ignorance, « Pépé Jo » s'arrache plus d'un poil de rouflaquettes, mais la détermination de la « petite », sa constance et son talent impressionnant parce qu'irrationnel suffisent à le ramener à plus de patience. Des moments de crise compensés par d'autres, de grandes et de petites joies folles, où les sentiments relèvent du filial. L'un dépend trop de l'admiration qu'il a pour l'autre.

Parfois, « saint Butch » en vient à considérer sa mission comme un sacerdoce.

Philippe Bouvard, témoin d'une scène en coulisses, à la fin d'un récital de Mireille Mathieu, raconte : « La petite, qui s'est légèrement trompée de paroles dans une chanson, arrive la tête basse vers Johnny Stark tandis que la salle lui fait une furieuse ovation. Stark fait semblant de vouloir la gifler. Mireille se protège la tête de ses deux mains et repart vers son “cher public” les yeux embués de larmes, mais parvenant quand même à sourire. Stark se tourne vers moi :

— Il y a des moments où je me dis que je suis un saint…

J'approuve gentiment mais sans conviction. »

⋆

En juillet 1966, la Demoiselle d'Avignon a vingt ans et devant elle un avenir où la Mamet restera omniprésente. À présent que la pauvre Germaine a fini de souffrir pour s'en aller rejoindre le Papet et les saints qu'elle connaissait tous, chacun avec leur histoire, il s'agit de bien veiller sur ceux qui restent, les « vivants ». Mireille est l'aînée de la tribu. Chez les Mathieu, jusque-là seulement impliqués dans le rêve, c'est l'heure des réalités que l'on touche du doigt. Le temps de la première voiture. Un cadeau de la « petite ». Une façon pour elle de se faire pardonner ses absences ? De part et d'autre on raisonne, mais on se languit. Les sacrifices de Mireille, prisonnière de son nouvel univers et tenue de célébrer son anniversaire à Deauville en compagnie d'inconnus, fussent-ils illustres, sont un tourment avec une cerise dessus, aussi grosse que le tourment. Toutes ces choses, c'est comme l'école, ça ne se rattrape pas. Il faudra bien pourtant, un jour, qu'elle retourne dans la vraie vie, la « petite » !

Quelle vie : celle qu'elle menait à la Croix-des-Oiseaux ?

« Quand je pense que l'année dernière, à Avignon, j'étais rentrée me coucher chez mes parents avec mes frères et sœurs aussitôt être allée voir le feu d'artifice ! » s'épanche Mireille, à Bernard Gourbin (*Ouest-France*).

Ce 14 juillet 1966, à Deauville, elle a veillé bien tard. Arrivée d'Ostende, à minuit elle a chanté *La Marseillaise* au casino et toute la ville en résonne encore. Ensuite elle a rejoint sa suite à hôtel Normandy…

« Le salon où nous sommes fut occupé, en d'autres temps par le roi Farouk et le Shah d'Iran, note Bernard Gourbin [1]. Mais les palaces ne sont pas à un anachronisme près. C'est la première fois que Mireille inscrit l'hymne républicain à son répertoire. Ici, comme dans la plupart des casinos, c'est une tradition à laquelle les artistes doivent se soumettre. » Et Mireille de soutenir au journaliste : « Vous pensez, si je connais *La Marseillaise*, quand j'ai passé mon certificat d'études, la troisième fois, je l'ai eue comme épreuve de chant ! » Bernard Gourbin : « La suite de notre conversation se rehausse de quelques perles de ce genre dont je bénéficie sans, d'ailleurs, vouloir en abuser trop dans mon papier car, je l'avoue, j'ai un faible pour Mireille, femme-enfant sans malice aucune. »

★

1. Bernard Gourbin, *Années 60, « Stars des sixties »*, Rennes, Éditions Ouest-France, 1997, p. 42.

Le marathon estival 1966 de sa pouliche, Stark l'a sévèrement réglementé, découpé, minuté, laissant peu de place à la fantaisie et aux caprices de geishas. Dans la journée Mireille voyage, le soir elle chante et la nuit elle dort. Sitôt le rideau tombé, le public n'a pas encore quitté la salle que Mireille est déjà presque dans son lit. Une grande voiture l'attend chaque soir moteur tournant à la porte des coulisses et l'emporte dans la nuit jusqu'à son hôtel où elle ne met guère plus de cinq minutes à s'endormir. Une vie lyophilisée qui lui cache l'autre.

— Artiste n'est pas touriste !

Si c'est « Pépé Jo » qui le dit…

Parfois, un accident de parcours, aussitôt signalé par la presse : « La semaine dernière à Draguignan, épuisée par ses nombreuses tournées, Mireille Mathieu a dû quitter la scène avant la fin de son tour de chant. Malgré tout, chaque soir elle continue. Le succès de Mireille a-t-il eu raison de sa santé ? »

Bon bougre, cependant, le Butch : en présentant sa pitchoune aux icônes de ce monde, Grace Patricia Kelly sur son Rocher pour ne retenir que la plus glacée, c'est toute la Croix-des-Oiseaux qui fantasme en trois D. « La princesse m'a dit qu'il existait un club de fans au palais princier », confie Mireille aux journalistes à l'issue de son entrevue d'une demi-heure avec l'épouse de Rainier. Clic-clac ! Photo. C'est dans la boîte, demain toute la presse en parlera. Allez, vite, Mireille, reprends tes esprits, on enchaîne avec le numéro suivant. *That's show business.*

« Pendant que les autres rêvaient, moi je vivais un cauchemar », dira Bardot.

Quant à l'amour… On a bien déjà fiancé « pour exprès » Mireille au fils de Marcel Cerdan (un copain du Butch), mais c'est déjà du passé ! Mireille parle pour la première fois publiquement du schéma amoureux à Marlyse Schaeffer, dans *Marie-Claire*. La journaliste a passé un après-midi entier au Louvre en compagnie de la jeune chanteuse. Les confessions intimes qu'elle obtient et rapporte à la rédaction du journal nous parlent un langage à la fois attendu et troublant qui se suffit à lui-même : « Piaf, je sais, on me l'a dit, je l'ai lu : c'était une grande amoureuse. Mais [son visage change], sa façon à elle d'aimer, ça me fait peur… Pas d'enfants dans la vie de Piaf. Pas de foyer. Rien que des hommes… Pour moi, un homme c'est un mari, des enfants. Ça ne va pas avec mon métier ? Et pourquoi pas ? Moi je veux tout réussir. »

Le front en avant, buté, Mireille réfléchit : « Tu sais, je ne suis pas bête !… Il n'y a pas longtemps que je suis à Paris mais je connais la vie. J'ai vu ma mère, les naissances, tout. Ça, c'est la vie "normale". Il ne faut pas dévier. Parce qu'ensuite, au bout, il y a l'alcool, la drogue, la maladie, les hommes. Pour survivre, Piaf n'avait plus que la drogue. Ça ne m'arrivera pas. Moi j'ai de la santé. »

Entre la blanche d'Afghanistan et les confitures à la rhubarbe, large est le choix de vie. Bluffée et conquise par la force de raisonnement de la ci-devant « nouvelle Piaf », Marlyse Schaeffer prend congé d'elle, sur une note résolument plus musicale : « "Ma poitrine, t'as vu ! Qu'est-ce qu'elle est grosse !" dit-elle comme ça, un peu gênée, comme lorsqu'on a quatorze ans et qu'on découvre un beau jour devant la glace des choses qui poussent… Elle croise ses bras serrés dessus : "Ça m'embête chaque fois que je dois essayer une robe ! Il m'a fait une drôle d'architecture, le Bon Dieu : 95, là-devant. 33 1/2 pour mes pieds. 1,44 mètre pour toute la hauteur. Remarque que, pour mon métier, il faut que j'aie de la poitrine. Faut bien qu'il se loge quelque part le souffle." Elle entonne *Mon Credo* en articulant. Sûrement qu'on l'entend jusqu'au bout de la rue !… »

XIII

REQUIEM
POUR UNE « PETITE NAINE CHÉRIE »

« Il est plus honteux de se défier de ses amis que d'en être trompé. »

La Rochefoucauld

QUEL professeur était mieux désigné que Jacques Chazot pour enseigner les subtilités de la révérence à Mireille Mathieu, inconditionnelle de la chose couronnée ? « Les reines, peuchère, il n'y en a plus beaucoup, il faut bien les regarder ! » nous dit la « petite ».

Tout comme Chevalier, Fernand Raynaud ou Thierry Le Luron, fumant d'esprit et bourré d'humour, le danseur émérite du Tout-Paris, ancien danseur étoile à l'Opéra-Comique et maître de ballet à la Comédie-Française, affectionne sincèrement celle qu'il appelle sa « petite naine chérie [1] ». Autant que l'on peut aimer dans ce milieu.

Dans un livre d'une rare pétillance, un spectacle verbal qui débute par ces lignes qu'aurait pu signer

1. Cf. Jacques Chazot, *La Mémoire des autres*, Paris, Mengès, 1982, p. 29.

Jean-Claude Brialy : « Toutes les vieilles stars écrivent leurs Mémoires. Star, je veux bien ; vieille jamais ! », Chazot revêt son costume de Marie-Chantal pour mettre en scène Barbara, Juliette Gréco et Mireille Mathieu. Un sketch guitryen en diable ou ne manque que la voix nasillarde de l'inoubliable Sacha...

« À l'occasion d'un show qui m'était consacré par mes amis Maritie et Gilbert Carpentier, Mireille Mathieu avait accepté, bien qu'arrivant du Mexique et étant très éprouvée physiquement, de participer à mon émission. Il lui fallait faire vite, car elle n'avait que quelques heures devant elle, devant repartir pour Londres. J'avais parié, d'un autre côté, avec Françoise Sagan, que j'arriverais à faire chanter Juliette Gréco, accompagnée au piano par Barbara.

« Françoise me soupçonnait une fois de plus d'avoir perdu la boule, mais moi je peux dire que j'ai gagné mon pari. Toutes les deux arrivent habillées comme à l'accoutumée : deux aigles noirs. Je les présente :

« — Vous vous connaissez ?

« En même temps :

« — Non, bonjour madame...

« — Enchantée...

« — Moi aussi, madame...

« Chacune avait semé ses musiciens, et Mireille Mathieu répétait, puisqu'elle devait chanter le lendemain soir à Londres. Pour des raisons techniques qui m'échappent, Mireille était obligée de refaire plusieurs prises.

« Juliette, très grand genre, s'adresse à Barbara tout aussi grand genre :

« — Mâââdame, je ne sais pas si vous êtes de mon avis, mais devons-nous attendre la journée entière que cette naine ait enfin tourné ?

« Barbara répond :

« — Madame, je suis tout à fait de votre avis. Cela me paraît improbable !

« Et Mireille de recommencer une fois, deux fois, trois fois...

« Les deux autres pâlissent – si cela est possible – et deviennent deux furies. Puis enfin, Mireille réussit sa prise.

« Je ne peux pas dire que je traîne Barbara par le chignon, car on connaît son physique, mais enfin je l'emmène au piano, et Juliette se met à chanter.

« J'avais gagné mon pari.

« Au début, elles en étaient au "Bonjour mââââdame, bonjour mââââdame" et tout à coup cela devenait :

« — Allez, on se tutoie !

« L'une donnait dans le genre "Si tu t'imagines", et l'autre "Il pleut sur Nantes" ! Copines comme cochons, on ne savait plus ce que l'on entendait...

« Mireille était à Londres, à ce moment-là... »

★

Milieu cruel à l'image du monde des hommes, eux-mêmes savants copistes des parades animales. Là encore, Mireille aurait pu scier le bec des deux « aigles noirs » en leur expédiant cette boutade de Le Luron Ier et Dernier : « Oui, j'ai les cheveux qui sentent le cirage et les chaussures la brillantine ! »

Sans un costaud comme Johnny Stark à ses côtés, Mireille Mathieu aurait probablement été mangée toute crue « avé de l'ail » par ces « petits cochons » auxquels Pierre Lazareff fit allusion lorsqu'il reçut la lauréate du *Jeu de la chance* dans son bureau de *France-Soir*, au lendemain de la victoire. Une fois dehors, intriguée, Mireille avait questionné « Pépé Jo ». Qu'est-ce que c'était encore que cette histoire de « petits cochons » ? À quoi Stark, pince-sans-rire, lui répondit en gardant son sérieux :

— Ne t'inquiète pas, dès que j'en flairerai un, je te préviendrai !

Il ne jugea pas nécessaire d'embrouiller les pistes en révélant à « la petite » que Céline surnommait le tout-puissant M. Lazareff : « Latzareff Gallus ». Il eut fallu lui expliquer qui était cette mystérieuse demoiselle « Céline » et, après toutes ces émotions, Mireille avait davantage mérité une bonne bouillabaisse maison, plus digeste que les leçons de choses et sans équivalent pour la mémoire parce que riche de ces Oméga 3 qui nous sauvent de tout.

★

À l'abri des harpies féroces de la profession toujours en quête d'un jeune singe à dévorer, dès qu'elle est sur scène avec un micro devant la bouche, Mireille ne s'en laisse plus conter. Silence, Mademoiselle règne !

À l'Olympia on se souvient de son « carton » pour son premier passage en vedette, au début de l'automne 1966. La belle année…

Pour la générale, ils y étaient tous dans la salle. Tous les squales du métier. On les connaît, inutile de leur faire une affiche. Retenons seulement que Mireille n'aurait jamais dû être sur scène, ce soir-là : un accident de voiture sur l'autoroute de l'ouest, dix jours avant la première, aurait pu faire très mal…

— Quinze jours de repos, a décrété le docteur.

Handicapée par un choc nerveux et un hématome gros comme ça dans le dos, qui l'empêche de respirer normalement, la jeune chanteuse refuse de se plier aux exigences de la médecine. Ses forces non encore recouvrées, la voilà qui fonce à l'Olympia enfourcher le cheval des répétitions. En la voyant débarquer, des journalistes ascendant échotiers qui font le boulevard des Capucines en quête d'un scoop juteux, pensent que l'accident ressemble fort à un coup de pub, à quelques jours du spectacle. C'eût été de bonne guerre. Or il n'en est rien. L'un d'entre eux, un peu plus saint Thomas que les autres, se montre d'un tel paganisme en exigeant de « voir » les stigmates de l'accidentée, presque de les « toucher », qu'il déclenche chez la précieuse Nadine Joubert, fidèle secrétaire de Stark, une colère à peu près apocalyptique.

Peuchère, ce n'est pas de leur faute, ils font seulement ce qu'ils savent faire de mieux, tous ces braves garçons ! Comme dans la Genèse, il y a toujours des bons pour rattraper les mauvais. Cette Arlette Chabrol de *Paris-Jour*, par exemple. À elle, Mireille peut se confier sans éprouver le vertige de la trahison : « Je suis très faible, c'est vrai. Ma tension a considérablement baissé. Je tiens le coup grâce à des "remontants". Mais j'oublie souvent de les prendre. Que voulez-vous, quand je chante, je ne peux pas penser à autre chose ! Cette nuit, par exemple, je n'ai pas fermé l'œil une minute : je pensais à ma répétition. Je voulais me lever et aller réveiller Paul Mauriat, le chef d'orchestre qui m'accompagne. Heureusement, ma tante m'en a empêchée. Il était trois heures ! » Qu'il pleuve, neige ou vente et que foudre et foule nous emportent : la « petite » chantera !

Stark, qui bientôt ne s'occupe plus que de « Mimi » en exclusivité, parle rébellion : « C'est une telle imprudence que, pour la première fois de ma vie, je lui ai adressé une lettre pour la supplier de s'arrêter un peu. Et, pour la première fois depuis notre rencontre, elle m'a désobéi. »

Le lendemain, dans la presse, une photo présente « Pépé Jo » hissant la « petite » sur le plateau mythique de l'Olympia. Cette scène lui parut « tellement grande » la première fois qu'elle la foula pour les répétitions du *Palmarès* avorté de Guy Lux, quand personne ne la connaissait encore ! À présent, c'est son nom à elle, affiché en grand, qui fait lever les têtes, boulevard des Capucines. Vienne qui veut, l'essentiel n'est-il pas que l'on continue à refuser du monde ?

Un après-midi, pendant les répétitions, Mireille reçoit la visite presque inopinée d'Anouk Aimée et de son compagnon d'alors, Pierre Barouh, l'auteur de la chanson *Un homme et une femme*. Stark a inscrit ce titre au nouveau répertoire de Mireille, riche de plusieurs créations signées Aznavour, Legrand, Francis Lai et Pierre Delanoë.

L'héroïne de Lelouch déclare sa flamme admirative à Mathieu : « Vous êtes merveilleuse ! » Et le « poussin » de Chevalier de rétorquer, toute petite dans son duvet : « Je voudrais être aussi belle que vous… » Clic-clac, photo !

Souvent, Mireille se plaît à louer la beauté des femmes. « Quelle est la plus belle actrice de cinéma que tu as interviewée, demande-t-elle une fois à Marlyse Schaeffer : Brigitte Bardot ? Michèle Morgan ? Tu as connu Marilyn ?… Qu'est-ce que j'aimerais être belle ! Mais non ! Pas pour faire du cinéma. Pour moi. Pour plus tard. Quand je serai amoureuse… »

★

Le retour de Mireille « Mathiou » chez Mickey – avec un crochet à Montréal pour le Festival de la chanson populaire – se révèle plutôt prometteur. C'est le troisième depuis le début de l'année. Il y en aura encore un autre avant le pèlerinage annuel sur la planète Homme du grand rouge barbé de blanc. François Reichenbach est du voyage avec ses caméras. Cherchez le cadeau de Noël à « offrir » aux téléspectateurs français… Aussi, Mireille ne voyage-t-elle pas léger : dix valises et vingt-six robes !

Tout le monde garde un souvenir encore frais du film de Reichenbach consacré à Bardot et à sa bruyante promotion américaine de *Viva Maria*. Aussi, frémit-on à l'annonce du documentaire Mathieu. Après sa diffusion, on constate un revirement.

Mireille a été filmée sous les meilleures coutures, mais aussi à cru et au plus près, chantant un peu partout de New York à Dallas, non loin de l'endroit où JFK est tombé, versant des larmes au spectacle d'un orchestre de condamnés à mort enfermés dans une cage, qui jouent sans doute leur dernier jazz à la prison de Huntsville, ou encore demandant conseil à « Pépé Jo » sur la manière dont elle doit s'adresser à Lily Pons : « Je lui claque la bise, oui ou non ? »...

Dans *Combat,* Henri Chapier explique d'abord qu'en décidant de filmer le voyage américain de Mireille Mathieu, « une chanteuse à l'abri des “trucs” et dont la popularité ne doit rien “aux rythmes yé-yé ni à l'érotomanie à la mode” », François Reichenbach n'a pas choisi la facilité. Il ajoute que devant le risque du secret dévoilé et du « jouet cassé », Mireille tout comme le réalisateur jouait gros. Il parle encore de cette espèce de « gêne » et de « méfiance » que l'on pouvait éprouver jusque-là de manière légitime à l'égard d'un tel succès. Soulignant le mérite de Reichenbach de n'avoir pas exploité le « folklore de la famille modeste, les quatorze frères et sœurs et le miracle de la réussite » le futur ex « monsieur divan » livre enfin la conclusion de son analyse. Et là, nous retenons notre souffle : « Reichenbach nous libère. Son film découvre une Mireille Mathieu sensible, originale, très enfant, à l'aube de sa vie, et pas consciente de l'importance que prend sa carrière. »

Merci beaucoup, monsieur Chapier, mais Mme Edmonde Charles-Roux voudrait, elle aussi, distribuer un bon point à Mireille Mathieu pour la façon dont elle dévore sa jeune gloire sans jamais montrer le moindre signe de mécontentement ou de lassitude.

« Où sont les stars d'antan ? interroge l'épouse de « Gastounet ». Où sont les coléreuses, les inexactes, celles qui me laissaient attendre une journée entière à la porte de leur chambre, du temps où j'étais journaliste ? Ainsi Piaf, dans l'hôtel de la rue de Penthièvre où elle habitait... À son arrivée à New York, lorsqu'un photographe ordonne à Mireille de remonter l'escalier qu'elle vient de descendre, elle obéit aussitôt. Sa conscience professionnelle est à toute épreuve. »

On remarque la même disponibilité aujourd'hui encore chez Hallyday senior. Ne fut-il pas itou à l'école de Stark ? La rupture entre les deux Johnny ne fut pas le fait du chanteur, elle émana de Sylvie Vartan qui, pour toute explication officielle, renvoya la presse à ce proverbe africain : « Un lion mal dressé doit changer de dompteur. Ça vaut mieux pour le fauve, pour le maître et pour le cirque ! » Le parfait pendant avec les exigences de Stark : « Ou je suis le patron, ou ça ne m'intéresse pas ! »

« La discussion entre Sylvie Vartan et Johnny Stark fut particulièrement épique, nous apprend Raoul Colombe. Sylvie était une jeune fille qui, artistiquement, se cherchait, mais avec beaucoup de caractère. Ça a bardé ! »

À cette époque charnière dans la carrière des deux (faux) Johnny, où le rocker soudain livré à lui-même commençait à boire la tasse, un journaliste de *Carrefour* se posa en observateur : « Stark est un habile homme. Hallyday, depuis qu'il est privé de ses services, a eu plus d'une occasion de s'en repentir. La jeune Mireille sera-t-elle plus avisée [1] ? »

Johnny Hallyday (*a posteriori*) : « Si, dans le temps, je parlais très peu aux journalistes, c'est parce que Stark me répétait sans cesse :

« — Le moins tu en dis, le moins t'auras l'air con.

« Le jour où je l'ai quitté, je me suis débarrassé de ce complexe. »

*

1. Article non signé, *Carrefour*, 21 septembre 1966.

Française ou Américaine, l'affiche Mireille Mathieu/ Maurice Chevalier eût été belle. Hors quelques scènes communes dans le film de Reichenbach (notamment à l'Empire Room du Waldorf Astoria où Momo présente sa « petite fiancée française » à un public huppé), le temps n'en a été laissé ni à l'un ni à l'autre. Pressé d'aller rejoindre sa Miss pour une « valse chaloupée » céleste, avant de partir Momo s'acquitte de quelques derniers conseils. Des mots entre elle et lui, plus tard portés en musique : *Le Canotier de Maurice Chevalier.* Ultime hommage de Mireille envers celui qui restera tant que la mémoire des hommes voudra encore de lui. Eddie Marnay a affirmé à notre ami Éric Durand que ce jour-là Mireille était au comble de l'émotion dans le studio d'enregistrement : « Il se passa quelque chose. »

N'allons pas si vite en besogne. Les deux Frenchies ont mille choses à vivre ensemble. Comme distribuer conserves et chocolats aux « petits vieux » de Ménilmontant. Ou danser le jerk à Gstaad « en singeant les jeunes couples » devant le Gotha international. Mireille qui, ce jour-là, est attendue à Genève pour un tour de chant se fait rappeler à l'ordre par les journalistes suisses : Ce rendez-vous avec Maurice Chevalier à Gstaad était-il plus important que celui pris avec des centaines de spectateurs, qui avaient pour la voir réservé leur après-midi ?

Mireille ne sera jamais coutumière des annulations de dernière minute. Quant à « Momo », ce beau roman d'amitié lui vaut une missive incendiaire de la part d'une dame bien intentionnée l'accusant de n'être qu'un « vieux cabot dégoûtant à la recherche d'une publicité grotesque » (*sic*).

⋆

De retour en Europe, la tête pleine de ballons multicolores, Mireille ne sait pas encore que ses projets américains au cinéma – *Concours de beauté* et *Guitare City*, avec John Wayne et tant d'autres – s'envoleront en même temps qu'eux. Assoiffée de bravos, elle remonte sur scène, c'est encore là qu'elle se sent le mieux ; une autre tournée qui lui vaut un bon quart d'heure de rappel. Puis Stark a la lumineuse idée de la faire entrer en studio pour y enregistrer les deux chansons – *Paris en colère* et *La Valse des deux Maurice* –, du long métrage de René Clément : *Paris brûle-t-il ?*, tiré du best-seller de Larry Collins et Dominique Lapierre.

À nouveau le nez creux de « Pépé Jo » ne l'a pas trahi, car le sujet de ce film (l'occupation, la bataille, puis la libération de Paris) et sa distribution – Simone Signoret, Kirk Douglas, Alain Delon (dans le rôle de Chaban-Delmas), Jean-Paul Belmondo, Orson Welles, Leslie Caron, Glenn Ford… – appelaient à une opération d'envergure pour sa première mondiale à Paris. Sur l'initiative d'Henri Michaud, président de la Paramount en France et en collaboration avec les services de la préfecture de Paris, Georges Cravenne et Alain Duchemin (la Kermesse aux Étoiles, c'était lui), sortent le grand jeu. Paris va revivre ses heures chaudes d'août 1944. La manifestation commence à 19 heures à Antony où s'était formé un convoi de chars et de Jeep de la 2e DB, pour reprendre exactement l'itinéraire emprunté par les soldats du maréchal Leclerc. Point de convergence : les jardins du palais de Chaillot. Ils y parviennent une heure et demie plus tard. Le temps pour Alain Duchemin de déclencher depuis le sommet de la tour Eiffel un spectaculaire embrasement factice de la ville.

« Durant huit à dix minutes, les trente principaux monuments de Paris "brûlèrent" avec la bénédiction d'André Malraux, grâce à un procédé de feux de Bengale rouges très puissants, qui ne noircit pas les pierres, se souvient M. Duchemin. Notre-Dame, le Sacré-Cœur, les Invalides, le Louvre, la Madeleine, la

Chambre des députés, l'Hôtel de ville, la tour Eiffel, etc. s'embrasèrent en rouge sang. Avec la pluie [diluvienne] qui n'avait pas cessé et les reflets sur le macadam luisant, l'effet était plus étonnant encore. »

Au palais de Chaillot, la projection du chef-d'œuvre de Clément, en présence d'une majorité de ses interprètes, prend beaucoup de retard, sans conséquences pour la suite de la soirée qui va à présent atteindre son point culminant.

Alain Duchemin : « Les 500 privilégiés qui avaient payé très cher pour rester souper s'installèrent alors dans le grand foyer du palais de Chaillot. Soudain, les orchestres se turent. L'obscurité se fit dans la salle. La tour Eiffel s'éteignit aussi, ainsi que les jardins. Le premier étage de la tour s'illumina alors seule dans la nuit noire et une petite silhouette apparut. C'était Mireille Mathieu qui chanta *Paris en colère*, un air du film, admirablement sonorisé sur tous les jardins, le pont d'Iéna et dans la salle du souper. Dès la fin du dernier couplet, un feu d'artifice jaillit des deux étages de la tour. Il se termina au bout d'un quart d'heure par un immense bouquet tricolore. »

Comment voulez-vous après cela que notre « petite » ne se sente pas l'âme plus française que la plantureuse Marianne !

Le bénéfice de la soirée – plusieurs millions d'anciens francs – fut alloué aux médaillés de la Résistance que présidait le général Guy de Boissoudy et aux œuvres sociales de la Police parisienne qui prit, chacun le sait, une part très importante dans la libération de la capitale.

Un « détail » : en 1966, le préfet de Paris s'appelle Maurice Papon…

*

Or la fin de l'année 1966 qui a si bien démarré se termine par un clash entre la « victime » et son « bourreau ». Stark exige toujours davantage de Mireille et de plus en plus rapidement. Si bien que la « petite » lui donne le sentiment de ne plus suivre la musique. Lors du quatrième et dernier voyage de l'année en Amérique, déçu par une prestation de son élève dans le show télévisé de Danny Kaye et par ce goût de la fête – si peu – qui se développe chez cette enfant privée de jeunesse, il tire un museau de jour de grève dans le métro parisien. En outre, la malheureuse ne parvient pas à se mettre l'anglais sous la langue. Son impossibilité d'enregistrer *Mon Credo* en anglais va littéralement faire exploser un Butch conscient qu'à ce train ses espoirs d'une carrière aux États-Unis sont en train de s'élimer. Stark qui n'est plus « Pépé Jo » en vient aux insultes et aux vexations suprêmes. Une tirade fidèlement reproduite par Mireille, bonne joueuse, dans ses Mémoires : « Je me suis trompé ! Sa voix m'a trompé : j'ai cru à une graine de star ! J'ai cru que c'était une Liza Minnelli ! Mais Liza, elle est née dans le show biz. Elle a ça dans le sang. C'est comme Johnny. Des enfants de la balle. Hallyday, il est né là-dedans ! Il sait tout. Quand je lui disais : "J'aime moins cette chanson-là…", il m'en sortait une autre et il entrait en scène, sans même avoir besoin de répétitions ! Un génie ! Je me suis trompé. Elle n'est pas faite pour faire ce métier. Elle est faite, comme sa mère, pour avoir quatorze enfants… » Stratégie ou véritable coup de sang ? Cruel « Pépé Jo ».

Pauvre Mireille… Avoir fait tout ce chemin pour en arriver à ce cul-de-sac. Le Butch veut en faire une Liza Minnelli, mais la route est longue. La « petite » est une graine de plante saine qui n'a pas poussé par hasard, entre deux oscars. S'ils n'ont jamais fait trembler Hollywood, ses parents ne furent jamais des guides virtuels ; il leur manquait seulement la liberté que procure l'argent.

L'Amérique ! Imagine-t-on un instant la fille de la Croix-des-Oiseaux aller se perdre dans un tel lupanar ? « Aujourd'hui, on ne va plus en enfer, on va à New York », disait Rock Hudson. Et Bertolt Brecht a écrit : « L'Enfer doit être comme Los Angeles. » Entre les deux, le diable a dû bâtir Las Vegas… La jungle parisienne suffisant à sa peine, Mireille prétend avoir refusé le contrat de sept ans qui lui fut offert, tout comme Brigitte Bardot avant elle.

Or comment fait-on carrière aux États-Unis sans réussir à parler l'anglais ? Lorsqu'il s'agit de parodier les Platters à la télévision française, entourée de Sacha Distel, de Joe Dassin et d'Henri Salvador (*Les Planteurs*) la « petite » donne le change, mais hors ce contexte… En même temps, Bardot et Mathieu ont bien trop l'amour de leur terre chevillée au corps pour aller danser au son du dollar avec l'image de la France dans le rétroviseur, lancinante.

Devant ce prétendu renoncement de Stark, Tante Irène redouble de diplomatie pour sauver l'avenir de sa nièce. Il n'a pas le droit moral de la laisser choir après tant d'efforts et de succès en commun.

« Ma vie ressemble au ciel d'Avignon, écrira un jour la "petite". Jamais noir pour longtemps, il y a les éclaircies et le soleil revient toujours. »

L'abcès crève un beau jour de lui-même. Mireille a besoin du Butch, mais le Butch connaît également la valeur de sa « marchandise ». Jusque-là avare en satisfecit, ne se rachète-t-il pas en déclarant dans *La Tribune de Genève* que « les possibilités de Mireille sont plus étendues que ne l'étaient celles de Johnny Hallyday, lorsque je me suis occupé de lui » ?

Tant que « Pépé Jo » serait « Pépé Jo », le seul à pouvoir lui assener ses quatre vérités pour son plus grand bénéfice, Mireille Mathieu sera toujours Mireille Mathieu. Le jour où il partira, elle n'aura plus qu'à puiser dans leur patrimoine commun…

XIV

MIREILLE QUI ROULE

« Écrire pour un chanteur, c'est habiller un bossu. »
Pierre Delanoë (cité par *Les Dossiers du Canard* [1]).

« DES jeunes qui ont du talent, il y en a 200 en France. Moi, j'ai consacré une tranche de ma vie à Mireille Mathieu. Je surveille tout, le choix de ses chansons, celui de ses robes ou des émissions de TV auxquelles elle participe. Je prends des initiatives, monte des coups publicitaires. Je suis auprès d'elle quand il le faut, car elle a besoin d'être constamment rassurée et conseillée. Bref, elle vit dans mon ombre. Les autres impresarii, en France, ne sont que des bureaux de placement pour vedettes. Moi, je les crée. Le coup de chance a été pour Mireille Mathieu. Sans moi, elle serait retournée à Avignon et à son anonymat. Seule, elle ne pouvait pas réussir. J'ai joué sur elle le plus gros banco de ma vie. Au départ, cela m'a coûté beaucoup d'argent, mais il faut savoir prendre des risques. J'ai joué et j'ai gagné ! »

1. N° 13, décembre 1984.

⋆

Ce tact…

Au printemps 1967, « Pépé Jo » fait le beau, il pavane. Aussi paon soit-il, il est en mesure d'aligner la facture pour les orchidées qu'il s'envoie. Tout comme Bonaparte dut d'abord à son courage et à son épée d'être devenu Napoléon sous les voûtes de Notre-Dame. Ici comme là, le « mérite » a remplacé la naissance et le respect s'impose.

Comment Mireille supporte-t-elle la tutelle ? Stark : « Personnellement, je ne lui ai jamais posé la question… » Si problème il y a, c'est ici qu'il se place. Depuis le début, les journalistes se plaignent de ne pouvoir accéder à une Mireille Mathieu qu'ils en viennent à surnommer « l'Arlésienne ». Stark fait barrage et s'en est déjà expliqué.

Mireille est fort aise de ce règlement. Pour elle, tous les artifices qui enveloppent le chanter restent accessoires. Or on peut soumettre les rendez-vous avec la presse à des conditions, on ne peut pas les éviter. En dépit d'un contrôle serré, le Butch ne parvient pas à empêcher Philippe Bouvard de prendre un jour Mireille dans sa nasse. Dans un numéro spécial consacré au show business, *Le Crapouillot* présente l'entrevue comme un morceau d'anthologie intitulé : « Chassez le naturel »…

« Mireille Mathieu, tout auréolée de sa gloire nouvelle, doit être reçue par Philippe Bouvard à *Radio Luxembourg*. La jeune vedette et son entourage préparent l'émission. On sait que Bouvard demandera à Mireille quel est son héros favori. Que va-t-elle répondre ? Johnny Stark, le “promoteur” de la petite Avignonnaise, décide qu'elle nommera Napoléon.

« L'heure de l'émission arrive. Celle-ci doit se dérouler en direct. On s'installe autour du micro : Mireille prend place entre Bouvard et son assistant. Au début, tout se passe bien : la chanteuse récite correctement sa leçon. Quand Philippe Bouvard l'interroge sur son héros de prédilection, elle répond comme convenu : Napoléon !

« C'est alors que surgit l'inattendu. Sous la forme d'une question posée par l'assistant de Bouvard :

« — Tiens ! pourquoi Napoléon ? C'est une drôle d'idée...

« Silence gêné dans le studio. La demande n'était pas prévue au programme. Tapi dans un coin, Stark souffle une réponse :

« — Parce qu'il était intelligent.

« Mais Mireille ne comprend pas. Alors Stark se transforme en mime : de son index, il désigne son front. Ça y est ! la petite a saisi ! Dans un grand sourire, elle répond :

« — Parce qu'il était complètement cinglé [1] ! »

Mireille n'est pas loin d'Einstein, d'avis que ce sont les fous qui font avancer le monde, mais on peut aisément imaginer l'hilarité plus ou moins contenue que suscite sa réponse, dans le studio de *Radio Luxembourg*. Philippe Bouvard est aux anges. Stark accuse le coup. Il est de ceux qui considèrent que mieux vaut être ridiculisé par Bouvard – « petit bonhomme redoutable, auxquels les uns trouvent une bouille trompeuse d'ancien premier communiant et chez qui d'autres reconnaissent le sourire d'un petit cochon de Walt Disney » – que d'en être ignoré. Du reste, le cerveau des *Grosses têtes* n'a jamais eu de mauvaises dispositions envers la « petite ». Il le confesse à sa manière dans *Un oursin dans le caviar*, l'un des best-sellers de l'année 1974 :

« J'ai vu naître Mireille Mathieu. Façon de parler, car Johnny Stark n'étant arrivé que dix-sept ans après l'accoucheur, il a fallu mettre les bouchées doubles pour rattraper le temps perdu. Charmante enfant, au

1. *Le Crapouillot*, n° 38, printemps 1976, p. 65.

demeurant, et pour laquelle j'éprouve une réelle affection. L'affection qu'on porte aux êtres faibles et désarmés. Avec elle, je n'ai jamais envie d'être méchant. Je me dis trop qu'à vaincre sans péril, on triomphe sans gloire. Alors je l'aide de mon mieux. Je m'évertue à lui présenter des fleurets mouchetés et à ne lui décocher que des flèches enrobées de coton. »

Le compliment tourné et Bouvard absous, le coup peut à présent être porté : « Pendant longtemps, j'ai – ce que je n'ai jamais fait pour qui que ce soit d'autre – communiqué le texte de mes questions huit jours à l'avance à la mignonne Avignonnaise. [...]. Pour une grande émission de radio qui doit avoir lieu dans un théâtre de Londres, j'expédie donc par la poste toutes mes questions huit jours à l'avance. Johnny Stark, qui fait bien les choses, s'assure les services d'un dialoguiste professionnel qu'il fait venir de Paris et l'installe au *Savoy* dans une chambre contiguë à celle de Mireille. Pour chacune de mes questions, l'homme de l'art concocte une réponse spirituelle que la petite n'aura plus ensuite qu'à me décocher le jour venu avec toute la vivacité appropriée.

« Et le jour vient. L'émission commence. Je lance à Mireille la question numéro un. Elle m'envoie la réponse numéro un. La salle croule de rire. Question numéro deux : réponse numéro deux. L'hilarité redouble. Ce qu'elle est devenue drôle, cette petite ! Sacha Guitry lui-même n'aurait pas mieux rivé mon clou ! Question numéro trois : réponse numéro quatre... Le mécanisme si amoureusement réglé vient de se détraquer. Mireille a pris un tour d'avance. Rien ne marche plus. Ce sera dur à rattraper. »

L'honnêteté morale de Bouvard l'honore, or s'il y avait une éthique dans ce métier nous le saurions. La déloyauté vient aussi de ce que l'amuseur public n'aurait peut-être jamais dû mettre en lumière ce à quoi il avait consenti de bon gré dans l'ombre.

Un jour, il faudra bien pourtant que « Pépé Jo » libère la « petite » pour la laisser aller au-devant des fauves, ces journalistes armés de leurs araignées à fils qui font festin du moindre mot malheureux. Plus tard, bien plus tard… Vous avez dit plus tard ?

Dans *L'Aurore* du 2 août 1967, Michel Clerc relate un épisode vécu et pour le moins troublant. Il rentre juste de Biarritz, sonné par le soleil de « l'autre » côte, mais bien plus encore par la pièce en un acte qu'on s'est plu à jouer l'après-midi même devant lui. Le « on » nous désigne deux protagonistes bien connus. Tout est dans le récit : « Nous dévorons une langouste arrosée d'un Pol Roger 1961. À table avec nous, la meilleure élève de Johnny Stark grignote gentiment ses crevettes, les yeux baissés sur le cahier d'écolier où son manager a noté pour elle les mots d'anglais qu'elle doit apprendre aujourd'hui. Cette jolie timide aux longs cils, c'est Mireille Mathieu. Pas bronzée du tout, Mireille. Elle a beau faire la tournée des plages de France, son emploi du temps ne lui permet pas de lézarder. »

Première intervention notable de Stark :

— J'en ai assez qu'on me traite de brute et de tortionnaire. Alors, voilà, j'ai décidé de quitter Mireille Mathieu. Mireille va voler de ses propres ailes. Je vous autorise à l'annoncer vous-même à Mireille. Vous verrez bien.

Michel Clerc à Mathieu :

— C'est vrai ce qu'il vient de me dire ? Johnny vous abandonne ? Vous allez marcher toute seule comme une grande ?

« Impossible d'affirmer que ce sketch fut combiné à l'avance entre le manager et la vedette, relate Clerc, mais je peux vous dire qu'en lui annonçant sa liberté j'ai fait pleurer Mireille Mathieu. J'ai vu de grosses larmes rouler sur ses joues. Que la vedette soit devenue sous la houlette de son maître, c'est bien possible, mais pour ma part, je l'avoue, je n'ai pas eu devant ces larmes le courage de pousser plus loin les choses... »

Clerc a écrit ce que Stark avait envie de lire. Quel coup de poing dans l'amour-propre de Mathieu ! C'est, paraît-il, la meilleure façon d'apprendre. Un bon plat de couleuvres servies matin, midi et soir sur un lit d'épines au goût d'avanie ; tout cela vous fait de l'excellent champion ! Reste au public à mettre la pièce pour avoir accès au stade et au champion à dire merci à la fin.

Merci qui, Mireille ?...

XV

LA « CAMARADE » MATHIEU

« Je réponds ordinairement à ceux qui me demandent raison de mes voyages : que je sais bien ce que je fuis, mais non pas ce que je cherche. »

Montaigne (*Essais*)

L'EFFERVESCENCE des gens de presse autour de la ruche Stark-Mathieu n'est pas une simple affaire de curiosité journalistique. La « petite » est réellement en train devenir une grande. Au moins le reconnaît-on de plus en plus facilement, succès de Mimi à l'étranger faisant valoir ce que de droit. Après les quelques tentatives américaines de l'année précédente, Stark poursuit l'offensive sur tous les fronts. L'Angleterre, l'Allemagne et l'URSS : voici trois pays qu'il serait séant de transformer en noms de victoire. Mademoiselle la Française, chantez la première ; Londres vous déroule son tapis rouge, avec à l'autre bout le P-DG de la firme Windsor prompte à vous déclarer au soir du gala de la Royal Performance, enthousiasmée : « Vous êtes magnifique ! »

Les télévisions anglaises dans les shows hebdomadaires de Tom Jones vont vite devenir des petites et bonnes habitudes à ne pas perdre, entre deux tours de chant à

Varsovie, Prague ou Berlin. Berlin… Au Philharmonic, avec *Paris en colère* et trente-cinq minutes de rappel, la « petite » a mis quatre mille spectateurs à genoux, qui ont repris avec elle *Le Pont d'Avignon.* Déjà connu outre-Rhin par ses disques, « Le Moineau qui a du talent », « L'innocence à pleine gorge », « Le miracle vocal d'Avignon » est allé montrer son joli minois dans les plus grandes villes d'Allemagne, terminant sa tournée en apothéose à Hambourg. Là-bas, on prend les raccourcis et on ne lui donne plus que du « M.M. ». En référence aux initiales de la fameuse jeune nonne qui fit commettre tant de folies à Casanova ?… Défloré soit qui mal y pense !

C'est donc à « M.M. » qu'est remis très officiellement à Düsseldorf un lion de cinq kilos en argent massif. Aux huit mille privilégiés venus assister à la remise de ce trophée récompensant la vedette la plus populaire en Allemagne, Mireille ne pouvait que dédier un refrain américain créé par elle à la télévision française : *La Dernière Valse*…

S'il faut se fier à *L'Express,* cette chanson avait également été enregistrée par Petula Clark. Or la célérité de Stark, le disque souple et la bande magnétique de Mireille arrivèrent les premiers chez les programmateurs de radio : « Pétula Clark doit "créer", un jeudi, la chanson en France dans *Le Palmarès* de Guy Lux : le dimanche précédent, en "invité de dernière minute", bousculant les Compagnons de la Chanson, Mireille Mathieu crée *La Dernière Valse* à la télévision. Et vendra plus de disques que Petula. Près de 400 000 en deux mois. »

Un procédé courant dans le métier. Lucien Morisse notamment en avait fait une politique. Sans doute est-ce une explication à la nette antipathie dont Dalida fit les frais dans le métier, de son vivant. Même cas d'école pour Mireille Mathieu. Les pistonnés, on n'aime pas beaucoup cela, en France. Les *winners* (gagnants), encore moins.

★

Auf wiedersehen, meine Damen und Herren, c'est l'heure du retour sur Paris où l'avion de Moscou n'attendra pas longtemps ses passagers retardataires…

L'URSS : le plus gros marché européen visé et atteint par Stark. Lorsqu'il embarque à bord d'une Caravelle de luxe spécialement affrétée par Coquatrix – responsable de cette tournée officielle patronnée par le ministère des Affaires culturelles – pour y transporter une troupe de music-hall riche de quatre-vingts artistes dont Mireille est le fleuron, ce sont 200 000 places sur 200 000 qui ont été prévendues dans l'ancien fief des tsars. Joli coup !

Ce « détail » réglé, quel effet produira la voix de la « petite » sur les enfants du grand froid ? Si l'on en accrédite la presse, Mireille, elle, ne manifeste qu'un désir : être présentée à l'ex-maître du Kremlin, le camarade Khrouchtchev. On lui a également parlé d'un mystérieux « homme très sympathique qui tape sur les tables avec ses chaussures » :

— J'aimerais bien le voir, confie-t-elle sans plus de précisions.

S'agirait-il de « l'Homme qui a vu l'homme qui a vu l'homme » lui aussi en tournée sur le territoire soviétique ?…

Les ballets d'Arthur Plasshaert, les trente musiciens de Paul Mauriat et le chanteur Michel Delpech sont également du voyage. Delpech, poète fragile au charme étrange dans son jabot de dentelle, fait partie de l'écurie Stark. Celui qui en pince pour *Laurette* en écoutant depuis plusieurs mois Mireille triompher chaque soir a sur le cœur des caisses pleines de non-dits. Il s'en ouvre à Danièle Heymann de *L'Express* :

« C'est horrible d'être le numéro 2 de monsieur Stark. En fait, je suis Poulidor. Jamais premier. Toujours placé. Il a payé pour Mireille ? Il n'a jamais payé pour moi.

De temps en temps, il me dit que j'ai les cheveux trop longs, pour avoir l'air de s'intéresser à moi. C'est un mur, on ne peut pas l'atteindre. »

Danièle Heymann :

« Pourquoi restez-vous entre les mains de ce dictateur ?

— Parce qu'il me fait travailler. Parce qu'il est très fort. »

Autre composante du groupe de Français à l'assaut du monde russe : une certaine Christiane Mathieu. Mireille ayant reçu de Stark l'autorisation d'emmener un membre de sa famille (un seul), elle a dû procéder à un tirage au sort qui a désigné l'une de ses sœurs cadettes. Si Christiane raconte à ses amis d'Avignon qu'elle a vu la « Jeanne d'Arc du Vaucluse » se faire acclamer debout chaque soir par des milliers de « communistes », on la taxera carrément de... Marseillaise ! Heureusement, les journaux font toujours autorité, et dans ceux de Moscou, pétard, ils y vont carrément avec le dos de la cuillère à caviar avec son illustre frangine !

À l'occasion du cinquantième anniversaire de la révolution d'Octobre, Mathieu crée dans la capitale soviétique une autre chanson marquante : *Quand fera-t-il jour, camarade ?*, dont le texte a été écrit par Gaston Bonheur. Son récital de quatre-vingt-cinq minutes, étoffé d'une vingtaine de refrains est retransmis en direct par *Radio Luxembourg*, grande concurrente d'*Europe I*. Stark joue sur tous les tableaux et fait mouche à tout coup. Chapeau, cow-boy !

⋆

Leningrad... Kazan... Mireille découvre les beautés slaves et le vrai goût du caviar – à Paris, au début de leur rencontre, « Pépé Jo » lui avait présenté un plat d'œufs d'esturgeon salés en lui expliquant qu'il s'agissait de « lentilles du Morbihan » – et voit la vie en rouge pendant que les rotatives parisiennes se chargent de transmettre les bonnes nouvelles du front russe.

Il eût été fâcheux que les camarades de *L'Humanité* ne prissent pas le train en route, avec au passage un petit coup de pub de bon aloi pour le pays qui leur a donné le jour : « Dominant son trac, Mireille Mathieu a démarré sa tournée à francs étriers. À Moscou, elle a obtenu des applaudissements nourris et des bravos stridents criés du balcon. »

Aussi stridents que ceux de la famille impériale en 1918 dans les sous-sols de la maison Ipatiev, à Ekaterinbourg ? « *Lénine nous a tués !...* »

Suite du rapport de *L'Huma* : « C'est la première fois qu'une troupe française se produit dans la République autonome des Tatars, célèbre non seulement pour ses fruits du pétrole, mais pour son haut niveau de culture. L'université de Kazan, où Lénine étudia, est en effet l'une des plus vieilles et des meilleures de l'URSS. »

On sent poindre le « Envoyez-y vos enfants », mais il ne viendra pas...

Tout a été fait pour éviter de parler à Mireille des réalités du terrain, la « petite » est bien trop sensible. Cet empire blanc souillé de rouge, que son ami Le Luron, parodiant Jean Ferrat, chantera si bien...

> « *Pourtant, que la Russie est belle*
> *Comment peut-on imaginer*
> *Que seules les cliniques sont pleines*
> *D'individus en bonne santé...* »

Les premiers succès de Mireille en Union soviétique ne vont pas sans créer de remous au sein une certaine intelligentsia française. Un article de *Carrefour*, « Quand la cigale devient fourmi », daté de mars 1969, illustre ce malaise : « Mireille Mathieu – ou plus exactement son imprésario Johnny Stark – connaît décidément la musique. Instruite par d'illustres exemples tels que ceux de Picasso, d'Yves Montand, ou de Jacques Brel, elle sait que le chemin du dollar passe par la plus extrême gauche. Nul artiste européen ne peut désormais parvenir à la gloire internationale et aux avantages matériels qu'elle comporte – voitures de sport et autres, villa sur la Côte, château à la campagne et appartement de luxe – sans s'être procuré la vignette progressiste. Il est naturel et même banal, dira-t-on, que l'on cherche à monnayer sa popularité, après avoir acquis cette popularité par tous les moyens dont on dispose, y compris l'orientation politique. Mais que cette orientation soit toujours la même, voilà qui semble trop étrange pour être l'effet du hasard. Car si les cigales devenues fourmis y gagnent de l'argent, la subversion internationale touche des bénéfices d'un autre ordre sous forme de propagande. Qu'en pensent nos sirènes de la Révolution ? »

*

De retour de ses périples internationaux, Mireille revient-elle en prophète dans son propre pays ? À la fois *da* et *niet.* Il se trouvera toujours un Gainsbourg pour déclarer sans détours, dans *L'Aurore* : « Je fais des chansons alimentaires. Pourtant, malgré moi, je garde une certaine tenue. Par exemple, Sheila et Mireille Mathieu m'ont demandé d'écrire pour elles. Elles vendent énormément, mais c'était au-dessus de mes forces : je ne suis pas encore parvenu à faire n'importe quoi ! »

Placer Sheila et Mireille Mathieu dans le même registre artistique : le *Poinçonneur des Lilas* nous déçoit. Voyez-vous, cher monsieur Gainsbourg, cela peut parfois vous changer un homme d'écrire pour des chanteuses sachant chanter sans s'assécher…

Lorsque l'on parle France, il y faut inclure les « départements » belge et suisse. Chaque passage à L'Ancienne

Belgique, à Bruxelles, ou à La Réformation de Genève (en alternance avec La Patinoire des Vernets), est pour Mathieu un test. Les critiques y sévissant plus durement qu'ailleurs, sans l'esprit souvent malintentionné qui sied à leurs confrères français, le baromètre est des plus fiables. Qu'indique-t-il à Bruxelles, pour exemple, un an après l'envol du Moineau ? Ceci en substance : si Mireille s'est très sensiblement écartée de Piaf, d'aucuns crient au « très fabriqué ». Le journaliste du *Soir* n'est pas d'accord sur la forme et le fait savoir : « Pourquoi insister sur ce point, pourquoi reprocher à une enfant ce que l'on a toujours admis d'un Chevalier ou d'un Montand ? Et pourquoi quelques spécialistes que son succès dérange manifestent-ils une telle hargne à vouloir nier l'indéniable, c'est-à-dire que Mireille Mathieu existe réellement ? Dans dix ans, on parlera encore de cette petite fille mi-gaie, mi-triste qui, en millionnaire fataliste, dévide interminablement son répertoire, sa nostalgie, sa nostalgie, son répertoire [1]. »

Les Suisses ont peu ou prou la même vision des choses : la petite Avignonnaise est devenue une mécanique trop parfaite : « Laissez-la libre de ses mouvements, de ses instincts, monsieur Stark ! Apprenez-lui à jouer avec son public, à le sentir, à lui faire partager la joie qui se dessine sur son visage mais ne franchit pas la rampe en raison sans doute d'une précision trop horlogère dans le déroulement du tour de chant, qui ne laisse pas la place à l'improvisation et à l'imprévu [2]. » « Avignon ne s'est pas fait en un jour », aurait souligné la Mamet.

Reste Paris, berceau de la grande aventure. Or qui dit Paris dit Olympia, ancien fief de Piaf, comme le Casino fut celui de Miss. Et qui dit Olympia dit Coquatrix. Or Coquatrix, Stark n'en veut pas ! Pas cette année à tout

1. Henry Lemaire, *Le Soir*, 18 juillet 1967.
2. *La Tribune de Genève*, 14 février 1968.

le moins. Sans être de la même veine, les deux limiers concourent dans la même catégorie « Poids lourds ». Ils savent toujours où va le vent et apprécier le bon moment pour frapper ou faire l'esquive. Les intérêts de l'un sont liés à ceux de l'autre : un cercle pas forcément vicieux qui les oblige à marcher main dans la main. Copains comme cochons, autant que deux adversaires politiques peuvent l'être en privé, le Jojo et le Bruno. Sauf à faire mine de laisser croire le contraire, pour l'orgueil, en créant un semblant de polémique dans la presse.

Diable ! « Pépé Jo » et le grand Bruno seraient-ils donc fâchés ?

Vu de l'extérieur, tout porte à le croire lorsque le Butch annonce que Mireille ne passera pas comme prévu à l'Olympia en fin d'année 1967. Une Mireille marionnette qui s'exprime avec la voix de son ventriloque de maître : « Je n'ai plus rien à prouver en France, aussi je renonce cette année à passer à l'Olympia. C'est le public américain que je vise maintenant à conquérir. » Voilà autre chose !

Blessé mais toujours très courtois, Coquatrix rectifie le tir : « Si Mireille Mathieu ne passe pas cette année à l'Olympia, c'est tout simplement parce qu'elle n'est pas encore prête. Elle n'a pas encore assez de chansons à son répertoire. » Stark n'est-il pas allé un peu fort dans la provoc en empruntant à de Gaulle pour qualifier l'Olympia de « vieux machin » ? Tirant sur son cigare, le Butch précise : « J'aime bien Coquatrix, mais ça lui fera les pieds ! »

Pour affirmer un mois plus tard : « Mireille chantera à l'Olympia du 14 décembre 1967 au 15 janvier 1968, comme je l'avais toujours pensé. Mais je n'ai jamais dit dans quel music-hall elle passerait. J'avais seulement annoncé qu'elle ferait sa rentrée parisienne. Enfin, maintenant c'est arrangé, n'en parlons plus. »

On n'en parle plus et Mireille termine l'année au 67, boulevard des Capucines, grimée en clodo de luxe pour interpréter *Ma pomme* (un clin d'œil au père Chevalier), devant les profs de la critique parisienne alignés en oignons serrés. Dès le lendemain, eux aussi chantent leur propre refrain dans ces colonnes un peu noirâtres auxquelles on préférera toujours l'or des théâtres et le velours rouge d'un strapontin juste avant que les lumières ne se resserrent sur le cercle magique.

« Mireille Mathieu était devenue grâce à Johnny Stark, ou par sa faute, la "copie conforme" [de qui ?] et ce qui est extraordinaire, c'est qu'elle a survécu à cette entreprise de chirurgie esthétique, à cette opération de dépersonnalisation et qu'elle devient chaque jour un peu plus elle-même, nous fait-on remarquer dans *L'Aurore*. Aujourd'hui rien ne ressemble moins à Piaf que cette petite fille heureuse et raisonnable qui mène son destin sur des rails dorés [1]. »

Annoncé comme *la* consécration parisienne de Mireille Mathieu, ce spectacle donné à bureaux fermés fut à la hauteur. Deux jours avant la première, Stark avait déclaré : « Le succès n'est pas un critère absolu. L'Olympia c'est l'étape contre la montre dans le Tour de France. Il est arrivé à Jacques Anquetil de la perdre. Cela ne l'a pas empêché d'être le premier au Parc des Princes. »

Au lendemain du triomphe, très à l'aise dans la contradiction, le Butch devait repeindre ses propos : « Le succès est un critère absolu. L'Olympia, c'est l'étape décisive dans le Tour de France. Il faut le gagner pour arriver le premier au Parc des Princes »...

⋆

Entre autres titres, en 1967, Mireille Mathieu enregistre *En écoutant mon cœur chanter*. La saga de ce refrain est prodigieuse... Cocher, à bride abattue vers Paname, boulevard 1927 !

---

1. *L'Aurore*, 1er novembre 1967.

Les années folles. La bonne société parisienne danse le charleston sans autre souci que de fermer définitivement ses oreilles aux canons de la guerre. Pendant ce temps, fidèles aux traditions du petit bonheur gaulois, toute une faune d'artistes maudits se retrouve chaque soir à peupler de vieux cabarets montmartrois, indifférents aux mélopées de Sidney Bechet.

C'est au cœur de cette ambiance que naît un jour une chanson écrite par Jamblan, un chansonnier de la Butte, sur laquelle son compère André Chabro, compositeur amateur, jette une mélodie simplette fondée sur la gamme : *do-do-do-do, ré-ré-ré-ré*, etc.

Vendue à un éditeur, *Ma mie* ne rapporte guère plus à Jamblan et Charbo que des pailles. Survient la mort de l'éditeur. Un autre, le fameux Raoul Breton, époux de Damia, rachète la chanson. On ne sait pourquoi, Breton décide que *Ma mie* prendra la mer…

En 1946, l'ancien refrain des deux Montmartrois revient en France avec un nouveau titre – *My heart sings* (*Mon cœur chante*) – et des paroles quelque peu modifiées, mais nanti d'une immense gloire américaine ! Frank Sinatra, Bing Crosby et Fred Astaire l'ont enregistré.

Pour le coup, vingt ans après sa création, Charles Trenet « saute » sur feu *Ma mie* et demande à Jamblan de lui trouver des paroles originales et un titre neuf.

En écoutant mon cœur chanter devient l'un des succès du « Fou chantant ».

Plus tard, Paul Anka la reprend à son actif dans sa version anglaise. La pauvre *Ma mie* se fait à nouveau américaine. Avant que, soucieux de ne pas laisser échapper le patrimoine, « Pépé Jo » ne décide de la mettre dans la bouche de la « petite »…

« L'histoire de *Ma mie* n'est pas exactement celle d'un plagiat, note un journaliste du *Crapouillot*, mais plutôt un roman à épisodes dont la fin n'est pas très morale. Quant aux droits d'auteur – qui dépassent le demi-milliard d'anciens francs –, on ne sait pas exactement qui les a touchés. Ce qu'on sait, en revanche, c'est que celui qui composa un soir de 1927 sur le piano d'un cabaret montmartrois le petit air sans prétention qui devait connaître un aussi fabuleux destin, André Chabro pour le nommer encore une fois, n'a jamais reçu un centime de droits. En 1967, lorsque Mireille d'Avignon mit à son répertoire cette chanson qu'elle croyait américaine, Chabro avait soixante-douze ans et vivait très pauvrement du côté de Perpignan… »

★

Puis un jour, la machine cesse de tourner et cette fois « Pépé Jo » n'y peut rien. « *Fatalitas !* » aurait tonné « Chéri-Bibi », le truculent héros de Gaston Leroux, incarcéré, lui, au bagne de Cayenne…

XVI

ET UN « PETIT-CLAMART » POUR L'AVIGNONNAISE !

« Mireille Mathieu est née chanteuse avant de faire sa carrière. Rien ne l'atteint, ni la gloire, ni la fatigue. Grâce à son intelligence, tel un cosmonaute, elle a su admirablement s'emparer des commandes de la capsule de la gloire. »

François Reichenbach

27 FÉVRIER 1968. Un dimanche. Mireille est à l'affiche du palais d'Hiver de Lyon depuis la veille. Deux soirées exceptionnelles, dont l'une, celle de ce soir, s'inscrit dans le cadre du gala annuel des hôpitaux et des hospices de Lyon. Entre deux, « Pépé Jo » estime qu'on a le temps de faire l'aller et retour en voiture jusqu'à Grenoble, pour la clôture des jeux Olympiques d'hiver. La championne de ski Marielle Goitschel mérite qu'on vienne la saluer bien bas, mais autant ne pas y aller les mains vides. Marcillac, nommé délégué du directeur général pour l'organisation des Jeux, vient justement de planter ses caméras pour un *Télé-Dimanche.*

Et le petit prodige de la chanson française de créer devant des millions de téléspectateurs *L'Hymne,* une chanson toute désignée. Rien n'est jamais « trop » pour montrer qu'on est toujours là, plus vaillant que la veille ; l'oubli a une grande gueule qui happe si facilement... *Spectaculum* : qui doit être vu.

Clic-clac, photos, puis c'est le retour à Lyon pour le récital du soir. Dans sa DS 21, Mireille a pris place à l'arrière, avec sa tante Nadine et le photographe Bernard Leloup, l'un des photographes de l'équipe Filipacchi à *Salut les copains*. Devant, « Pépé Jo » distribue les consignes à René Le Franc, le chauffeur :

— Pas trop vite, nous avons le temps.

« Nous ne roulions pas vite, témoignera Guy Alban, un représentant des disques Barclay, qui suivait la DS, précédant lui-même la voiture du docteur Michelangeli, cousin de Stark et médecin de Mireille. Cinquante kilomètres heure tout au plus. »

Tout soudain, à quelque trente kilomètres de Lyon, du côté de Saint-Georges-d'Espéranche, sur une route en lacet, Guy Alban perd la trace de la DS 21. Sans aucune autre explication plausible que la présence très éventuelle sur la chaussée de morceaux de graviers disparates, la puissante Citroën est allée s'immobiliser en contrebas d'une pente abrupte, après une série de plusieurs tonneaux. Guy Alban regarde sa montre : il est 18 h 55. Son coupé sport 204 prestement délaissé, il accourt.

Il rapportera : « Johnny Stark se tenait debout, hébété. Mireille courait en criant comme si elle avait perdu la raison. Je me demande ce qui serait arrivé s'ils avaient porté des ceintures de sécurité, car ce qui les a sauvés, c'est qu'ils ont été éjectés entre le 2e et le 3e tonneau. Le toit avait éclaté, les portières aussi... Sans cela, je crois que tous auraient été écrasés dans la retombée. Les trois autres passagers hurlaient de douleur dans l'herbe. Je me suis tout de suite occupé de Mireille, tandis que Stark portait secours aux blessés. Je l'ai installée dans ma voiture et nous avons foncé chez le médecin de Saint-Georges-d'Espéranche. Pendant le trajet, Mireille claquait des dents et répétait inlassablement : “Où sont mes robes ? Où est ma boîte à maquillage ? Que sont devenus les autres ? Il faut que je chante ce soir.” »

Le médecin estime que l'état de Mireille comme celui de Stark, lui aussi emmené par Alban, ne nécessitent pas une hospitalisation. Or à la sortie de son cabinet, une grappe de badauds avertis on ne sait comment attendent « la vedette » de pied ferme. Ils réclament des autographes. Ce n'était pas le moment. Quelques mouvements d'humeur. Puis l'on se met à insulter Mireille. « Le groupe s'en prenait encore à elle, tandis que l'ambulance l'emportait vers Lyon », relatera un journaliste informé par Guy Alban.

À l'hôtel Royal de Lyon, un gorille a été placé devant la porte de la chambre de la chanteuse qui ne présente aucune fracture, mais se plaint de douleurs. « Prière de ne pas déranger » indique un panneau. Arrivés d'Avignon en catastrophe avec l'un des enfants, Marcelle et Roger Mathieu apprennent que, si les jours de leur fille ne sont pas en danger, la « petite » va devoir se soumettre à une immobilisation quotidienne sur une planche. Quatorze heures par jour, pendant un nombre de semaines indéterminé. Encore est-elle chanceuse ; les autres membres de l'équipée ont été beaucoup plus sérieusement touchés. Nadine Joubert notamment, qui souffre de trois fractures au bassin et à la cage thoracique, une lésion du rein gauche et sur laquelle on s'apprête à pratiquer l'ablation de la rate…

Au moral, le Butch est à demi effondré. Mireille avec lui ; on va être obligé d'annuler tous les engagements et jusqu'à nouvel ordre ne plus en accepter aucun. Est-ce à dire… Pour l'heure, rien de plus que ce qui vient d'être dit. Sinon que le montant des contrats à résilier s'évalue à environ deux millions de francs lourds et que chaque semaine d'inactivité équivaudra à une perte sèche d'environ 150 175 francs lourds.

À Paris, l'arrivée de Mireille à la gare de Lyon, dans un fauteuil roulant poussé par « Pépé Jo », se fait sous les flashes. Pour l'heure, le duo Stark-Mathieu n'a plus rien à offrir d'autre que l'image d'une petite fille anéantie, tenant entre ses mains la peluche qu'on y a placée.

⋆

À la même époque, l'état d'une autre accidentée de la route célébrissime remplit les colonnes des tabloïds : l'Osi de Sylvie Vartan est allée s'encastrer dans un break sur l'autoroute de l'Ouest. Un accident gravissime. La meilleure amie de Sylvie n'en sort pas vivante. Décédée en pleine jeunesse, Mercedes, alors que Mme Hallyday lui faisait écouter le dernier vinyle de son rockeur de mari, qu'elle venait de glisser dans le mange-disque : *À tout casser…*

Mireille est la première à envoyer un télégramme à Sylvie, hospitalisée pour une blessure au menton et une fracture du bras gauche. En dépit du choc émotionnel, « la plus belle pour aller danser » s'en est tirée à bon compte. Une question de baraka qui toute sa vie la suivra. L'idée du télégramme de Mathieu, on s'en serait douté, émane directement de son manager, qui a conservé un respect patent pour Sylvie. En octobre 1969, Stark déclarera dans *Paris-Jour* : « Au moment où je m'occupais de Sylvie Vartan, on m'avait dit : "Pourquoi vous occupez-vous de cette fille ? Pourquoi vous acharnez-vous à la défendre ? Elle n'a pas de talent !" J'ai répondu : "Je vous donne rendez-vous dans deux ou trois ans. Et vous verrez !" Je savais que Sylvie devait réussir ! Cette fois, c'était pareil pour Mireille. Il émanait d'elle, comme trente ans auparavant de Tino Rossi, des sortes d'ondes qui touchaient le public. Et je savais qu'elle serait aimée ! »

Qui a écrit que les muscles d'une femme ne valent rien, mais que sa tête peut la mener où elle le veut ?

⋆

Depuis quelque temps, à Paris, on chuchote ; l'accident de Mireille Mathieu n'en serait pas un... La dernière de Stark ? Selon le Butch, lui-même, rien n'est clair dans cette histoire. Fallait-il que la chose fût sérieuse pour que Paul Guth daigne se compromettre. Producteur occasionnel de télévision et de radio, rédacteur dans de nombreux journaux et revues mais en premier lieu homme de lettres, Guth est un ancien de Normale Sup ayant enseigné le grec et le latin à Janson-de-Sailly. Autant dire un Objet Vivant Non Identifié pour l'ingénue de la Croix-des-Oiseaux. C'est lui pourtant qui, dans *Les Nouvelles Littéraires*, déclenche publiquement « l'affaire », dans une « lettre ouverte à Mireille Mathieu »...

« Deux vertèbres fêlées. L'obligation de coucher sur une planche pour expier ton succès. Deux, trois ou quatre mois de repos, selon les journaux et selon l'intérêt que les uns et les autres ont à te réentendre.

« Papa Stark, que rien n'étonne : "Mireille avait sa DS depuis juillet 1967. Les pneus avaient fait 1 500 kilomètres. Nous abordions une courbe, pas même un virage, où il n'y avait pas de gravier. Le sol n'était pas mouillé, la route était normalement relevée. Nous sommes allés tout droit vers le ravin, sans freiner, ni déraper. Nous faisions du 60 à l'heure. C'est tout de même curieux !..." Il dépose plainte contre X et demande une expertise de la voiture qui a pu être sabotée.

« Après ton accident, Mireille, tu reçois une lettre anonyme : "On t'a manquée cette fois, mais on t'aura à la prochaine." Maniaques ? Mauvais plaisants ? Vrais salauds ? Nous vivons dans une cuve d'acides de violence, nourrie par les sources de la presse, de la radio, de la télévision, du cinéma, des romans policiers. On ne fait rien pour tarir ou freiner ces sources. Comme la DS roula dans le ravin, nous roulons dans l'égout de l'anarchie mentale et du gangstérisme sexuel ou sanglant.

« Pauvre petite Mireille, tu étais bien bouleversante quand tu as débarqué, à Paris, Gare de Lyon, dans ton fauteuil d'infirme ! Les cheveux collés par la fièvre, tu regardais sans comprendre, en serrant ton petit chien en peluche. Il n'est pas facile aujourd'hui d'être le premier ou la première, et de trop bien réussir ! »

★

Nous voici revenus au temps du Petit-Clamart ! Dans un milieu aussi crasseux, bête et sordide que celui du show biz, où la fortune et l'ascension de l'un s'arrêtent là où celles de l'autre commencent, et inversement, toutes les hypothèses sont recevables. En évoquant « l'accident », Guy Alban n'a-t-il pas déclaré à Jean-Claude Perroy de *Noir et Blanc* : « J'avais demandé à Johnny Stark s'il avait besoin de moi ce jour-là. "Oui, me répondit-il, Mireille a encore reçu plusieurs lettres de menaces"... Ça l'a beaucoup frappée... Plus nous serons autour d'elle, plus elle se sentira en sécurité. »

★

Un autre bruit beaucoup plus sourd qu'un froissement de tôles sur une route de campagne commotionne l'époque. Tremblez carcasses, la bande à Dany le Rouge (alias Daniel Cohn-Bendit) a débarqué ! Pour Mireille, la consigne est simple : aucun commentaire sur les événements.

— Oui, « Pépé Jo ».

En mai 1968, la « petite » a d'autres préoccupations que d'aller remonter le « boul'Mich' » pour se coller à des grappes de cocos sans complexes – on ne rappellera jamais assez que, deux mois après l'Appel du 18 juin, *L'Humanité* alors clandestine et manuscrite prônait la collaboration avec l'Allemagne d'Adolf Hitler – d'anars et autres fils à papa clabaudant des slogans désastreux contre un « nazi » nommé de Gaulle. Mireille, qui a réellement connu le besoin créé par le manque, se sent responsable de sa famille. L'idée qu'ils puissent tous revenir à la case départ par sa faute lui est insupportable. Aussi, syndiquée ou pas, va-t-elle se déclouer de sa planche et reprendre le mors aux dents.

À nouveau l'Angleterre lui fait les yeux doux. Engagée au Palladium de Londres, la « naine chérie » de Chazot ! Là-bas personne ne s'aviserait de lui vouloir du mal à cette petite Française passablement « dépiaffée ». Quoique… Si tous les articles anglais sont de la même veine que celui qui suit, certaines ne vont pas se précipiter pour l'inviter à prendre le thé…

« Chaque note lancée par sa voix vibrante apporte la joie, les pleurs, la prière ou l'amour, avait écrit un critique britannique, l'année précédente. Comme artiste et comme chanteuse, elle laisse loin derrière elle les Anglaises de Cilla Black à Sandie Shaw. Elles devraient toutes regarder Mireille Mathieu pour savoir ce que chanter veut dire ! »

Une rentrée internationale relayée en France par *Inter*, partant doublement réussie. Les offres recommencent à affluer par centaines sur le bureau de Stark. Autant de millions qui ne demandent qu'à être cueillis et que le Butch laisse sciemment s'envoler parce qu'on ne force pas sur un moteur à nouveau en rodage. La carrosserie de Mireille est encore fragile. Quelques galas par-ci par-là, une tournée d'été relativement courte, histoire de garder la voix, la main et le contact, mais rien de plus… Ou presque !

Une autre *Marseillaise*, à Trouville cette fois. Pour avoir suivi Mireille les deux années précédentes, à Deauville, où elle a interprété l'hymne de Rouget de Lisle sur la scène du même casino cette année investi par Régine, le journaliste de *Ouest-France* s'affranchit d'un commentaire impayable : « Mireille se succède elle-même, tandis que de l'autre côté du fleuve tranquille,

Deauville s'offre l'unique provocation de cette année contestataire en faisant chanter l'hymne national par une reine de la nuit, Régine. Aucune rivalité entre les deux chanteuses. Deux *Marseillaises*, mais pas de révolution [1] ! »

★

Mireille peut compter sur une autre gloire : le roman-photo. Pendant deux mois, en janvier et février 1968, elle est la vedette de l'un de ces fameux *fumetti* grâce auxquels à l'aube de leur carrière Gina et Sophia mirent en concurrence leurs atouts de naissance. Dans la revue transalpine *Intimita,* « M.M. » campe le personnage de Mireille Benson, une riche héritière qui craint d'être aimée pour son argent et finit par découvrir le jeune homme au cœur pur qui l'aime pour elle-même.

Commentaire d'un journaliste hexagonal : « Dans cette pathétique bande dessinée, Mireille Mathieu joue les richissimes héritières avec autant d'aisance qu'une Rockefeller. Il est vrai que les journaux italiens paient très cher leurs héroïnes de BD. D'où l'enthousiasme, sans doute, qu'a mis Stark à signer pour sa précieuse pouliche ce contrat de vedette de *fumetti*... Là au moins, pas de dérapage [2]... »

Auront-ils été nombreux à saliver devant les Rolls d'une malheureuse et la baraka d'un homme parti de zéro ! Le drame des envieux : personne jamais ne les envie. Quant à Mireille... « Le meilleur n'est pas celui qui "chante le mieux", c'est celui qui plaît au plus grand nombre », a cru devoir affirmer un analyste. Depuis le 21 novembre 1965, en France comme à l'étranger, Mireille « Mathiou » est l'une de celles qui « chantent le mieux » et elle plaît au plus grand nombre.

---

1. Bernard Gourbin, *op. cit.*
2. *Paris-Presse*, 22 février 1968.

L'avenir ? Comme Scarlett, elle n'a pas le droit d'y penser ; elle réfléchira demain. Dans l'intervalle, que les critiques continuent donc à critiquer ; on n'est jamais aussi bien servi que par la presse. N'est-ce pas « Pépé Jo » ?...

*

« D'où vient que le genre du roman-photo soit aujourd'hui mis à l'index par les intellectuels ? s'interroge Monique Pivot, en guise de préface à un ouvrage consacré à la saga des *fumetti*. Ceux-là même qui essuient une larme en regardant *Love Story* ou gloussent à propos de *Santa Barbara* ou de *La Vengeance aux deux visages* s'effarouchent et s'indignent à l'idée du roman-photo. Que lui reprochent-ils ? Avant tout de voir la vie en rose, et de préférer le bonheur au malheur. Et eux, que préfèrent-ils ? »

Il serait plus sage de se demander quel artiste n'a jamais cédé à la tentation du roman-photo, plutôt que l'inverse. Source de profits et de publicité, signe de popularité, d'Alain Delon à Johnny Hallyday, de Raymond Poulidor à Jean-Paul Gaultier, pour la gente masculine, de Line Renaud à Karen Cheryl et de Denise Fabre à la Cicciolina pour ces dames : tous un jour ou l'autre se sont sciemment laissés aller à échanger un baiser fiévreux avec un(e) illustre inconnu(e), pour les besoins de la cause.

La « petite », elle, s'y est même épousaillée ! C'était en 1966, dans *Nous deux*. Titre du feuilleton : *Magali et l'amour*... Sur la couverture du célèbre magazine (n° 996), Mireille s'affiche dans une épouvantable robe blanche, tenant entre ses mains, que l'on imagine tremblantes, un bouquet de fleurs artificielles. Germaine, sa (vraie) grand-mère, a dû lui dire que porter une robe de mariée quand on ne l'est pas, ça n'est jamais de très bon augure... Étonnez-vous ensuite si Cendrillon arrive à l'âge de la Mamet sans avoir trouvé son prince, seulement des crapauds d'opérette destinés à illustrer son album de presse !

1967 : Mireille se réengage avec *Télé-Poche*. Dans *J'ai rêvé d'un grand amour,* on la découvre en proie à un cruel dilemme : l'homme dont elle est amoureuse va en épouser une autre…

— Comprenez-moi, Monette, et calmez-vous. Je ne peux pas risquer de voir mon père me couper les vivres !

Et Monette (Mireille) à la torture de lancer au goujat :

— Vous êtes ignoble ! Allez-vous-en ! Je ne veux plus vous voir !

Snif…

En 1980, dans le même hebdomadaire de programmes télévisés, on retrouve Dieu merci notre Mathieu dans une situation beaucoup plus confortable puisque « tout débute dans un petit village où une jeune fille prénommée Mireille monte avec les enfants du pays d'étonnants spectacles. Un producteur, en quête de talents nouveaux pour une comédie musicale, vient à passer par là… Commence alors une extraordinaire aventure musicale, comme aurait pu réellement commencer la carrière de Mireille Mathieu ».

Retour en force à *Nous deux* ! Huit années ont passé. À l'âge de la maturité, Mireille (France de Charmain, journaliste) endosse un rôle à la mesure de l'imagination des scénaristes ; la voilà embringuée à Rome dans une histoire des plus rocambolesques qui nous donne la chair de poule. Menacée par un homme armé, violentée, bâillonnée, jetée au fond d'un bac à linge : pour sûr, si la « petite » en réchappe, elle pourra aller déposer un ex-voto à sainte Rita.

Mireille Mathieu en James Bond *girl*… Que n'y aviez-vous songé plus tôt, « Pépé Jo » !

*

Mireille Mathieu et Guy Lux, le 15 décembre 1965 trois semaines après la vic toire au *Jeu de la chance.*

Sacha Distel entouré de Dionne Warwick et de Mireille Mathieu chantant avec lui lors du *Sacha show,* à l'Olympia, le 30 décembre 1965.

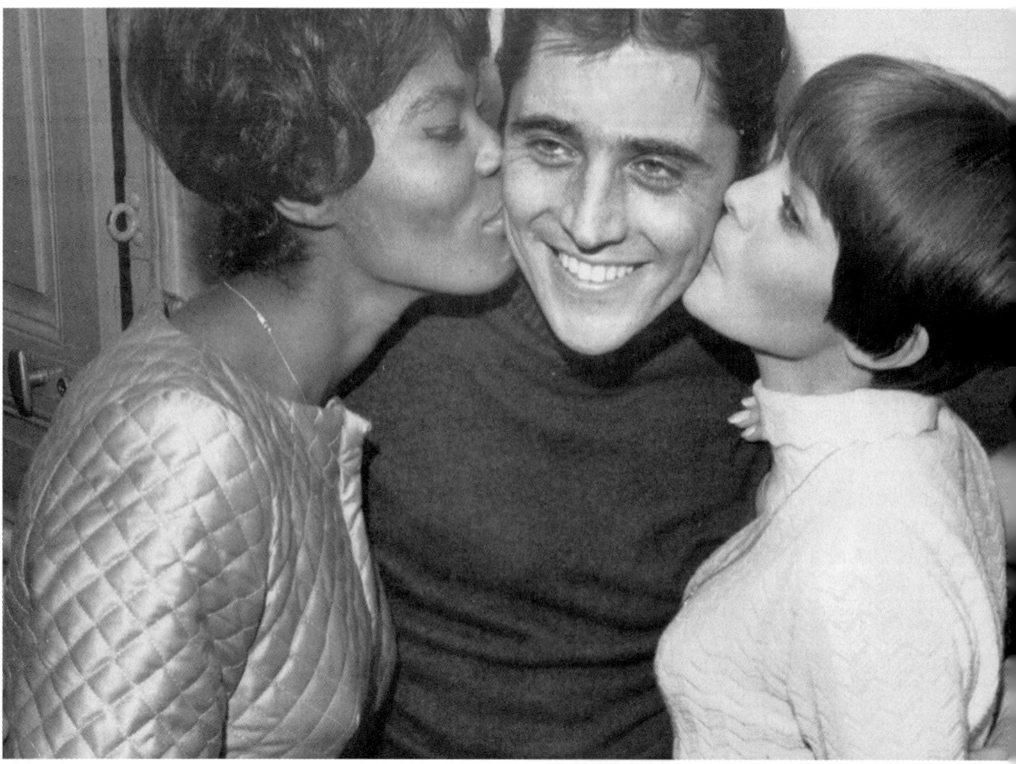

Mireille Mathieu, en vedette à l' Olympia, le 15 septembre 1966.

Avec son producteur Eddie Barclay, lors du lancement de son premier disque, le 3 mars 1966

1967. Mireille Mathieu reçoit le ruban d'honneur de la chanson française à la Salle Pleyel. A ses côtés, Georges Auric (d) et Roger Lanzac.

1968. La demoiselle d'Avignon est devenue une chanteuse internationale. Ici, avec son public japonais.

1968. Avec Maurice Chevalier, son parrain de métier.

Avec Henri Salvador, pendant l'enregistrement de l'émission de télévision, show *Salves d'or*, le 18 novembre 1969.

Mireille Mathieu a été présentée trois fois à la reine Elisabeth. Ici à Londres, en novembre 1969.

Mireille Mathieu sur scène, à l'Olympia, le 8 février 1973.

Avec son manager et pygmalion, Johnny Stark, à l'issue de la représentation.

La chanteuse, en compagnie de Michel Druker, lors de l'émission télévisée *Formule 1*, le 26 mars 1979

La chanteuse a participé à des œuvres caricatives en Belgique, au côté de la future reine Paola.

Immortalisées par Aslan (sur la photo), Brigitte Bardot et Mireille Mathieu restent nos Marianne les plus représentatives.

Photos : Rue des Archives.

En Avignon, Raoul Colombe continue de recevoir des nouvelles de Mireille et à veiller sur les Mathieu. On connaît son attachement pour cette famille et chacun voit combien il continue à se dévouer pour la « petite ». Grâce au comité de soutien qu'il a créé, riche de plusieurs milliers d'admirateurs recensés ici et là, les contacts sont multiples et les échanges internationaux.

À l'automne 1968, le 25 novembre très exactement, en son bureau de la mairie arrive un courrier adressé à monsieur l'adjoint au maire d'Avignon. Sur l'enveloppe, un bien joli timbre. Voyons voir… la lettre a été postée à Johannesburg ! L'Afrique du Sud, les diamants, l'Apartheid…

Monsieur,

Je suis employée à la Radio Sud-Africaine, au service Français et je suis heureuse de savoir que bientôt, vers la mi-décembre, nous aurons la joie et le très grand plaisir de recevoir à Johannesburg la grande citoyenne de votre ville, notre charmante chanteuse Mireille Mathieu.

Nous sommes environ 200 familles françaises dans cette lointaine Afrique du Sud, qui nous réjouissons de bientôt entendre chanter dans notre langue maternelle, et étant moi-même provençale de sentir toute notre si jolie Provence à travers Mireille.

Ma lettre a pour but de vous demander de nous mettre en rapport, si cela vous est possible, avec les parents de cette Actrice, ou mieux, avec Elle personnellement.

Nous aimerions, Nous, les Immigrants d'Afrique du Sud, avoir l'exclusivité de ses impressions de voyage et si possible réunir autour d'Elle le plus de Français possible, de manière qu'elle sente que, dans un pays si lointain et si étrange, elle est pour nous tous le symbole vivant et dynamique de la France.

S'il vous est possible entre autres de nous envoyer quelques petits drapeaux de la ville d'Avignon, pour que nous puissions les porter le jour de sa première, nous ne manquerons pas de le mentionner dans notre reportage.

Nous comptons sur vous et vous remercions d'avance.
Pour les familles :
De Boelpaep – Grujon – Bachasse – Du Mont – Ecuye – Lopez – Mattei, etc.

La « petite » est non seulement devenue la première chanteuse française internationale (dans l'Hexagone, un sondage de popularité réalisé par IFOP la range en tête de classement très loin devant ses consœurs), mais encore a-t-elle vocation de rassembler les cœurs en exil. Nous serions presque tentés de nous rendre à cette évidence qu'elle avait une mission à accomplir…

« Mireille, va chanter la France ! »

XVII

TEA FOR ONE

« La rencontre la plus grande, la plus émouvante de toutes a été pour moi celle de Jean-Paul II. Le pape m'a dit : "Vous êtes la chanteuse de l'amour et de la paix." »

Mireille Mathieu (*Oui, je crois*)

Si l'Anglaise Jane Birkin miaule dans un phrasé encore non suspect que l'érotisme est à l'ordre du jour, pour Mireille Mathieu l'année 1969 sera britannique ou ne sera pas.

« Pépé Jo » a encore usé de trouvailles : pendant les trois mois d'été, il l'envoie dans les plaines de la Tamise. But de la manœuvre : mettre en boîte une douzaine de « Mireille Mathieu shows » prêts à être diffusés à dose non homéopathique sur les *channels* anglais et américains. Et bien sûr apprendre enfin cette fichue langue qu'il est indispensable de savoir maîtriser pour conquérir le marché outre-Atlantique.

Stark ne veut pas renoncer aux States. En janvier, à la lumière de l'utilisation de Mireille dans deux séries télévisées américaines – dont *Ne laissez pas les enfants seuls* – à Honolulu pour les extérieurs et Los Angeles pour le studio, il a pris la mesure des sévères carences linguistiques de son élève. Après trois mois à Londres, *in situ*, il n'y aura plus de raison pour que William Shakespeare continue à tirer la langue à la « petite », la nuit, dans ses cauchemars !

« Dans ses bagages, Mireille emporte le magnétoscope d'appartement qui lui permet de travailler quotidiennement à domicile ses jeux de physionomie et sa présentation de scène, note un chroniqueur. Comme elle appréhende les projecteurs trop violents et l'éclair des flashes, elle a tendance à fermer légèrement les yeux en chantant. Les moralistes qui voient plus loin que les oculistes assurent qu'il ne s'agit pas là d'un phénomène physique et que la major de promo des chanteuses françaises actuelles entend seulement préserver sa candeur et quelques illusions en ne regardant pas de trop près le petit monde frelaté du music-hall [1]... »

⋆

Soit, dans le spacieux manoir loué par Stark à West Hyde House, en banlieue londonienne, Mireille n'a pas la tâche d'une fille au pair ; point de nourrisson à langer ni de piles d'assiettes à dégraisser. Or le programme spartiate qui lui a été imposé, et qu'elle semble accepter avec le même enthousiasme que la Pucelle mit à bouter les Anglais hors de France, n'aurait rien de très émoustillant pour une collégienne « normalement » constituée. Travail, anglais, sommeil, travail, anglais...

« Pas de shopping, pas de sorties, pas de restaurant, lit-on dans *Le Figaro*. Le soir, une heure de télévision. De temps en temps, un spectacle de music-hall que la petite Mireille doit regarder en professionnelle, sans en perdre une bouchée. La voiture et le chauffeur mis à sa disposition ne servent pratiquement qu'à l'amener du cottage situé à 40 kilomètres de Londres, où elle loge, jusqu'au studio où elle tourne ses shows. Quand les

1. *Le Figaro*, 6 mars 1969.

spots s'éteignent, on la rapatrie vers le coin de Provence que sa tante et sa sœur entretiennent dans les assiettes à coup de courgettes et de poivrons. Non sans prendre bien soin de ne pas lui montrer les mauvais quartiers. On reconnaît bien là la belle prudence de Johnny Stark [1]... »

Et le « figariste » d'enchaîner en faisant le procès de la « basse débauche » dont Londres serait devenue la capitale ces derniers mois : « On vend de la drogue sur le pas des portes. Des barres d'or se négocient au milieu de la rue. Les minijupes sont si courtes que je les ai prises pour des cache-nez. La prostitution – sur le trottoir ou avec enseigne lumineuse – déborde de plus en plus les limites de Soho [2]. »

Eh quoi ! Mireille n'a pas traversé la manche pour étudier l'art de la gâterie *made in England,* pour autant que l'on sache ! N'allez donc point nous la traumatiser en lui parlant de « ces choses-là », malheureux. Elle a tout le temps pour faire sa coquine, la « petite ».

« *So, Mireille, repeat after me : My Stark is rich...* »

Deux pédagogues vivent au manoir, l'un pour l'enseignement des subtilités de la langue française, l'autre, *of course,* pour « l'english. » Dans le fond, à quoi cela sert-il d'ânonner les verbes irréguliers, puisque la reine elle-même s'adresse à Mireille dans un meilleur français que le sien ! Seul le chant sauve de tout. Le professeur de solfège fait partie de l'équipage français, ainsi qu'une secrétaire et un maître à danser. L'imagination d'Agatha Christie lui aurait sans doute fait trouver suspect le grand train mené par les « mangeurs de grenouilles » de *West Hyde*...

Pendant ce temps, accroché à son arc, Cupidon au désespoir tricote des jarretières en regardant la Demoiselle d'Avignon s'enfoncer chaque jour davantage dans son *trip* professionnel...

---

1. *Le Figaro,* 6 mars 1969.
2. *Ibid.*

★

Mireille Mathieu numéro 2 au *Hit* anglais, avant les Beatles ! Si le travail est censé être bon payeur, il est aussi des acheteurs qui savent payer le prix pour obtenir sans vraiment beaucoup transpirer. Son nom : Michael Grade. Riche héritier, le *big boss* du Palladium de Londres et de quelque deux cents salles de spectacle en Angleterre, possède également une jolie collection de palaces, dont certains à Paris où il a mis une option sur les établissements laissés par Henri Varna (l'ancien directeur des Miss, Baker, Line et Mick, au Casino de Paris), décédé de fraîche date. Dernier joujou de l'Anglais : Mireille Mathieu. Il veut l'acheter et va jusqu'à proposer à Stark la somme extravagante d'un million de livres, soit un peu plus d'un milliard trois cents millions. Parlons anciens francs, pour que la Mamet de là-haut ne se noie pas dans cette histoire à rendre fada tous les saints. Refus mi-amusé mi-catégorique de Stark.

« Les spécialistes des transferts sportifs apprécieront à sa juste valeur ce sacrifice », observe le journaliste du *Figaro* qui, ayant assisté à la tractation ("si l'on peut dire"), produit en illustration de son article un fac-similé d'un chèque portant la signature de Michael Grade. Sacrifice au demeurant moins méritoire qu'il ne le paraît, précise-t-il : la créatrice de *La Dernière Valse* a encore pendant les années qui viennent beaucoup de pain sur la planche. Et comme son "Pépé Jo" ne se contente pas que des miettes… »

★

Verdict de la reine, au soir de la deuxième participation de Mireille au gala du Royal Performance : « Mademoiselle, vous êtes une vedette franco-anglaise ! »

Voilà qui mériterait presque de se laisser enfermer dix ans de plus dans les caves de l'école Berlitz...

Plus concrètement, cela vaut à Mireille un engagement au prestigieux Savoy, pour la fin de l'année 1969. Devant le Tout-Londres elle recueille un succès tel que le directeur du palace décide de prolonger son contrat d'une semaine. Quelques mois auparavant, c'est le président Nixon qui a fait l'heur au « moineau » de l'aller applaudir, à Washington, dans le cadre du supergala de l'Association nationale des radios et télévisions américaines. En réalité, bien que chantant en anglais, la Française Mireille Mathieu est admise dans ce concert anglo-saxon très fermé, grâce au truchement de l'Angleterre qui l'a choisie comme ambassadrice Il n'est parfois pas si désobligeant d'avoir la même taille de bonnet que cette chère Elizabeth...

À Avignon, elle fait la fierté de ses parents, la « petite ». Là-bas, l'on peut y voir papa Roger continuer à travailler tout en tirant sur les cigares offerts par le Butch, et signer des autographes. Pour eux, Mireille, qui a la touchante prodigalité des anciens pauvres, ne regarde pas à la dépense : « J'achèterais tout ce que je vois dans les vitrines ! »

On dit que la jeune chanteuse bat des records de cachets. Soyons vulgaires et parlons chiffres : à la fin de l'année 1969, l'entreprise Stark-Mathieu s'évalue déjà à huit millions de disques vendus, vingt-huit émissions de télévision aux États-Unis, près d'une cinquantaine en France et soixante-dix-huit émissions de radio. Sans rien dire des trophées et récompenses qui garniraient dix cabinets de curiosités. À la même époque, *Paris-Jour* et *France-Soir* offrent à Mireille de raconter en plusieurs volets le roman de sa vie. Les deux reportages tous deux présentés bien sûr comme des « exclusivités » se superposent mais paraissent à un mois d'intervalle... Dans l'un, on apprend que lorsqu'elle voyage, Mireille sidère les hôtesses de l'air en enfilant ses robes sans les froisser dans les toilettes des avions. Dans l'autre, elle dévoile des secrets jusque-là mis sous clefs. Et vice versa…

⋆

Sortis de la gêne, M. et Mme Mathieu ne sont pas devenus riches pour autant. Ni fières gens. Ce n'est guère sur les grands boulevards bien éclairés d'Avignon qu'il faut aller chercher leur nouvelle adresse, mais dans leur ancien quartier de la Croisière. Tout près de Notre Dame de Lourdes.

— Il faut savoir rester à sa place, affirme Roger avec conviction.

Raoul Colombe le déplore : « Pour le même prix, je leur avais trouvé une très grande maison (on l'appelle "le château", mais ça n'en est pas un) ayant appartenu à une artiste et implantée dans un parc avec des pins et des statues, du côté de Montfavet. Mireille ayant acquis un statut de vedette internationale, les siens ne pouvaient plus continuer à vivre entassés dans une HLM. Les petits avaient besoin d'instruction et j'avais envisagé de leur mettre un instituteur en retraite à disposition dans ce domaine où chacun aurait eu sa chambre. Roger Mathieu, un gentil garçon, travailleur et bavard comme un Marseillais, n'avait rien voulu entendre. Il souhaitait revenir dans son ancien quartier. J'ai donc exigé que ce logement soit acheté au nom de Mireille, pour éviter tout conflit futur dans la famille. Il est évident que cette opération financière imposée par l'achat de ce logement n'a pas été du goût de Stark qui, pour une fois, devait s'exécuter. Mandataire, ayant signé devant notaire, il était de mon devoir de ne plus me faire ballotter par des promesses. D'autant que je n'étais pas intéressé dans les contrats et que je n'avais jamais demandé à être remboursé de mes déplacements sur Paris. J'avais financé par deux fois le voyage à Paris de la famille Mathieu, pour leur permettre d'assister au *Palmarès des chansons.* J'ai souvenance de l'impact publicitaire et de la curiosité des badauds en voyant passer toute la famille Mathieu, les uns derrière les autres sur les Champs-Élysées… »

Quotidiennement, la « Villa Mireille », une maison toute blanche avec des volets de bois brun et un grand balcon qui court autour de l'étage, attire un nombre croissant d'admirateurs ou de simples curieux.

— On veut voir la maison de Mireille Mathieu !

Tel est, paraît-il, le premier souhait émis par les touristes qui débarquent par cars entiers devant le syndicat d'initiative d'Avignon.

Les plus grands des Mathieu commencent à quitter le foyer, les uns pour convoler, les autres désireux de voler tout court. Lorsqu'on est la sœur ou le frère de Mireille Mathieu, on mange sa part de gloire mais on découvre aussi la jalousie et la calomnie qui rendent le moindre propos aussi amer que le citron vert. La presse s'intéresse à eux de près, eux n'aiment pas forcément les journalistes. Les filles surtout. Christiane, la plus timide de la tribu, estime qu'ils « posent beaucoup trop de questions et inventent tellement ! ». Elle déteste qu'on lui rappelle qu'elle est la sœur de Mireille Mathieu. « Je ne voudrais surtout pas être célèbre ! dit-elle, j'aurais honte… » Marie-France, elle, a remarqué que souvent les reporters radinent chez ses parents à l'heure du déjeuner.

À la table des Mathieu, on laisse toujours la part du pauvre… Actrice de cinéma : Marie-France en rêve. Contrairement à Réjane, la discrète, qui aspire à la danse classique, tout en travaillant aux côtés de son père. Quels sont les hobbies de Matite, qui, à l'instar de Christiane, apprend la confection et déclare beaucoup apprécier les chansons de… Georgette Lemaire ? Danser le jerk avec ses sœurs, bien sûr ! Tandis que ses petits frères, scolarisés à l'école des Rotondes, ne devisent que football et se parent de bleu et blanc, les couleurs d'Avignon. Sophie, inscrite elle aussi aux Rotondes, ne danse pas le jerk et ne frappe pas dans une balle, mais elle parle, parle… Quant à Béatrice, la plus jeune, trop petite pour aller en classe, elle pousse déjà la chansonnette à la maison. Verra-t-on une Mathieu *bis* à l'affiche du Palladium ou de l'Olympia ?

Son papa s'emballe : « Au même âge, Mireille ne chantait pas aussi bien ! Ma mère chantait très bien. Mon père avait une voix de baryton et mon grand-père, basse noble, excellait dans *Le Trouvère* et *Guillaume Tell*, ces morceaux de bravoure. Hélas ! à ce moment-là les artistes n'étaient pas poussés comme maintenant ! »

*

« Villa Mireille », Marcelle apprécie les services de sa nouvelle machine à laver la vaisselle, elle est heureuse de passer ses vacances au mont Ventoux dans un chalet mis à sa disposition, mais elle continue de maugréer contre la sursaturation des lignes du quartier qui l'empêche de faire installer le téléphone chez elle. Combien de temps va-t-on encore devoir déranger les épiciers, ces braves M. et Mme Pérez, des rapatriés d'Algérie dont la notoriété profite à leur petite boutique ?

« Elle nous téléphone de partout, la petite, raconte Marcelle à ceux qui l'interrogent. Même de Londres, même d'Amérique, même de Russie. De partout ! La première des choses qu'elle demande : si personne n'est malade. »

« La salle de séjour de la Villa Mireille est bien astiquée, nous renseigne le journaliste Jean Toulat. C'est un petit musée familial où un bouddha de l'Inde et des poupées rapportées de Russie voisinent avec une photo de Mireille présentée à la Reine d'Angleterre. Dans un cadre, la médaille d'or de la Famille Française : récompense d'un foyer méritant, où le Nord s'est uni au Midi. »

Maman Marcelle répond avec dignité aux questions qu'on lui pose : « Le travail ne nous a jamais manqué. À la maison, je suis aidée par mes filles Marie-Françoise et Réjane. Nous faisons tout par nous-mêmes. La vaisselle du déjeuner achevée, il faut déjà penser au souper. »

Pendant ce temps, au cimetière, Roger s'active. Entre les commandes des uns et des autres – les clients de moins en moins prompts à payer usent du même argument : « Avec les millions que rapporte Mireille, vous pourriez bien attendre un peu, quand même ! » – il fait mentir le proverbe du cordonnier et construit son propre tombeau. Le sien et celui de sa famille s'entend. Sitôt le chef-d'œuvre achevé, papa Roger convie qui veut à le venir admirer : « Quarante-huit places ! Oui, monsieur, Quarante-huit places ! commente-t-il à un petit gars de *Paris-Jour* bluffé par l'homme qui a signé la pierre tombale d'Albert Camus, à Lourmarin. Il est tout en granit et en pierres du pays ! Et tout en style provençal ! Ça vaudrait une fortune ! J'y ai travaillé des mois et des mois. À côté, j'ai mis la Grotte de Lourdes [où est inscrit *Oui, je crois*]. Et elle a été bénie ! Il y a aussi du gazon, à droite et à gauche. Et des rosiers qui portent le nom des chansons de Mireille. Et puis aussi, il y a un petit banc où l'on peut s'asseoir pour se reposer ou pour prier, à l'ombre des pins. C'est là que Mireille viendra nous rejoindre. Elle l'a promis. Elle a signé devant un notaire. Et tous mes enfants, à vingt et un ans, ils signeront aussi. C'est la dernière villa où tout le monde sera réuni ! »

Amen…

La foi profonde et sincère qui unit la famille Mathieu est un ciment. Depuis sa plus tendre enfance, Mireille a placé sa destinée sous le signe du chant mais aussi du sacré. Le premier n'est-il pas la plus pure expression du second ? Lorsqu'elle dit : « Je voudrais chanter jusqu'à l'extrême limite de mes forces, jusqu'à l'extrême limite de mon existence », c'est une prière qu'elle adresse à

Notre Dame de Lourdes dont elle est une fervente. « Je porte toujours sur moi une médaille de la Vierge. Je ne m'en sépare jamais, même quand je chante. »

Cette médaille, c'est son père qui la lui a offerte. Il le confesse à Jean Toulat : « Elle aime beaucoup Lourdes, elle y a chanté l'été dernier : elle avait les larmes aux yeux. Quand elle s'est lancée, il y a trois ans, je lui ai acheté une médaille en or de la Vierge. Depuis, elle l'a toujours gardée. Avant d'entrer en scène, elle la baise trois fois et fait son signe de croix. On dirait que quelqu'un la protège. »

Raoul Colombe se souvient avoir sollicité l'archevêque d'Avignon à la demande de la « petite », à l'aube de sa carrière. C'était le 3 février 1966...

Monseigneur,

Je me permets de faire appel à votre bienveillance pour obtenir quelques minutes d'entretien.

Je voudrais vous présenter la requête d'une jeune Avignonnaise, aînée de treize enfants et dont le père est tailleur de pierres au cimetière. Il s'agit de Mlle Mireille Mathieu, âgée de dix-neuf ans, devenue célèbre du jour au lendemain grâce à une émission de télévision.

Le souhait de cette jeune fille qui est très pieuse et voit s'ouvrir devant elle le plus brillant avenir est d'être reçue par Notre Saint-Père le Pape.

Je crois que, si cette faveur lui était accordée, le voyage de Mireille Mathieu à Rome revêtirait un caractère particulièrement édifiant pour la jeunesse, si enthousiaste lorsqu'il est question de célébrer le succès de notre petite chanteuse.

Me tenant à votre entière disposition pour une entrevue avec vous-même, je vous prie de croire, Monseigneur...

Raoul Colombe.

Quelques jours plus tard, l'adjoint au maire d'Avignon recevait les respectueuses salutations de l'archevêque de la ville, avec une date de rendez-vous. Mireille Mathieu ne rencontra jamais Paul VI, mais elle fut reçue à Rome par Jean-Paul II. Lors d'une audience privée, le souverain pontife lui remit ainsi qu'à sa maman un chapelet que la chanteuse conserve précieusement.

*

Que pense le dieu Stark des contemplations de sa protégée, lui qui n'entretient que de très lointains rapports avec la liturgie ? Il continue à la vouloir parfaire et l'envoie chez Robert Manuel se frotter à l'art de la comédie. Ensemble, ils jouent en privé des passages du *Barbier de Séville*. Mireille est Rosine, un rôle naguère choisi et tenu par Marie-Antoinette sur la scène de son petit théâtre du Trianon. À travers ces distractions l'infortunée ne visait rien tant que d'échapper à sa condition. Elle récolta une critique à la hauteur de son rang : « Ce fut royalement mal joué ! »

Mireille, elle, est devenue l'une des reines de Paris. Il fallait voir le visage du Butch s'illuminer l'autre soir à la tour Eiffel, lorsque devant un peuple au rendez-vous, vers 1 heure Mimi Ire porta le *Good save the Queen* aussi haut que la *Marseillaise* ! Pour ce gala de la Bataille d'Angleterre, la capitale française s'était mise en frais ; aux abords du Trocadéro, des *spitfire* des batteries antiaériennes et des projecteurs firent revivre l'ambiance du *blitz* londonien. Cette ambiance que Marcelle avait fuie en 1944 et qui devait la conduire en Avignon où elle pondrait un jour son illustre enfant.

*

Cette fois, Mireille le tient par le bas, ce public de Paris qui ne demandait qu'à se laisser vaincre. Bruno Coquatrix est de nouveau tout sourire devant la façade de son théâtre où le nom de Mireille Mathieu scintille à la lueur des réverbères du boulevard des Capucines. Juste sous l'ancien appartement où Miss, qui elle aussi avait tout donné à son métier, vécut sa vieillesse dans la solitude intérieure. Mireille ne se dit toujours pas pressée et renvoie l'amour au hasard. Elle promet que quelle que soit la situation sociale de « l'homme qui sera mon homme », elle lui ouvrira son cœur « même s'il est plombier ! ». À condition qu'il ne lui chante jamais le refrain du « Ton métier ou moi ».

Sauf à reconnaître que les plombiers ne sont jamais les plus pressés…

Les marieuses de France, de Navarre et d'ailleurs devront donc attendre pour les dragées. Chaque soir, debout dans sa loge habilement repensée par Stark – le Butch a claqué un million de francs lourds pour sa décoration –, un sourire Gibbs en guise de bouclier, Mireille est trop occupée à subir les « Ma chérie, tu as été merveilleuse » du Tout-Paname. L'Olympia numéro 3, 4, ou 20, on ne sait plus très bien, n'a été qu'un triomphe supplémentaire, avec des chansons nouvelles quelques boys et des chapeaux melons qui n'auraient rien apporté de plus sans la présence d'esprit de « Pépé Jo »…

Cette année-là, une idée aussi lumineuse que l'étoile du Berger dans le ciel de Bethléem vint éclairer son cerveau en perpétuelle transhumance : une messe de minuit célébrée sur scène, le soir du 24 décembre, avec Mireille pour tenir l'aspersoir au prêtre ! Une première et certainement une dernière dans l'histoire du music-hall français.

Essentiellement familial, le public de Mireille fit d'une pierre deux coups : assister à la fois au tour de chant de leur idole et remplir ensuite leur devoir de chrétiens pratiquants. Pour l'occasion, les aumôniers du spectacle avaient reçu l'accord de l'évêché. La représentation de Mireille terminée, un autel fut monté sur le plateau du théâtre et l'office commença avec deux sublimes noëls provençaux : *Les Anges de nos campagnes* et *La Cambo mi faï maou* (« La jambe me fait mal »), dont Mireille s'acquitta avant de laisser la vedette aux messagers de Dieu.

« Si Bruno Coquatrix et Johnny Stark sont au premier rang, écrit Jean Peigné (ancien responsable des programmes musicaux d'Europe I), dans son livre *Salut les sixties*, ce n'est certainement pas par piété. Car ce sont tous les deux des athées convaincus qui n'ont jamais de leur vie assisté à une messe de minuit.

« Arrive l'instant de la communion, mais personne ne bouge. Les fidèles, intimidés par cette grande scène de l'Olympia, n'osent pas y monter. Il y a un moment de flottement. Alors, Stark se penche à l'oreille de Coquatrix :

« — Tu sais, Bruno, c'est comme pour les applaudissements. Il faut que quelqu'un donne le signal…

« — Tu as raison, Johnny, allons-y !

« Et ces deux mécréants, ces deux incorrigibles païens, se lèvent, montent sur scène les mains jointes, et communient. Tout le monde a suivi. »

★

Il est une autre brebis demeurée, elle, en sa bonne ville d'Avignon, qui cette nuit-là dut se maudire d'avoir été prise pour le béni de la crèche par la divine enfant ou plus exactement par le dieu Stark…

Deux semaines plus tôt, *L'Aurore* révèle que Mireille Mathieu a rompu le contrat qui la lie à Raoul Colombe. De quoi parlons-nous, au juste ?

Raoul Colombe, avec l'accord de Roger Mathieu, ayant consenti à laisser à Stark la production et la représentation exclusives de Mireille Mathieu pour le monde entier et pour tout ce qui touchait à son activité artistique, ce, pour une durée de sept ans, grâce à une procuration datée du 2 septembre 1966, l'adjoint au maire d'Avignon gardait un droit de contrôle sur la gestion financière de la carrière de Mireille.

Raoul Colombe : « Ma situation était quelquefois hésitante, la famille Mathieu étant facilement envoûtée par le comportement de Johnny Stark, grand seigneur, beau parleur, offrant de menus cadeaux quelquefois pour les enfants ou Roger Mathieu. Chaque fois que je montais à Paris pour essayer de savoir où en étaient les comptes et ce que devenait l'argent gagné par la fille Mathieu, j'étais reçu chez un comptable qui me répondait toujours la même chose :

« — Ne vous inquiétez pas, ce sera prêt la prochaine fois...

« Aussi, en mars 1968, ai-je pris un avocat en demandant à Mireille, devenue majeure, de bien vouloir me faire une attestation dans laquelle elle confirmait par écrit que je restais son mandataire "général et spécial", de manière à gérer tous ses biens présents et à venir, de défendre et sauvegarder tous ses intérêts. Ce qu'elle fit, me donnant ainsi les pleins pouvoirs pour l'exercice des fonctions suscitées. Dès lors, j'ai exigé de Mireille qu'elle achète en priorité une maison à ses parents, et un appartement pour elle, de manière à ce que l'argent ne file pas dans d'autres poches. Cela n'arrangeait pas les affaires de Stark, évidemment. Nous nous revîmes lui et moi au mont Serein, dans le Ventoux, à l'occasion du baptême du petit Vincent, 14e et dernier de la lignée Mathieu. Mon épouse avait été choisie comme la marraine. Stark était le parrain. Tous les amis retrouvés passèrent une journée familiale des plus sympathiques. Stark me parut très décontracté malgré nos petits incidents, croyant que la hache de guerre était enterrée une fois pour toutes.

« Avec Mireille, les liens étaient restés des plus amicaux. Elle m'écrivait des quatre coins du monde et me faisait souvent ses confidences par téléphone, notamment sur ses frictions avec Stark. Lors du séjour en Angleterre, elle me confia qu'il y avait un grand froid entre eux et qu'ils ne prenaient plus leurs repas ensemble. Puis, plus rien... Du jour au lendemain, non seulement je fus démis de mes responsabilités envers elle, mais elle ne me donna plus signe de vie.

« Ce qui m'a personnellement affligé, c'est de recevoir une lettre me signalant de ne plus m'occuper de son avenir, étant majeure, ignorant que nous étions liés par un contrat de 7 ans avec son protecteur. »

L'adjoint au maire d'Avignon se doute bien que la missive émane de Stark et que Mireille l'a écrite sous sa dictée. La pilule n'en est pas moins amère. Au cours d'une conférence de presse, il fait savoir qu'un divorce vient de se produire entre Mireille Mathieu et lui, « sur le plan de l'amitié et de la confiance ».

Devenue publique, dans la Cité des papes « l'affaire » vole de clocher en clocher. Les Avignonnais prennent parti. Nombre s'indignent du traitement infligé au « petit père spirituel » de Mireille. Des articles paraissent…

« Aujourd'hui que me voilà nonagénaire, concède Raoul Colombe, comment voulez-vous que j'éprouve la moindre rancune envers cette enfant que j'ai aidée autant que je l'ai pu, avec qui j'ai vécu une si belle aventure et dont la famille, de braves gens, fait presque partie de la mienne ? J'ai beaucoup de reconnaissance à Mireille qui n'a jamais oublié sa bonne ville d'Avignon qui l'a vue naître, toutes les fois que l'occasion s'est présentée. Elle a été et continue à être une ambassadrice de la France exceptionnelle, une France qu'elle a conquise par sa gentillesse, sa simplicité et l'amour qu'elle a su transmettre à sa nombreuse famille. Elle a également su faire sentir au public étranger combien elle savait transmettre le petit drapeau bleu blanc rouge qu'elle a dans son cœur en chantant dans la langue du pays. Mon seul regret a été de ne pas avoir pu faire profiter davantage la famille Mathieu de la promotion financière de leur fille. »

Raoul Colombe a toujours conservé de bonnes relations avec les Mathieu. Quant à Mireille, pendant plus de trente ans, il ne devait plus en recevoir aucune nouvelle. « En 2004, des problèmes de santé m'ayant contraint à me faire hospitaliser d'urgence à l'hôpital d'Avignon, termine le vénérable M. Colombe, Mireille l'a su et m'a téléphoné de Suisse où elle était en gala. Très affaibli, je n'ai pas été en mesure de lui parler ce jour-là, mais son appel m'a réchauffé le cœur. Nous nous sommes rattrapés ultérieurement en échangeant quelques banalités et sans aborder les sujets sensibles. Ensuite, Mireille m'a envoyé ses vœux. Je lui ai adressé les miens, en lui disant que le temps n'a pas de prise sur l'amitié, même si les occasions de se le prouver se raréfient parfois… »

Les années perdues ne se rattrapent guère. Par sa démarche personnelle, la fille Mathieu a-t-elle voulu montrer qu'elle avait gardé une place au chaud pour cet homme foncièrement bon et honnête l'ayant guidée comme sa propre fille, à une époque où les vents lui étaient contraires.

XVIII

« ENCORE ET ENCORE »

« Je continuerai à me poser des questions sur la fascination qu'exerce sur des foules cette brave petite Française moyenne qui ne se suicide jamais, ne prend jamais l'avion de nuit pour rejoindre l'homme de sa vie dans un coin inconnu des journalistes, n'est jamais nue quand il y a un photographe dans les parages, et lit Zarathoustra dans une chambre rose crevette. »

Remo Forlani (*Paris Match*)

LE nombre de lettres reçues quotidiennement par Mireille Mathieu au début des années 70 est édifiant ! Des correspondants qu'il s'agit maintenant de distinguer en les classant par genre ou centre d'intérêts :

— 80 % de messages de félicitations,

— 10 % de demandes en mariage,

— 5 % de personnes désireuses de voir la chanteuse devenir la marraine de leur nouveau-né,

— 3 % de propositions immobilières, où sollicitations de tapeurs, ce qui revient au même,

— 2 % de ces fameuses lettres d'insultes non signées sans lesquelles le tableau paraîtrait trop lisse et la victoire par trop assurée.

Quand d'une simple demande d'autographe il s'agit, Mireille s'arrange le plus souvent pour qu'un généreux « Grosses bises ! » précédât sa signature. De quoi inspirer à Thérèse Fournier de *France-Soir* ce commentaire fichtrement *jet-set* : « Grâce à Mireille Mathieu, les bises sont redevenues mode à Paris. »

À quoi tient la popularité de Mathieu ? « Elle n'a pas l'air de se moquer du monde, répond une dame de quarante-cinq ans, interrogée sur le sujet. Elle s'habille proprement. Elle est gentille, normale, pas comme Polnareff ! » « Normale »...

Une autre, trentenaire, abonde dans le même sens : « En voilà au moins une qui ne joue pas les révolutionnaires ! Elle ne cherche pas à tout casser. Elle ne fait pas partie de ces jeunes qui insultent les générations de leurs parents. Elle sait tenir sa place. »

« On comprend ce qu'elle chante... Elle interprète de jolies chansons... Elle est sympathique... Elle nous ressemble... C'est agréable de voir que ceux qui n'ont rien peuvent aussi réussir dans la vie » : tels sont les arguments développés par une adolescente de quinze ans. Familial, le public de Mireille Mathieu, et toutes les générations sont représentées. Dans l'esprit de celles de ces jeunes filles de cité qui rêvent de s'extraire de la zone, Mireille Mathieu représente plus qu'un exemple : un fantasme. La même symbolique incarnée des années plus tard et dans un tout autre contexte par Zinedine Zidane, Jamel Debbouze ou Amel.

Guy Lux : « La carrière de Mireille Mathieu a apporté quelque chose de nouveau dans la saga des chanteuses. Jusqu'alors, et mettons à part Édith Piaf, celles-ci étaient issues d'un moule social tapissé d'argent. »

⋆

Côté presse, avec ou sans bémol d'aucuns reconnaissent Mireille pour ce qu'elle est devenue : une vedette d'envergure internationale. « Une grande voix humaine », ose même Jean Macabiès. Ceux qui n'aiment pas avouent timidement admirer. Les leaders du *no passara* se résigneraient-ils ? Claude Sarraute devient partisane du « Faut faire avec ». Ses papiers restent toujours d'aussi parfaits sédatifs, mais dans le genre la dame n'est pas ce qu'il y a de pire. Et la littérature créa Paul Guth.

Il n'y avait qu'un électron libre à la plume fraîche et sautillante pour reléguer les encres baveuses au rayon « soupes en sachet » et faire le ménage qui convient. Authentique puits d'érudition, notre écrivain s'exécute à nouveau dans *Les Nouvelles littéraires*, avec un savoureux compliment fouillé, qui se termine ainsi : « Papa Stark est ton sultan qui te cloître. Son sérail est fait de cabines de Boeing, de murs insonorisés de studios, aussi étouffants que ceux du palais de Roxane dans *Bajazet*, de rideaux de scènes, de projecteurs, de rampes de feu. Tu te dresses, droite, vierge, immarcescible, parmi ces flammes. Princesse de harem, mais aussi de la France, qui reçut ses leçons de maintien dans les fauteuils de Versailles et sur le bûcher de Jeanne d'Arc. À la table du roi et au poteau d'exécution, une fille de France se tient droite. Pour toi, Mireille, la place du Vieux Marché de Rouen où l'on brûla la Pucelle est devenue celle du Nouveau Marché aux disques. Confit en dévotion d'affaires, papa Stark attise le feu du succès, comme le soldat anglais qui apportait son fagot et qui disait ensuite, en s'essuyant les yeux rougis par la fumée et les larmes : "Nous avons brûlé une sainte [1] !" »

Moralité : on peut être cultivé, voire intelligent, apprécier Buren ou Klein et ne pas se montrer insensible à l'art et au talent de Mireille Mathieu. On peut aussi ne pas avoir fait Normale Sup et comprendre aujourd'hui avec le recul combien l'avertissement masqué de Paul Guth sonnait juste. Cette course folle vers le « toujours plus » où le mieux parfois devient l'ennemi du bien, ni Mireille ni Stark, tous deux passionnément épris de leur métier et mêmement impliqués dans ce qui justifiait

1. *Les Nouvelles littéraires*, 18 avril 1968.

leur existence, ne surent l'arrêter. Avaient-ils une seule raison valable de le faire ?

Un jour, Carabosse viendra mettre bon ordre dans le conte de fées. Pour l'heure, l'Autoroute du soleil s'étale devant le couple gagnant et le premier péage semble encore loin.

★

Pour autant, affirmer que, plusieurs années après ses débuts, l'éminemment populaire Mireille Mathieu rassemble toutes les opinions autour de sa personne serait aller bien vite en besogne. Régulièrement, des pôles de résistance font résurgence. La rançon de la gloire ? Sans doute. Mais pas seulement. On en fait une Callas d'occasion, incapable de se renouveler, un fantoche entre les mains de son manager. Une pauvre petite fille riche. On continue à trouver la chanteuse un peu « gourdasse », vaporeuse et on la brocarde plus ou moins méchamment, comme on se gausse depuis longtemps de sa coupe de cheveux, dite « à la Jeanne d'Arc » ou « au bol », de ses robes en « paquet de bonbons ». Guy Bedos s'en mêle…

En 1974, le nom de Mireille Mathieu apparaît sur la liste des personnalités du monde artistique, littéraire, scientifique et sportif apportant leur soutien à la candidature de Valéry Giscard d'Estaing à la présidence de la République. Roger Peyrefitte, Marcel Jouhandeau, Philippe Bouvard, Louis de Funès, le professeur Jean Hamburger (père de Michel Berger), Serge Gainsbourg, Brigitte Bardot, Charles Trenet et encore Sylvie Vartan et Johnny Hallyday figurent parmi les colistiers de Mathieu.

Bedos se saisit de cette opportunité pour identifier l'Avignonnaise à un système et faire de la « petite » l'un de ses boucs émissaires : « Notre rôle, c'est de servir d'éclaireurs ou de détonateurs, selon les moments, d'inciter le public à ne pas être dupe, à ne pas tendre le cou, comme des canards, à ne pas consommer, sans broncher, les "tout va bien" sous Cellophane que les gens "en place" lui tendent, à ne pas confondre sensiblerie et sensibilité, putasserie et humanité. LE MENSONGE ET LA VÉRITÉ. Tout est lié. Mireille Mathieu et ses chansons mélos, Giscard d'Estaing et ses petits déjeuners "boueux". On avale l'un, on avale l'autre. Il y a dans les deux cas, une sournoise façon d'"attendrir" le public. Comme de la viande. Apparemment pas dangereuse. Mais gaffe. Gaffe [1]. »

Sur le fond, les remarques de l'humoriste ne manquent pas de prix, mais de quelle vérité et de quels mensonges parle-t-il ? Ceux qui annoncent la vaste tartufferie du 21 mai 1981 au Panthéon, avec notamment l'entrée au gouvernement de quatre agents de l'Est ? Plus tard, « l'éclaireur » Bedos décrétera : « Mireille Mathieu n'est ni à droite, ni à gauche, elle est là où on la pose [2]. » Qu'il se rassure, la « petite » connaît son monde et a appris à juger en conséquence.

Pour José Artur, « laisser la chance aux chansons » équivaut à accorder le droit de parole à notre cigale internationale : « Quand Mireille Mathieu dit une bêtise, au moins elle ne chante pas. »

Dans *Les Dossiers du Canard*, enfin, le caricaturiste Kerleroux fait dire à la « petite » : « C'est M. Stark qui m'a faite tout seul. Avouez qu'il ne m'a pas ratée ! »

Autre handicap, plus latent mais toujours le même, qui continue à nuire sournoisement à Mathieu : le parallèle établi avec Piaf, sur lequel elle a joué au départ sans penser à mal, pendant que d'autres en faisaient de même avec beaucoup moins d'innocence.

1. Guy Bedos, *Je craque*, Paris, Calmann-Lévy, 1976, p. 76.
2. Guy Bedos, *Petites drôleries et autres méchancetés sans importance*, Paris, Le Seuil, 1989.

Consentira-t-on un jour à extraire l'épine « Piaf » du pied de la Demoiselle d'Avignon ? En 2002, alors qu'elle fait état de sa profonde ferveur, il se trouvera encore un chroniqueur de télévision, passablement endimanché, pour lui lancer à la volée : « On va encore dire que vous imitez Piaf ! »

Elle a tout pour être elle-même, la « petite » : une voix aussi puissante que celle de la Môme et certainement plus mélodieuse, dont elle fait à peu près ce qu'elle veut, une fraîcheur à toute épreuve, un public fidèle de gens sans prétentions qui la suit dans ses tournées et achète ses disques, une image virginale prompte à rassurer les lecteurs de *Jours de France,* une vitrine internationale de grand standing et un sourire « 5 étoiles » assorti aux cimetières d'animaux qu'elle porte sur le dos.

Là est justement le piège… Dieu sait ce qu'il adviendrait si Mireille Mathieu se risquait à sortir de son format. Y songe-t-elle seulement ? Cela aurait-il un sens ? Il y a les chanteurs qui donnent dans la chanson de mode, et ceux qui font de la chanson d'expression. On les connaît. Entre les deux : des gens comme Charles Aznavour, habile à s'exprimer tout en restant commercial.

Christian Hermelin écrivait déjà en 1966 dans son essai sur les médias : « "Je suis un poète et un industriel", a dit à peu près en ces termes Charles Aznavour, un soir, à la télévision. Cette roublardise qui cache un certain mépris du public n'est pas très digne. Reconnaissons qu'elle aboutit à de bons résultats… "La Mamma". »

En 1974, Aznavour écrit les paroles de *Folle, follement amoureuse* pour Mireille Mathieu. Un petit peu plus tard, à la demande de Johnny Stark, Alice Dona compose, entre autres, la musique de *Qu'attends-tu de moi ?* Le succès n'est pas à la hauteur de ses espérances. Une autre femme, Patricia Carli, avait eu plus de chance en signant les paroles et la musique de *Pardonne-moi ce caprice d'enfant* et de *Donne ton cœur, donne ta vie*, en 1970.

Les chansons de Mireille Mathieu, toutes ou presque des odes à l'amour, sont l'exemple type des chansons de mode. Fabriquées à la chaîne à partir de moules bien définis et limités, elles acquièrent une personnalité grâce à la mélodie, aux artifices de l'orchestration, à un effet de mise en scène et aux techniques acquises par l'interprète. Elles n'en restent pas moins des produits standard qui, manichéens, abordent soit l'univers d'une solitude manufacturée (« qui n'est que la pauvre expression d'une foule que hante réellement le problème de la solitude »), soit des mondes en prise avec le merveilleux.

« Claude François chantait *La Ferme du bonheur* en pleine grève du lait », raille Christian Hermelin.

*

Stark est d'avis qu'on ne change pas une équipe qui gagne.

Dans les shows des Carpentier, on s'emploie à glisser Notre Dame d'Avignon dans des costumes plus exotiques les uns que les autres, à l'affubler de perruques extravagantes pour lui donner mille visages grâce aux techniques du maquillage, mais certains sont d'avis que sous le masque il y a une femme qui travaille trop et n'offre jamais rien de fondamentalement nouveau. Avec une voix comme la sienne, a-t-on besoin d'en faire des tonnes et de caracoler en play-back d'un bout à l'autre d'une scène dans des tenues sexy pour faire oublier d'évidentes carences vocales et un manque de présence démoralisant ? Les décors et les mises en scène oniriques, avec au final un artiste qui devient l'élément faible de son propre spectacle, ce n'est pas le truc de Mireille. Mireille est une chanteuse !

« Pour qu'un artiste ait du talent, il faut qu'il prenne le métro », arguait Prévert.

Or qu'est-ce que le talent sinon l'aptitude à attirer une foule, à l'hypnotiser ensuite ? Pour l'heure, les gens viennent toujours voir Mathieu. Elle a donc du succès. Celui qui va de pair avec la célébrité. Un succès expliqué à part égale par son talent et par le management musclé et intelligent de Stark. Car tous les gens qui ont du talent ne connaissent pas forcément gloire et succès et inversement.

« Si la célébrité se mesurait au talent, des interprètes comme Cora Vaucaire, Patachou, Catherine Sauvage ou Catherine Ribeiro occuperaient les premières places, loin devant Dalida ou Mlle Vartan », se hérisse un critique.

L'époque bouge, elle devient exigeante. Ceux qui, ignorants de la folie douce de Barbara ou du charme désuet de Mouloudji, écoutaient religieusement Mireille Mathieu et qui découvrent l'univers piqué de coups de sang ravageurs de Véronique Sanson, celui, intellectuellement romantique de Michel Berger, titulaire d'une maîtrise de philo, celui encore d'Alain Souchon, très « à côté » mais bientôt plus tout seul sur son « trottoir », vont-ils avoir envie de revenir à des rengaines trop bien chantées par une interprète qui n'accouche ni de ses textes ni de sa musique ? « Mlle Bambino » même, inspirée par Ferré, s'est prise au jeu des textes qui donnent à réfléchir. Avant qu'on n'égare hélas définitivement Dalida dans un dédale de paillettes et de rythmes à la mode qui jurent avec sa quête tragique de spiritualité, sans faire oublier pour autant qu'elle n'est pas une chanteuse. Or ce ne sont guère les grandes voix féminines qui manquent sur le marché français.

Nicoletta en premier lieu. Dans un livre passionnant où il part à la rencontre de tous ses interprètes, Pierre Delanoë qui a écrit plusieurs chansons pour Mireille Mathieu (*Qu'elle est belle, Le Rossignol anglais, Ciao Bambino Sorry, Made in France*, etc.), dont il ne dit pas un traître mot, estime que Nicoletta pourrait et devrait devenir la chanteuse française numéro 1 : « Elle possède une voix exceptionnelle, qui va du grave et du rauque au suraigu et au velours. Son physique est séduisant, elle est vivante, enthousiaste, turbulente. Elle a en elle apparemment tous les éléments qui font les stars ; il lui manque sûrement quelque chose, puisqu'elle n'est pas ce qu'elle devrait être. Je ne la connais pas assez pour établir un diagnostic indiscutable, mais je regrette cette instabilité préjudiciable à sa réussite totale. Je crains dans son cas une certaine influençabilité qui laisse supposer qu'elle n'a pas suffisamment de force de caractère pour résister aux sollicitations et aux séductions de la vie quotidienne [1]. » Sauf notre respect et notre grande admiration, ce n'est que l'avis de Pierre Delanoë. Il manque surtout à Nicoletta un Johnny Stark à sa pointure.

Dans le registre des grandes voix, nous pensons aussi à Nicole Croisille, mais surtout à Michèle Torr, capable d'interpréter avec maestria *L'Hymne à l'amour* sans micro et *a cappella* devant une salle de deux mille personnes (un coup de force autrefois naturel). Encadrée par Paul de Senneville et Jean Albertini, après quelques années plutôt discrètes, l'ex-lauréate de *On chante dans mon quartier,* à Avignon, revient en lumière avec une avalanche de tubes et cette fois Johnny Stark n'y pourra rien. Pour lui, tous ces talents pluriels portent un nom : « la concurrence ». En face, la vision est la même. Le show biz est un ring.

Il comprend, « Pépé Jo », depuis le début il a tout compris. Il avait préconçu une Piaf *bis,* il est parvenu à la fabriquer. Son lancement assuré, il a personnalisé le produit. À cet égard, le témoignage du fameux imprésario Roland Ribet qui présida entre autres aux carrières de Line Renaud, Nana Mouskouri et Dalida,

1. Pierre Delanoë, *La Vie en chantant,* Paris, Julliard, 1979, pp. 59-60.

nous paraît revêtir quelque intérêt. Nous sommes au début des années 60 ; Bruno Coquatrix, Lucien Morisse et notre intervenant devisent métier, épiloguant sur leurs problèmes respectifs. Morisse vient de perdre Dalida, Coquatrix se débat dans de sempiternelles affres financières pour maintenir à flot son encombrant Olympia et Ribet fait part de ses difficultés à trouver des contrats pour Pia Colombo, une chanteuse réaliste empruntant parfois au répertoire de Piaf et dont la similitude de voix avec la Môme fascine ceux qui la découvrent. Or Piaf à demi vivante mais toujours en activité, il n'y a place que pour elle sur le marché. Et Ribet d'avoir cette soudaine vue de l'esprit : « Je crois qu'il y a aujourd'hui une fille jeune, nouvelle, pas Pia, pas Simone Langlois, pas celles qui existent, une fille de la jeune génération. Je crois qu'il y aurait une opération formidable à faire. »

Il faudrait attendre au moins deux ans encore après la disparition de la grande Édith, le temps que l'image d'un petit être souffreteux grignoté par la maladie ne devienne flou dans l'esprit du public et qu'une voix neuve mais similaire à la sienne et un visage frais viennent raviver la flamme. Cette « opération formidable », c'est « Pépé Jo » qui l'a réalisée, deux ou trois ans après que Ribet, sentant la fin de Piaf, l'eut prémonitoirement évoquée. Ce qui prouve à nouveau, si besoin était, le trait de génie de Stark et son habileté.

★

L'Histoire ne se refait pas et Mathieu est dans la place. Pour rester compétitif, le Butch s'attache à renouveler l'emballage de son « produit ». Il y aura toujours un public pour les émissions à paillettes de Guy Lux.

En 1975, alors que l'ORTF est démantelée et remplacée par sept sociétés nationales qui créent TF1,

Antenne 2 et FR3, une enquête publiée par le SAF (Syndicat des artistes français) laisse apparaître qu'à la télévision, seule une catégorie de chanteurs est utilisée à 250 %, tandis que l'autre – la plus nombreuse et de loin – ne l'est qu'à 6 %.

« J'ai été dernièrement accusé de passer toujours les mêmes artistes, s'explique Guy Lux. La France ne compte qu'une trentaine de grandes vedettes, et ce sont toujours elles que le public réclame, et nous n'y pouvons rien. » Quel public ? Celui de Guy Lux !

« Oui, un gamin qui siffle, plaide l'emblématique animateur, une jolie fille qui fredonne, des maçons et leurs chansons, des hippies et leur guitare, des rêveurs, des clochards, des agents, des automobilistes, des marchands de journaux, des lecteurs du *Monde*, des militaires, des bonnes d'enfants, des curés, des putains, des femmes seules, des hommes saouls, des gais, des tristes, des malheureux, des optimistes qui chantent… ça existe toujours… J'ai même rencontré des électeurs qui chantaient [1] ! » Mettons qu'il y a les chanteurs et ceux qui les font chanter.

Si les gens « normaux » fonctionnent sans trop se tarauder, d'autres en revanche ne se satisfont pas d'avaler ce qu'on leur sert. En 1974, dans une édition hors série d'un *Miroir de l'Histoire* consacré aux « Stars et idoles », saluant au préalable la qualité de la voix de la chanteuse, son amplitude, l'étendue de sa tessiture, sa puissance, sa justesse, ainsi que l'irréprochabilité du travail de Mathieu, le critique Jean-Louis Guitard passe une revue de détails : « Les faiblesses, les lacunes viennent du tempérament. Mireille Mathieu chante comme pourrait chanter un ordinateur. Elle interprète l'amour, la joie, la tristesse, à coups de trucages. Elle chante plus ou moins fort, lève plus ou moins ses bras, oscille plus ou moins fortement la tête, suivant "ce que

1. Guy Lux, *Coups francs*, Paris, Stock, 1977, p. 201.

l'on doit faire lorsqu'on chante cette phrase ou ce mot". Mais elle ne modèle jamais son chant sur son cœur. C'est-à-dire qu'elle chante comme si elle ne "sentait" rien. Pas la moindre sensibilité. Pas la moindre émotion. Tout ce qu'elle fait semble calculé, au battement de paupière près. Décidé. Commandé à distance. »

Avant de convenir que si « Mathieu n'a pas de génie, pas de tripes », elle plaît cependant. Selon lui, « dire que Mireille Mathieu est une grande artiste serait une absurdité complète » : « ce qui ne veut pas dire qu'elle soit incapable de le devenir. Le déclic peut se produire. Elle peut se transformer. Passer de son stade de vierge asexuée à celui de femme faite de chair et d'émotion. Découvrir ce qu'est un sentiment. Et le faire passer à travers ses chansons. Rien n'est impossible. Si un tel changement doit un jour se produire, elle possède déjà tous les atouts techniques pour que cette transformation soit des plus brillantes. » Et si le génie de Mireille Mathieu tenait tout entier dans sa voix ? Ah !

L'écart est loin de se resserrer entre le public de Mireille, les « normaux » et les « élitistes », qui pèsent, soupèsent, emballent et jettent par-dessus bord au nom de l'abrutissement des foules tout ce qui ne leur semble pas conforme.

Stark s'obstinera-t-il à ne tenir aucun compte des prises de position adoptées par les « videurs » de la presse ? Le Cow-Boy n'a pas de temps à perdre. Les étrangers et le populo français qui méritent le plus cordial respect apprécient Mireille telle qu'elle est et pour ce qu'elle représente. Ce serait folie que de vouloir démonter le mécanisme. D'aucuns affirment que la « petite » tient uniquement par le fil de son manager, que sans lui elle retomberait dans l'anonymat du jour au lendemain. *Damned !* « Pépé Jo » serait-il mortel ?

Quand bien même le désaveu surviendrait, on ne chute pas comme cela, aussi brutalement, dans les oubliettes de la mémoire collective. Après avoir été, on peut être encore. Les gens ont un cœur, n'est-ce pas ?… Répondez, Martine Carol !

Dans ses *80 Berges*, Maurice Chevalier relate une anecdote où celle qui fut la reine du cinéma français d'après-guerre avant d'être définitivement éclipsée par Brigitte Bardot apparaît en déesse déchue et amère, doutant de tout et de tous, reprochant violemment à l'ami Chevalier de l'avoir trahie. Le vieil homme n'avait fait que proclamer tout le bien qu'il pensait de la nouvelle star montante, dont il connaissait fort bien le père, un riche industriel des ghettos chics de Paris, « Ville Monstre ». « Caroline Chérie » n'a pas survécu à ce coup d'État.

XIX

À LA COUR DU SHAH

L'Iran : « Je n'avais pas assez de mes yeux pour tout voir. »

Mireille Mathieu (citée par Christian Page)

MONSIEUR CHEVALIER n'est plus. Parti en pleine détresse morale, après avoir fait ses adieux publics au Théâtre des Champs-Élysées, sur cette chanson de Pierre Delanoë :

« Quand j'aurai cent ans, cent ans, cent ans
Et que le bon Dieu me fera des avances
Je dirai attends, attends, attends
Je suis amoureux et ma vie recommence… »

Mireille a versé bien des larmes. Les mêmes que pour Nadine, sa tante et son chaperon jusqu'ici, partie prématurément en décembre 1973 (un méchant cancer) pour le même long voyage. Ces deux-là ont tout laissé et n'auront plus besoin de rien. Pour la « petite » et « Pépé Jo » en revanche, la roue de la fortune tourne plus que jamais dans le bon sens. « N'est-il pas dans l'ordre des choses que les coffres-forts précédassent les cercueils ? » auraient pu risquer quelque mauvais plaisant. Tant qu'il nous reste une mère à appeler chaque jour pour ne rien lui dire d'autre que ce qu'on lui a répété la veille et qu'elle sait déjà depuis longtemps, on sera toujours une petite fille. Le voilà, le vrai trésor.

Cette fois, ça y est, elle l'a eu, Marcelle, son appareil téléphonique !

— Il marche, il est tout gris avec pleins de chiffres dessus, commente Roger. Il y a même les pompiers !

La « Villa Mireille » devient un centre de communication quasi permanent entre Avignon et le reste du monde. Et elle va encore en voir du pays, la « petite » !

En attendant le fameux « déclic » espéré par Jean-Louis Guitard et qui ferait d'elle une « grande artiste », Mireille signe contrat sur contrat, enregistre disque sur disque (en espagnol, en italien, en allemand, en anglais) et se fait recevoir avec les honneurs les plus insignes par les maîtres de ce bas monde, flics ou voyous. Retrouvons-la à Téhéran, à la cour des Pahlavi.

Pour une poignée de pétrodollars, nombre de nos divas ont un jour posé leurs séants pailletés sur les divans cossus du shahinshah, l'homme qui se prend pour Cyrus, « Lumière des Aryens » ; Joséphine, Dalida, Sylvie, Maurice Béjart... Mohamed Reza qui fut élève dans un collège suisse et la radieuse Farah, ancienne étudiante en architecture à la Cité universitaire de Paris, sont restés des francophiles pratiquants, indéniablement tournés vers l'Europe et le progrès. Trop, peut-être. En temps voulu, des « éclairés » se chargeraient de le leur rappeler. Au début des seventies, entre deux attentats communo-islamistes contre la personne du « roi des rois », à la Cour du Paon le mot d'ordre officiel est d'épater le monde à Persépolis et de préparer la flambée des prix de l'or noir. Motif officiel invoqué : l'Occident doit se préoccuper d'inventer de nouvelles sources d'énergie. Téléguidé par Washington, le shah s'impose à mesure comme l'un des souverains les plus puissants au monde.

Sauf à admettre que les hivers de Téhéran sont aussi rudes qu'un peu longuets. En outre, rois et princesses le concèdent volontiers : on s'ennuie ferme dans un palais. Et la « petite » devint l'énième caprice franco-musical du couple impérial.

La première fois qu'elle fut mise en présence du shah, à Gstaad, en 1967, Mireille s'était départie devant Sa Majesté d'un « Bonjour monsieur » qui aurait coûté cher à un sujet iranien et Sa Majesté avait répliqué : « Il faudra nous rendre visite à Téhéran, mademoiselle Mireille »...

Aussi impressionnée que si on lui avait présenté une troisième fois Elizabeth, la Mathieu n'oublierait pas de sitôt son *tea-time* iranien avec la shahbanou, dans un décor de tableau oriental un soir de première aux Folies-Bergère. Dans le rôle de la meneuse de revue, impériale de simplicité : Farah. Dans celui de la jeune esclave qui découvre les effets pervers de l'affranchissement, en dépit d'un essaim de serviteurs empressés autour d'elle : Mireille, plongée au cœur d'une intrigue de palais. Vé, comment attraper un morceau de sucre sans faire s'écrouler toute la pyramide que ces fadas ont dû mettre au moins mille et une nuits à élever jusqu'au plafond du ciel ? !

— Non merci, je préfère boire le thé nature...

Mireille Mathieu : le bon sens même loin de chez soi !

« Et chose incroyable, devait s'enthousiasmer "Pépé Jo", présent lui aussi à cette Shéhérazade partie, Mireille qui a horreur du thé sans sucre, parvint à boire, et sans une seule grimace ! »

Si la Mamet avait été là, Farah ou pas, elle te l'aurait attrapé avé les pinces du Seigneur, ce morceau de sucre, pétard, ça n'aurait pas traîné !

Arrivée avec un lion pour Reza, le jeune prince héritier (aller les mains vides chez les gens, ça ne se fait pas), Mireille repart avec un tapis de soie sous le bras. Cadeau de l'impératrice. À Neuilly, dans le nouvel appartement de la « petite », il rejoint le canotier offert par Maurice Chevalier. D'autres colifichets viendront étoffer l'ensemble, mais avant d'accumuler les souvenirs il faut d'abord s'en faire…

Le Japon, l'Australie, Tahiti, l'Autriche, la Suède, le Maroc, le Liban, l'Amérique latine. Au Mexique, Mireille inaugure une nouvelle chaîne de télévision et chante *J'ai gardé l'accent, Pardonne-moi ce caprice d'enfant* et *Une histoire d'amour,* thème du film *Love Story* (également enregistré par Tino Rossi) devant les membres du gouvernement. L'Angleterre à nouveau. Puis la RFA où « MM » ajoute aux couleurs du carnaval de Munich et fait la pige à toutes les chanteuses allemandes en recevant par deux fois le « Bambi » (trophée attribué à la vedette la plus populaire du pays).

Escale à Paris pour quelques essayages chez Féraud et d'Orly le grand oiseau blanc siglé *Air France* reprend son envol vers Athènes, avec à son bord un étonnant petit bout de femme toujours aussi prompte à épater les hôtesses de l'air, cette fois en en poussant une à la bonne franquette dans le *galley* entre deux « Thé café chocolat ». Il faut bien se mettre en voix, c'est important les « Olympiades de la chanson ». Et puis ce grand stade d'Athènes tout en marbre ; si tu avais vu ça, maman !

Un peu partout on réclame le prodige d'Avignon. À Monaco les vignerons, qui en ont fait leur marraine, l'attendent pour lui remettre le prix Raisin (la vedette la plus naturelle). Le trophée : une grappe en or signée Boucheron parachutée au milieu de la piscine du « Sea-Club » dans les mains d'un cascadeur professionnel. « Aux bons soins de Mademoiselle Mireille Mathieu »…

Voilà pour le *fun.* Les examens de passage devant les critiques parisiens relèvent d'un autre comique. La Mathieu a beau être devenue la seule chanteuse interplanétaire depuis que les passagers d'Apollo XV ont emporté ses disques dans l'espace, elle reste un gibier bien français. Dis, « petite », c'est quand que tu repasses à l'Olympia, on sera tous là avec nos fléchettes et nos pistolets à encre...

« Music halement, Mathieu est tout simplement phénoménale », peut-on lire dans *La Tribune de Genève*. À Paris, *France-Soir* confirme : « La voix de Mireille Mathieu descend jusqu'au fond des tripes. » *Damned !* Se pourrait-il que les Français, ces fieffés résistants, renoncent au sabotage du rapide Avignon-Paris ?!

Le Train, la dernière réalisation de Pierre Granier-Deferre : voilà une idée ! Mireille, c'est pour toi ; « Pépé Jo » a décroché le contrat, tu enregistreras donc *Anna et Julien*, une chanson écrite sur la musique originale du film. Anna et Julien : Romy et Trintignant... Jean-Louis et Schneider... On peut refuser, mais, après, on se pend.

★

Et encore et toujours des interviews truffées de questions pernicieuses. La clause journalistique est incluse dans le contrat. Une star internationale ne peut y échapper. Aussi, ceux qui font commerce du talent des autres se suspendent-ils aux lèvres pulpeuses de la « petite », à l'affût de la moindre perle...

Mireille Mathieu (à Denise Fabre) : « L'auto que je voudrais, c'est une voiture à âne avec des clochettes. »

Ou les fantasmes d'une catherinette hors des chemins de son temps...

Il faut avouer que dans l'ensemble, ce jour-là, eu égard à l'intérêt freudien de l'interrogatoire soumis à l'Avignonnaise par la speakerine originaire de Nice, on eût pu accorder d'office à Mireille de très larges circonstances atténuantes. Elle ne devait pas en avoir besoin.

Qu'on en juge plutôt :

« Aimez-vous l'or ?

— Non, en aucune façon.

— Quelle est la pierre que vous préférez ?

— Les seules pierres que j'aime, ce sont les vraies : les falaises, les montagnes, les rochers couverts d'écume.

— Préférez-vous les rois ou les présidents ?

— J'aime les bons chefs d'État. […]

— Vous est-il déjà arrivée, dans une histoire ou dans un conte, d'être du côté du méchant ?

— Il y a parfois des méchants qui ont des excuses.

— Quand vous promettez un cadeau, le faites-vous ?

— Personnellement, je fais toujours un cadeau avant de le promettre. […] [1] »

Bien enlevées, inattendues, rafraîchissantes, les réponses de Mireille sont-elles de son propre cru ? Nous le croyons volontiers. Son mérite, celui de tous les autodidactes, n'en est que plus louable. En pays de connaissance, loin de l'adversité, la Demoiselle libère une personnalité bien différente de celle qu'on peut lui prêter.

Lorsque la chanteuse parlait d'une « voiture à âne avec des clochettes », c'était une image. Cette réponse se rapporte à une question saugrenue mais pourtant bien authentique, de Denise Fabre, curieuse de savoir si Mireille Mathieu participerait un jour aux Vingt-Quatre Heures du Mans…

Le bruit des moteurs énervés, la promiscuité de la foule, la vitesse à tout prix et la frime : face à tous ces clichés du monde moderne, la « petite » fit tout bonnement savoir avec ses mots et ses couleurs qu'on ne devrait jamais l'attendre sur ce terrain-là.

1. *France-Soir*, 16 juin 1970.

XX

TINO ROSSI OU LES ONDES POSITIVES

« Mireille Mathieu aurait dû enregistrer chez "La voix de son maître". Johnny Stark a au moins l'honnêteté de s'occuper en exclusivité de la demoiselle d'Avignon. Il s'en occupe très bien. Mireille et lui sont les gérants d'une société à irresponsabilité limitée. Elle est, grâce à lui, l'une des plus grandes vedettes françaises internationales. Elle appelle Johnny "Pépé Jo". On ne sait pas lequel des deux est le plus gâteux de l'autre. Ils se partagent en tout cas une belle part du gâteux. »

Thierry Le Luron

ON a pu observer les bonnes dispositions de Mireille envers les personnes beaucoup plus âgées qu'elle. Elle retrouve en eux une certaine bienveillance et une tendresse qui font défaut dans le monde du spectacle, sa seconde patrie.

Élevée par son père et sa mère, avec des grands-parents omniprésents qui lui ont transmis leurs valeurs, la « petite » connaît le prix des vrais sentiments. Avec certains artistes, Maurice Chevalier, par exemple, elle a su les recréer. Il y en a eu d'autres, comme Tino Rossi, dont elle garde un souvenir empreint de respect et de douceur. Mathieu et Tino Rossi : un roman aussi beau et émouvant que celui de *Mireille et Momo*.

Sans être un taiseux chronique, Tino n'a pas la verve de Chevalier, fantaisiste au long cours absolument épris de cet art gouailleur, ce talent parisien qu'il incarna comme on joue son propre rôle sur scène, sans possibilité de tricher. Avec Tino le Méditerranéen, Mireille se sent en terrain plus familial. « Nous parlions le même langage avec le même accent », dira-t-elle.

Voisins à Neuilly, les senteurs d'une « bonne bouillabaisse » maison entre nantis, préparée par le Butch les réunit souvent et chaque fois les cœurs et les appétits se mettent au diapason. Aussi économe que Chevalier mais bon vivant, le grand Tino a le coup de fourchette hardi et sur les lèvres toujours un refrain à offrir à ceux qu'il a en estime. Sauf à le prendre au dépourvu…

— On ne demande pas à un bûcheron de continuer à couper des arbres après sa journée de travail, arguë l'Ajaccien. Moi c'est pareil. Après le travail, j'ai gagné le droit de faire autre chose. Je ne suis pas un juke-box.

Pour autant, Tino qui, à la préfecture d'Ajaccio, a un jour refusé de chanter pour le premier ministre du shah d'Iran en visite en Corse, considérant que le préfet l'a invité à dessein, n'hésite pas à mettre parfois la voix des autres à contribution. Celle de Mireille, notamment…

— Chante quelque chose pour Marcel ! Toi, Marcel, ne t'inquiète pas, la « petite » ne parle pas mais elle chante !

Entendons par « Marcel » : Marcel Pagnol, le meilleur ami de Tino, son « frère ».

« J'avais très envie de connaître Marcel Pagnol, écrit la Demoiselle d'Avignon dans ses Mémoires. C'était "mon" auteur, le seul que je connaisse par deux ou trois de ses livres, moi qui lisais si peu. Il se fait si bien comprendre. Quand il parle d'un arbre, on le voit. »

Tino Rossi permet ainsi à Mireille d'accéder à l'intimité du célèbre écrivain consacré académicien. Le contact s'établit sans difficultés…

Devant Môssieur Pagnol, la fille de la Croix-des-Oiseaux met tous ses poumons pour pousser *a cappella* son *J'ai gardé l'accent* qui est un peu sa *Marseillaise*. Sans fausses notes s'entend, nous sommes là entre gens de talent !

— Tu as été la plus sensible des Fanny ! concède alors Pagnol à Mimi.

La pieuse Mireille vient de ressusciter dans un show télévisé la femme de Panisse et de la part du créateur de l'œuvre le compliment prend valeur d'hostie...

★

Comme Thierry Le Luron, autre lauréat du *Jeu de la chance*, dont le père pratiquait la Rossimania, Mireille a grandi dans un panier de chansons de Tino. Chez elle, la Tinorossiste, c'est sa maman. Marcelle n'aurait jamais osé imaginer sa fille roucoulant un jour en duo avec son idole *Petit Papa Noël.* Ce refrain berça l'enfance de Mireille Mathieu, la même que celle de Constantin Rossi, né lui aussi dans une famille nombreuse et très modeste, du côté du vieux port d'Ajaccio. *Fièvres* et *Maria quand je vois tes yeux* sont deux autres chansons du répertoire de Tino, qu'ensemble ils interprètent devant les caméras des Carpentier. De son côté, « l'empereur du disque » reprend *La Dernière Valse* et *Paris en colère.*

Vincent Scotto, « l'Homme aux cinq mille chansons », auteur prolifique de *Marinella* et de *Chichi*, qui fut également le père de *J'ai deux amours* (Joséphine Baker), de *Prosper* (Maurice Chevalier) et encore d'*Un de la Canebière* (Alibert), mais aussi le compositeur de près de trois cent cinquante musiques de films (*Pépé le Moko, Angèle, Fanny, La Femme du boulanger*), fut l'un des maîtres de Rossi, lui inculquant ce principe auquel toute sa vie Tino est resté fidèle et qu'il enseigne à son tour à Mireille :

— Quand le cœur fredonne une chanson, c'est tout ton être qui doit l'accompagner et se mettre à l'unisson. Si tu ne chantes pas l'amour, ne chante rien.

Tino et Scotto peuvent reposer en paix, depuis toujours l'amour est chez lui dans les chansons de

Mireille Mathieu. Valse viennoise ou rythme disco – elle a enregistré en Suède la version française (*Bravo tu as gagné*) du tube d'Abba (*The winner make it all*), avec les membres du fameux groupe dans les chœurs –, ballade, fantaisie grecque ou slow langoureux, elle lui donne mille décors et partout il insiste…

Celui que j'aime ; *Ce soir, ils vont s'aimer* ; *C'est à Mayerling* ; *Mon bel amour d'été* ; *La Princesse et l'Amour* ; *Une histoire d'amour* ; *Acropolis adieu* ; *Ciao mon cœur* ; *Pourquoi le monde est sans amour ?* (avec les Poppys) ; *On ne vit pas sans se dire adieu* ; *Je t'aime avec ma peau* ; *Elle pense à lui* ; *Tu n'as pas quitté mon cœur* ; *Ce soir je t'ai perdu*, pour ne faire référence qu'aux plus notoires. Centaines, elles s'alignent à l'horizon les chansons d'amour enregistrées par Mireille dans l'ensemble de sa fructueuse carrière. La « petite » sera partie les défendre aux quatre coins de la planète. Jusqu'à Bornéo et Sumatra !

N'oublions pas de retenir les adaptations françaises de *Woman in love*, et de *Memory*, des chansons créées par Barbra Streisand. *Femme amoureuse* et *Souvenirs* compteront pour Mireille parmi ses derniers gros succès en France, au début des années 80.

★

Entourée d'êtres d'exception, aux qualités humaines rares, aux anecdotes toujours dénuées de méchanceté et à la chaleur communicative, doublés de vieux renards de professionnalisme, la « petite » se sent grandir sans trop de douleurs.

Un autre personnage, un auteur-compositeur-interprète qui n'a pas connu la même notoriété que Tino ou Chevalier, mais dont le parcours personnel est aussi riche et avec qui Mireille se retrouve en milieu protégé : Roland Gerbeau. De Mistinguett à Joséphine Baker, de Chevalier à Charles Trenet, de Joe Cocker à Céline Dion en passant par Louis Armstrong et Adamo ; d'abord chanteur puis attaché de presse chez Pathé Marconi, Roland les a tous connus. Avec certains il a collaboré, de tous il est resté l'ami.

Dans ce giron où ceux de la même trempe savaient se reconnaître, Roland se devait de venir vers Mireille et elle de lui faire bon accueil...

Roland Gerbeau :

« Griffé Pathé Marconi, j'allais souvent sur le plateau du *Jeu de la chance*. C'est là qu'en 1965, j'ai fait la connaissance de Mireille et que je lui ai prodigué tous mes vœux pour sa future carrière. À cette époque je m'occupais déjà de Tino Rossi, grand ami et complice de Johnny Stark. "Pépé Jo", comme l'appelait Mireille, avait mené Mimi vers Tino pour faire un peu de lumière autour d'elle.

« Les années passèrent lorsqu'en 1983, peu avant qu'il ne décède, je proposai à Tino une chanson que j'avais écrite en pensant à lui : *Sainte Rita*. Son épouse Lili était en effet une fervente de cette sainte, Tino me l'avait appris un jour que nous visitions une église dans le XVIIIe arrondissement de Paris. Le texte de ma chanson lui avait plu, ainsi que la musique, mais il n'a pas eu le temps de poser dessus sa voix magnifique.

« Je ne voyais que Mireille, elle aussi grande admiratrice de sainte Rita, pour reprendre le projet et le mener à son terme. J'en ai donc parlé à Stark. Sans jeu de mots, Johnny se fit un peu prier ; selon lui, pour que Mimi chante *Sainte Rita*, il fallait créer une attraction autour d'elle.

« — Tu ne veux tout de même pas qu'on demande au Pape de venir tenir la main de Mireille Mathieu pendant qu'elle interprète *Sainte Rita* ! ai-je alors plaisanté.

« Stark avait une autre idée en tête : il voulait que ce soit Rostropovitch qui accompagne la "petite". Sur ce, comme il n'y a que les montagnes qui ne se rencontrent pas, je m'empresse de localiser le grand violoncelliste riche de la carrière internationale que l'on sait. Il était à Londres. Après moult démarches, j'arrive à entrer en contact avec son agent puis enfin avec le Maître en personne qui me confirma ce que l'agent m'avait expliqué. À savoir que Rostropovitch nourrissait de l'estime pour Mireille Mathieu, mais qu'il lui paraissait difficile de devenir fût-ce le temps d'un disque son accompagnateur. J'ai tout tenté pour essayer de raccrocher les morceaux.

« — Combien dure la chanson ? me demanda-t-il alors.

« — 3 minutes 45, lui répondis-je.

« — Il faudrait qu'on entende aussi ma musique et ça rallongerait la chose d'au moins deux ou trois minutes. Impensable pour une chanson de variétés.

« En définitive, ce grand professionnel avait raison. La présence de Rostropovitch était-elle une condition *sine qua non* à l'enregistrement de *Sainte Rita* qui collait tellement fort et à la personnalité de Mireille et à ses convictions ? Stark ne croyait pas trop en ce titre, mais j'affirme que Mathieu en aurait fait un tube. Après la mort de Stark, je lui ai écrit à plusieurs reprises pour tenter de la relancer. En vain. C'est dommage. Mireille n'a pas toujours su se laisser aller vers son instinct, user de davantage de flair pour mener une carrière qui aurait pu être plus brillante encore. »

*

Dans l'intimité, Tino Rossi et Mireille Mathieu se tutoient. Elle est « sa fille », lui « son père ». À la fin de l'année 1982, lorsque le Corse célèbre ses noces d'or avec la scène au Casino de Paris, lieu où le dieu du Théâtre l'a consacré cinquante ans plus tôt, le soir de la première, au coude à coude avec la regrettée Dalida et tant d'autres, Mireille est de ces fans déchaînés qui font à l'Idole une bouleversante ovation debout. Hommage sincère et unanime à la carrière d'un artiste à la voix à ce point exceptionnelle qu'à ce jour elle n'a pas trouvé d'équivalent. Après la représentation, la « petite » se montre moins enthousiaste envers les admirateurs de Tino (sa « vieille garde »), comme il se plaît à les appeler. Lorsque ceux-ci s'approchent de la chanteuse pour venir la remercier de sa présence, elle se départit d'un « Laissez-moi passer ! » très réfrigérant pour les Tinorossistes. Tu comprends, il se faisait déjà bien tard et la « petite » qui n'est pas noctambule avait peut-être hâte de se retrouver au Fouquet's où un somptueux souper devait être servi au Tout-Paris…

Les vedettes sont kyrielle à définir le public comme « sacré », tout en jouant les tours de Babel. Nous sommes très loin des mégastars d'avant-guerre qui, avec ou sans caméra pour témoin, faisaient corps avec le populo d'où elles étaient issues. Mireille Mathieu n'aime pas la foule, certes, mais elle n'est pas non plus de ces glaciales au contact desquelles on s'enrhume. Quand bien même n'accorde-t-elle ses interviews que dans ces palaces comparés par Goldman à des « ghettos »… L'image, toujours.

L'année suivante, en septembre 1983, à Ajaccio, c'est au cœur d'une véritable marée humaine que Mathieu conduit le deuil de Tino Rossi disparu dans sa soixante-dix-septième année, auprès de Lilia Vetti, une ancienne fan de Tino devenue son épouse. Le visage barré par d'épaisses lunettes noires, la « petite » marche au son du glas, dans les rues d'une cité impériale paralysée et comme en état de choc.

Or rapatrié de Paris où une cérémonie avait eu lieu à la Madeleine (sous l'orchestration de Stark), le « Rossignol », qui avait exprimé le souhait d'être enterré chez lui, faillit bien mourir une seconde fois au-dessus de sa « Corse, île d'amour ». Pris dans une tempête effroyable, avec à son bord les personnalités les plus diverses (Marie-José Nat, Denise Fabre, Jacques Dominati, Roland Gerbeau ainsi que Mireille Mathieu et Johnny Stark), l'avion « officiel » erra longuement dans les airs, secoué de turbulences, avant d'être dérouté sur Bastia.

— Si la Corse s'est mise en colère, c'était la volonté de Dieu !

Ce commentaire ne pouvait qu'émaner de notre Mireille, contrainte comme le reste du cortège funèbre à traverser la Corse, ses routes tortueuses bordées de ravins. Dans chaque village, malgré le tonnerre et la pluie, les gens sortent pour saluer une dernière fois « leur » Tino, on se signe au passage du corbillard, on jette des fleurs, les élus ont revêtu leur écharpe. L'épopée de cent cinquante kilomètres s'achève par un rayon de soleil au moment de l'entrée tardive du cortège à Ajaccio. Les obsèques prévues pour le jour même sont bien sûr annulées et reportées au lendemain. Autre improvisation : le cercueil de Tino est placé dans le hall de l'hôtel de ville, permettant à la population de venir se recueillir jusqu'au petit matin.

La « petite » et « Pépé Jo » sont allés se coucher pour se remettre de leurs émotions, mais dès le lendemain Mireille est prête à soutenir Lilia Vetti dans l'épreuve.

« Elle était inconsolable, se souvient la chanteuse. Quelque temps plus tard, pour lui changer les idées je lui ai proposé de l'emmener avec moi en Allemagne où je devais faire une tournée. Elle accepta mais je me souviens qu'elle n'arrivait pas à se remettre. Elle pleurait ! pleurait ! Pauvre Lili. Pauvre Tino… »

Mireille Mathieu garde une grande impression du respect témoigné à son aîné par la Corse tout entière, dans un pays que Céline décrit comme l'une des dernières terres où il reste « encore un peu d'honneur ». Un château de beauté et de mystères, que « Pépé Jo » fit découvrir à la « petite » dès les années 60.

« J'ai chanté dans de nombreux endroits en Corse, nous a confié Mireille, au téléphone, en 2003. Partout la population m'a réservé un accueil chaleureux, on m'offrait des cadeaux, on me disait des choses gentilles… »

En hommage à l'île que les Grecs nommèrent révérencieusement « Kallisté », en 1971 Mathieu accroche *Corsica* (Desage/Bruhn) à son répertoire. 2 minutes 40 pour une histoire d'amour qui une fois encore finit mal. La rivale de la « petite » est de taille : la Corse, son « ciel bleu » et son « maquis en fleurs »… Mireille part pour ne plus revenir, non sans s'abandonner une dernière fois entre les bras de cet homme qui lui préfère son île. Idéal pour les touristes en mal de folklore et autres candidats aux mauvais coups de soleil…

XXI

CHERCHEZ L'HOMME...

« Les animaux m'adorent. »
Mireille Mathieu

En 1950, pour sa rentrée parisienne au Théâtre des Variétés, à soixante-deux ans, Maurice Chevalier s'était payé le luxe d'un strip-tease en scène. Commentaire de la Miss, son ancienne maîtresse : « Moi, ça ne me déplaît pas. Maurice s'en tire très bien. Je l'ai vu dans la même tenue il y a déjà pas mal de temps. Il avait moins de grâce... »

Entre autres conseils, Momo aurait-il dispensé à la « petite » celui de ne pas « s'encroûter dans ses robes » ? Le fait est que, portée par son « Tango parisien » à l'Olympia où elle dévoila un morceau de cuisse, ce qui avait beaucoup plu, un soir à la télévision, la Mathieu ose à nouveau : *On a toutes besoin d'un homme...* Cette chanson créée par Sylvie Vartan – selon Mathieu Vartan est une « diseuse », non une chanteuse – la brune et la blonde l'interprètent chez Maritie et Gilbert, dans l'un de ces duos à la meringue dont le plus crédible reste encore celui formé par les Carpentier. Sylvie entamant à cette époque un bras de fer avec Nanette Workman pour garder son Johnny de mari ; Mireille jouant depuis le début au petit chaperon rouge qui ne regarde jamais par le trou de la serrure pour apercevoir la queue du loup : la belle composition que voici !

Quand donc le moineau se décidera-t-il à nous lever un beau lièvre ? Pendant que dans la presse spécialisée ou « sérieuse » on fait les poubelles en écoutant aux portes, dans son coin « Pépé Jo » rigole de tous ses chicots. Ils veulent du mari, on va leur en donner… Et à prix de gros. En avant les rotatives !

Combien de « fiancés » recensés pour « la Pucelle d'Avignon » en quelque quarante ans ? Au moins et plus encore ! L'ami alibi Yves Mourousi – il contribua au crédit de Mathieu auprès des Russes et désigna sa « Mimi » comme marraine pour sa fille – est le prétendant d'Épinal dont on se souvient le plus facilement. Il y eut d'autres Cyrano, moins en vue mais plus hardis…

Lorsqu'il lance ses premiers assauts sous les balcons de la belle, Pierre B., âgé de trente-quatre ans, exerce le métier de carreleur et traîne comme un boulet son insuccès aux dernières législatives. « Il faut que je me venge »… Une lumière lui traverse le cœur ; il épousera Mireille Mathieu ! Ne l'aime-t-il pas depuis toujours ? Un mariage semi-conclu. Reste à convaincre l'incorruptible « MM ».

L'été 1973, la chanteuse décrite comme la plus farouche du music-hall français tourne dans toute la France, sous les chapiteaux et les théâtres de verdure. Avec chaque soir un spectateur anonyme parmi les anonymes, solitude parmi les solitudes, qui attend son heure de passer à qui de droit la jarretière autour du cuissot. Ce ne sera pas faute pour Mireille d'avoir été prévenue : tous les jours elle retrouve sur sa table à maquillage une lettre du soupirant masqué. Une nuit, à Digne, Pierre B. décide de passer à l'action et, insecte fou, d'entrer lui aussi dans la lumière. Au cœur de la basse-cour des coulisses, pense-t-il, personne ne le remarquera et il pourra enfin accéder à la poule aux œufs d'or pour se déclarer de vive voix. Averti du manège par une intuition de coq, « Pépé Jo » dresse la crête et place ses ergots en travers du chemin de l'audacieux. Ils en viennent aux mains. Avant l'arrivée des CRS.

— Sergent chauffeur : évacuez le dénommé Pierre B. vers l'hôpital psychiatrique !

L'infortuné y restera séquestré toute la nuit. Libéré dès le lendemain, il fit savoir qu'il ne s'arrêterait pas en si bon chemin et qu'il partait le jour même pour Nice avec en poche un billet d'entrée pour le prochain tour de chant de Mireille Mathieu. « Pour l'instant, je suis au chômage, déclara-t-il à la presse, mais un récent héritage me permet de suivre celle que j'ai décidé d'épouser. »

Etc. L'amour s'use, quand on ne s'en sert pas.

Et Pierre B. de disparaître dans la nature pour s'inscrire dans les annales des « gentils » et des décrocheurs d'étoiles. Ils ne font souvent qu'un. Dans un métier bâti sur le fantasme et la chimère, toutes les vedettes deviennent un jour ou l'autre tributaires de ce genre de phénomènes. Il convient alors de jouer le jeu avec détachement et dignité. Que cela soit dit : les chanteuses modernes n'épousent plus les gueux qui « me [foutent] des coups et [prennent] mes sous », que dans leurs chansons.

À sa décharge, comment Mireille aurait-elle pu décemment dire « oui » à un inconnu, un peu fou et chômeur de surcroît, alors qu'elle se savait engagée ailleurs, auprès d'un bel officier de marine tout de blanc vêtu, « avé » des galons couleur de soleil cousus sur toute la longueur de la manche ?...

*

Ce fiancé-là, personne ne le verra jamais. Dans sa tête pleine de notes, Mireille le confond-elle avec l'un de ces princes charmants qui peuplent ses chansons ?

À la mi-juin 1973, elle jusque-là si peu loquace sur le sujet sort le grand jeu dans un périodique allemand : il s'appelle André Villergus, sort de l'École navale et elle l'a connu l'année précédente chez « Pépé Jo »... « Il est assez singulier que, malgré ces précisions, aucun journaliste français ni étranger n'ait réussi à retrouver ce mystérieux fiancé, à plus forte raison, à le photographier ; ce qui, en principe, ne devrait pas être tellement difficile », fait remarquer Jacqueline Vernois de *La Dernière Heure*.

Là-dessus, Mireille va complètement se décrédibiliser en recevant deux mois plus tard un autre interviewer français, celui-là. Selon la scribe de *La Dernière Heure*, Mimi aurait déclaré à Jany Casanova, grande spécialiste des interviews d'artistes :

« 1. Elle connaissait l'homme depuis trois ans et non pas depuis l'année dernière.

2. La date du mariage n'était pas du tout fixée au mois de septembre, comme elle l'avait annoncé. Il n'aurait pas lieu avant un an.

3. Pas question non plus d'un officier de marine, ni de donner son nom, comme la chanteuse et son manager l'ont fait si généreusement au cours de l'interview en Allemagne [1]. »

Si maintenant les journalistes jouent à Colombo et s'emploient eux aussi à recouper les informations ! « Pépé Jo » et Mireille sont coincés. Il faut agir et vite. Le lieu du drame : Biarritz. Le décor : une chambre d'hôtel anonyme, si blanche et tellement grise comme la lumière dans les églises. Accessoire obligatoire : le tube de barbituriques...

1. *La Dernière Heure*, 29 août 1973.

« À première vue, la nouvelle pouvait paraître plausible, et même probable, explique Jacqueline Vernois. Une telle existence, depuis plusieurs années, use les nerfs, tout comme la vie d'Hollywood a usé ceux de Marilyn Monroe, et avant elle, celle de Jean Harlow. Ces nerfs peuvent donc craquer à un moment donné et aboutir à un geste fatal.

« Cependant, les circonstances de ce suicide sont telles qu'elles suscitent parmi ceux et celles qui connaissent la chanteuse les plus extrêmes réserves. »

Et la journaliste de revenir sur la révélation de Mathieu quant à l'existence du mystérieux officier de marine :

« C'est à ce moment-là qu'a éclaté la nouvelle "bombe" du prétendu suicide, accompagnée d'un reportage photographique où l'on voit Mireille sortir de sa loge, probablement après un de ses récitals, très fatiguée. Une autre photo, par contre, la représente sur son "lit d'hôpital", avec un visage très détendu et une troisième – ce qui est encore plus extraordinaire – en faisant déjà ses premiers pas de convalescence dans sa chambre, soutenue par Mme Stark et la fille de celle-ci, Vincence. La même qui l'avait découverte et… virtuellement sauvée après sa tentative de suicide. [...] Sur toutes ces photos, on ne voit que… la famille Stark et lorsqu'on parle d'avoir appelé un médecin pour les premiers secours, son nom n'est pas indiqué. Le motif du drame serait une conversation entre Mireille et le mystérieux André qui, une fois de plus, aurait exigé que sa "fiancée" choisisse entre sa carrière et l'amour et puisque Mireille a hésité d'obtempérer, il aurait refusé d'assister au banquet qui devait fêter ses vingt-six ans à la Tour d'Argent de Paris.

« Or un jeune officier de marine gagne à l'heure actuelle cinq ou six mille FF par mois, à peu près autant que reçu par Mireille pour une minute d'enregistrement et on pourrait s'étonner qu'il exige d'elle de renoncer à sa carrière, elle qui entretient grâce à ses succès toute sa famille. Ce ne serait sans doute pas son traitement d'officier de marine qui remplacerait les cachets de la chanteuse. »

La journaliste de *La Dernière Heure* qui précise qu'aucun journal français pas plus que l'ORTF n'a jugé utile de confirmer la nouvelle du suicide, n'exclut pas la possibilité d'une déprime chez Mireille, qui aurait pu la conduire à absorber une dose trop importante de somnifères. Toutefois, son ultime conviction va au canular : « "Le suicide manqué" de Mireille Mathieu ressemble plus à un habile coup publicitaire qu'à un véritable drame. Que ses fans se rassurent donc, leur idole se porte bien et après cette fausse alerte, elle sait ce qui lui reste à faire : annoncer la prochaine fois ses fiançailles ou son mariage pour de bon, avec un homme que l'on pourra voir et photographier à ses côtés… Ce n'est plus qu'une question de mois ou de semaines. »

⋆

Alléluia ! la « petite » est en vie. Notre Dame de Lourdes y est sûrement pour quelque chose… Les allusions des journalistes qui ont mené l'enquête sont claires : selon eux il n'y a pas plus eu de suicide de Mireille Mathieu que de beurre en branches. Il n'est pas usurpé de dire que le métier de star est un métier qui tue, or ce sont toujours les mêmes qui meurent. N'est-ce pas, chère Dalida ?…

En mai 1987, la Mathieu surprit son monde en se présentant dans la chambre mortuaire de la chanteuse d'origine italienne, en grande tenue de deuil digne de la cour de Charles Quint, criant avec force trémolos : « J'ai perdu ma sœur ! J'ai perdu ma sœur ! » Mettons que ce qui fut pris pour du sensationnalisme par d'aucuns (« Qu'elle se console, il lui reste six autres sœurs à Avignon », railla une mauvaise langue) n'était que le témoignage d'un réel sentiment d'amitié qui n'a pas eu le temps de vieillir.

Fiancés fantômes ou faux suicides, il faut des meubles pour monter une carrière. C'est la loi du métier. Quelques mois après le fâcheux épisode de la petite mort de Mireille Mathieu à Biarritz, des reporters du *Parisien* reviennent à la charge. Oui ou non, Mireille planque-t-elle le Yéti sous son lit ? La « petite » fait ressort : « Un amour caché, on n'en parle pas, justement parce qu'il est caché ! »

Ce qui s'appelle un envoyé rectifié.

— Pensez-vous au mariage ?

— Pas du tout.

— Et les enfants ?

— J'adore les enfants. J'en veux plusieurs.

— Donc vous vous marierez bientôt ?

— Vous verrez.

— Vous voulez que l'annonce de votre mariage éclate comme une bombe ?

— Je voudrais qu'il passe inaperçu.

— Votre mère ne désire-t-elle pas vous voir mariée ?

— Ma mère désire que je sois heureuse.

— Johnny Stark sait tout cela ?

— Je ne lui cache rien.

Là où une Brigitte Fontaine aurait répliqué d'un « Va téter les cafards ! », où la Mamet aurait coupé court avec un retentissant « Allez donc vous faire une tisane ! », Mireille reste stoïque. Vrai quoi ! Qu'est-ce qu'ils ont tous à lui chercher des oursins dans le casque à cette pitchoune ? Les « bonnes copines » de Marcelle, là-bas, à Avignon n'useraient pas de plus de mesquinerie pour demander à la mère du prodige, d'un air plein de sous-entendus : « Alors, la petite, elle fréquente ? Comment ça se fait qu'elle ne se marie pas ?... »

La vieille fille prude et un peu gauche, c'est une image de marque à défendre. La vraie Mireille est ailleurs et si aujourd'hui au vermeil de sa vie elle chante superbement *La Solitude,* ne nous y trompons pas. Or bien malin celui qui découvrira un jour « l'homme » de Mireille Mathieu, « *L'homme qui sera mon homme / Quand je serai haute comme / Comme un peu plus de trois pommes…* » (Dabadie/Senneville/Toussaint).

Des rumeurs ont couru sur la supposée homosexualité de l'interprète de *Rencontres de femmes* (Marnay-Cogliati/Cassano). Comme s'il se fût agi d'un crime, la « petite » a cru devoir en répondre devant le tribunal de l'opinion publique dans son autobiographie *Oui, je crois* : « Je ne veux pas passer pour une vierge et encore moins pour une martyre. Où je ne suis pas comme tout le monde, c'est que je n'ai pas la vie que généralement on affiche. Où est l'homme ? Vous êtes lesbienne ? m'a demandé un jour une choriste.

— Non. Vraiment non.

— Ah bon !

— Je n'ai jamais su si elle était déçue ou satisfaite. L'homme le plus proche de moi, après mon père, je l'ai souvent dit, c'est Johnny. Alors on a murmuré, ou écrit, tout ce qu'il était possible sur Johnny. Eh bien, Johnny est ce qu'il est et ce que personne d'autre ne peut être à sa place. Celui dont j'ai dit : il est le peintre et je suis le tableau. Sans lui, je ne serais rien. »

On est allé jusqu'à affirmer que Stark fut l'amant de Mireille Mathieu, qu'elle avait perdu l'enfant qu'il lui aurait fait… Rien ne nous paraît plus fantaisiste ! Mireille a bien enregistré en 1988 *L'Enfant que je n'ai jamais eu* (Barbelivien/Pascal Auriat), mais il ne faut rien y voir d'autre qu'une mini-comédie de 197 secondes en un seul acte.

Guillaume Biro, le père adoptif de Pascal Auriat, qui fut aussi l'un des meilleurs amis de Dalida, s'en souvient : « Peu avant la disparition de l'un et de l'autre, Johnny Stark avait fait appel à Pascal pour lui proposer un contrat. Le rendez-vous eut lieu au Fouquet's. Pascal avait souhaité que je sois présent. Monsieur Stark expliqua à mon fils que, victime de plusieurs alertes cardiaques et inquiet de l'avenir de Mireille, il avait pris des mesures dans ce sens et souhaitait donner un nouvel élan à sa carrière, tout en assurant, de son vivant, sa succession auprès d'elle.

« — Tu as fait de l'excellent travail pour Linda de Suza, je crois que tu es le mieux placé pour répondre à nos attentes, déclara Stark à Pascal.

Il avait préparé un contrat qui fut signé sur place. Tout est limpide et transparent entre des gens de leur classe. Johnny Stark était un Monsieur. Pascal, lui, se réjouissait à la perspective de collaborer plus étroitement avec une chanteuse qu'il admirait et respectait profondément. Il lui avait d'ailleurs déjà servi une ou plusieurs autres de ses compositions. La gentillesse et la simplicité de Mireille, son professionnalisme, son immense talent surtout seront les derniers souvenirs que mon fils devait emporter de cette terre. Il partit peu de temps après, suivi de peu par Johnny Stark. »

XXII

LE STARK SYSTÈME SUR LA SELLETTE

« Malheureusement pour le show biz, les agents du fisc connaissent la musique, et quand ils poussent la note, la chanson est douloureuse. »

Les Dossiers du Canard, n° 13

DIX ANS !
Déjà ?

Mireille souffle publiquement ses bougies chez Guy Lux, entourée de Thierry Le Luron, Fernand Sardou et Frank Fernandel. En guise de cadeau, « Pépé Jo » offre à son athlète vocale deux mois de tournée au Canada suivis de deux récitals exceptionnels au Carnegie Hall. Quand les critiques new-yorkais « kifent », ils ne donnent pas dans la demi-mesure : 20 sur 20 pour Miss Mathiou ! Son accent anglais est *so glamourous*... « Pépé Jo » montre sa *happy face* des grands jours de victoire. Peuchère, Dieu sait pourtant qu'il revient de loin celui-là...

★

Une précédente tournée canadienne, à l'automne 1973. Stark s'est rendu à Montréal en éclaireur pour régler les derniers détails. Il aurait pu ne jamais revoir la Normandie. Son cousin de médecin l'avait mis en garde. Depuis le temps que le Butch saute d'un continent à l'autre sans jamais pouvoir s'arrêter, un jour son cœur lui joue un mauvais tour. Le voilà frais à présent avec des troubles cardio-vasculaires et un anévrisme de l'aorte ! « Après deux semaines de repos total, son état ne s'est pas amélioré, commente le docteur Michelangeli dans la presse. Certes sa tension a baissé, mais dès qu'on a voulu essayer de le lever, sa tension est remontée aussitôt, ce qui n'est pas normal. »

À l'unité coronarienne de l'hôpital Saint-Luc, les examens se succèdent. Tous indiquent qu'un remplacement partiel de l'aorte s'impose, mais Stark refuse d'être opéré ailleurs qu'en France. Or il est intransportable. Deux mois après son entrée à Saint-Luc, on décide de le transférer à l'hôpital Villa Medica. Là il attend que toutes les conditions soient réunies pour une intervention qui finalement a lieu à Houston, au Texas. Les meilleurs praticiens sont là-bas.

Après la disparition de sa tante, Mireille craint pour la vie de son cornac : « Pépé Jo » me manque beaucoup. *Don't worry,* Miss Mathiou, ton « pépé » n'est pas un douillet. Bien sûr elle lui rend visite, mais à présent que la marionnette marche toute seule, elle continue sur sa lancée ses grands écarts entre Berlin, Rio et le Fuji-Yama. Dès le printemps, comme l'arbre de Neuilly, *son* arbre, qu'elle regarde et écoute pousser, « Pépé Jo » retrouve toutes ses feuilles et entre eux la sève fusionnelle continue de couler.

⋆

Nous parlions donc anniversaire. Dix ans de succès ininterrompus. Plus élégante, plus affinée, plus féminine, plus jolie encore qu'à ses débuts Mireille Mathieu aborde à présent les questions des journalistes avec davantage de décontraction. À ceux qui lui demandent si après dix ans de scène on lutte encore contre le trac, elle répond : « Il m'a fallu trois ou quatre ans pour prendre conscience de mon métier. Au début, j'avais un peu peur. Mais maintenant, c'est de l'angoisse que j'ai. Quand je fais un "Top", j'ai 9,5 de tension et je me réveille la nuit pour répéter, moi qui ai besoin de dix heures de sommeil. »

Mathieu n'aime pas pour autant les choses conquises d'avance : « Quand ça ne marche pas, c'est de ma faute, c'est moi qui ai la parole. »

Tant que l'on parle ainsi, on reste un grand artiste, n'est-il pas, *Mister* Chevalier ? Momo serait fier de voir la belle façon qu'a son « poussin » d'enfourcher sa gloire, bien à l'abri de l'infecte basse-cour du show biz. Les pieds dans les starting-blocks, prête à commencer son tour de France estival, en 1976, la « petite » nous laisse sur le carreau lorsqu'elle décline les frissons du métier en empruntant aux troubadours : « Cela fait trois ans que je n'ai pas fait de tournée d'été. Pour moi, c'est comme si c'était la première fois. J'aime la scène, le public. Ça n'est jamais pareil ; des casinos, des plein air, des chapiteaux, des arènes, des fêtes de village, une ambiance, une trouille, ah ! Cette peur chaque fois. C'est dur, mais j'aime ce folklore. »

Stark lui avait prédit qu'elle ferait sa grande carrière vers trente-cinq ans. Elle n'a pas dépassé le cap des trente et *Tous les enfants* [des autres] *chantent avec moi* (Marnay/ Goldsboro) : où est l'urgence ?

« Ses chansons sont toujours aussi mièvres, sa gentillesse enfantine est la même qu'à ses débuts. Cendrillon, jalousement couvée par ceux dont elle a fait la fortune, semble plus que jamais à mille lieues de toute réalité. »

Il faut parfois distribuer des mauvais points à l'élève surdoué. Celui de *Télérama* n'est rien en comparaison de la fessée de Pascal Sevran, ce jeune homme blond au bras duquel Dalida se laisse parfois photographier.

Comme Iolanda Gigliotti en son temps, Sevran a pris pseudonyme. Cela n'a pas suffi à lui assurer le destin d'un chanteur à minettes auquel il aurait pu aspirer. À la vérité, passionné de musette et de « chansons à papa » (ils se renverront un jour l'ascenseur), proche d'intellectuels tels qu'Emmanuel Berl, Sevran écrit fichtrement mieux qu'il ne pousse la note. L'exact contraire de Mireille Mathieu. Dans un ouvrage sur le music-hall français (*Histoire du music-hall*), où il se presse d'enterrer à grandes pelletées nerveuses l'ex « nouvelle Piaf », la « petite » découvre le style « uppercutant » du grand copain de Georgette Lemaire pour lequel il a écrit *Vous étiez belle, Madame* : « Le public ne marche plus et pourtant il l'a aimée, la Demoiselle d'Avignon, et pourtant les magazines, la radio, la télévision participent à l'opération de sauvetage, mais le charme est rompu. Mireille Mathieu possède une belle voix française, elle avait du talent, on l'a bradée pour en faire une poupée de cire et de son. Quel gâchis ! En voyant cette petite bonne femme belle comme la vie entre les mains des princes du marketing international, on ne peut s'empêcher de crier au sacrilège. Quoi ! On a osé toucher à ce diamant brut pour en faire une pierre précieuse ; on a osé coiffer cette fille du vent, on a osé confisquer Marianne au peuple pour l'usage de la "Jet society". Mireille Mathieu méritait plus de considération et moins d'argent, elle vaut bien plus qu'une poignée de dollars, elle vaut bien mieux que les chansons froides comme le marbre qu'on lui impose. La vraie Mireille Mathieu renaîtra-t-elle de ses cendres ? On l'espère sans trop y croire. On a volé son cœur et son âme. »

Qu'y a-t-il à sauver dans cet avis de décès où ne manque que le mort ? La « petite » serait-elle réellement devenue une vedette de papier, ou bien, mordu par le soleil de la roche de Solutré, « saint Pascal » nous gratifierait-il d'un « Sermon sur la montagne » ?

Va pour le « trop d'argent », or dans ce domaine « le chameau ne voit jamais ses bosses » jure un proverbe arabe... Selon les règles de l'art et de la vie – « Avec l'âge l'art et la vie ne font qu'un », pensait Serge Braque – un artiste ne fait jamais l'unanimité. Mireille Mathieu peut-être plus qu'une autre a pâti et continue aujourd'hui à souffrir d'estocades, gratuites ou clairement argumentées. Qu'il nous soit tout de même permis de rappeler que d'Edmonde Charles-Roux à Paul Guth, ses partisans furent rarement de sombres idiots. Dans le réquisitoire de Pascal Sevran, « Pépé Jo » n'est pas nommément cité, mais les oreilles du Butch sifflent au moins plus de trois fois...

« Stark était un grand bonhomme », claironne Roland Berger, l'homme qui a permis à Dalida de trouver son talent, bien avant que Lucien Morisse et d'autres après lui ne le commercialisent. « Un grand bonhomme, droit, solide, un type formidable. Il était le seul dans son domaine à posséder une pareille trempe. Rien à voir avec les vautours et les ignares qui jalonnent ce métier. Avec lui, Mireille qui est une vraie pointure se trouvait dans les meilleures mains qui soient. »

Dans un livre de souvenirs publié en 1974, Roger Pierre rajoute à l'enthousiasme du fabuleux Roland Berger. « Jean-Marc Thibault et moi avons longtemps collaboré avec Johnny Stark, écrit-il. Une certaine presse bien intentionnée lui a fait une assez mauvaise réputation, et, pourtant, nous serions prêts à retravailler avec lui sans contrat, sans garantie, ce que nous ne ferions pas avec d'autres organisateurs de spectacles. C'est un grand seigneur, assez démesuré dans tout ce qu'il entreprend. Pour tenter de vous faire baisser votre contrat de trois cents francs, il vous invitera à un repas somptueux qui lui coûtera le double [1]. »

---

1. Roger Pierre et Jean-Marc Thibault, *C'est pour rire*, Paris, Stock, 1974.

Cette fois-ci les contempteurs et autres nervis au bâton mou, qui visent « Pépé Jo » via la « petite », vont trouver sur leur route un autre cerbère de qualité et d'influence en la personne de Michel Drucker. Après avoir laissé Sevran nous écouler du Sevran, quel intérêt d'écouter Drucker donner dans le Drucker ?

Là, il y a surprise.

Le « gentil » de service est d'avis que bien trop d'ordures ont été déversées dans la cour de la femme et de l'artiste. Le « cas » Mathieu, Drucker connaît. En 1965, lui aussi débutant, il était là lorsque la « petite » fit ses premiers pas devant les caméras de Marcillac. À l'instar de la chanteuse, parce qu'il n'a jamais brillé par ses résultats scolaires, il dut mettre les bouchées doubles pour creuser son trou et consentir à bien des sacrifices, afin de démontrer aux siens (ses frères ont fait les grandes écoles) qu'il n'était pas le raté de la famille. Mireille Mathieu n'a pas grandi au sein d'un giron aussi élitiste que celui du fils du docteur Drucker, or Michel retrouve chez elle le sens du travail acharné et de l'angoisse de déplaire qui leur est commun.

Le ton courtois mais ferme que Drucker choisit d'employer dans *France-Soir* n'en paraît que plus explicite : « Ayant débuté le même jour qu'elle à la télévision, je crois la connaître aussi bien que… Johnny Stark, son manager. Que n'a-t-on pas dit sur cette petite bonne femme, dont la voix exceptionnelle est une des plus belles voix du monde ! […] On ne devient pas une star par hasard. Si Mireille Mathieu est ce qu'elle est, il y a plusieurs raisons à cela. D'abord, je le répète, elle a une grande et belle voix, ce qui peut paraître élémentaire quand on a choisi la chanson pour métier, mais qui en France n'est pas du tout évident. Ne citons pas de noms. Elle a ensuite un beau visage que les photos et la télévision reflètent fidèlement. Enfin, et cela me semble très important, une touchante gentillesse que le public a tout de suite sentie. Ajoutez à cela une passion sans limite pour son métier, nourrie par une puissance de travail peu commune, et vous comprendrez pourquoi Mireille Mathieu est une grande vedette. »

★

Un artiste est à ce point dépendant de l'amour des foules qu'il ne se sent pas moins que fragile et provisoire en équilibre sur son fil. Durera encore ce que durera ; la Mathieu est dans la place et elle y reste ! Elle a tout fait pour ça et en coulisses « Pépé Jo » veille à ce qu'il en soit toujours ainsi.

« Pendant de longues années je fus interdite des plateaux de télévision lorsque Mireille se trouvait dans les parages, prétend dans ses récents Mémoires Michèle Torr. Stark mettait comme condition à la venue de "son" artiste le fait que je ne fasse surtout pas partie des autres invités. Mireille et moi étions alors les seules "chanteuses à voix". Nous venions de la même région. Bien sûr le parallèle était facile à faire, et la concurrence entre nous quasi naturelle. Certains ne s'en sont pas privés d'ailleurs. Nous nous entendions pourtant plutôt bien. Lorsqu'il nous arrivait de nous croiser, c'est-à-dire rarement, nous nous embrassions, nous parlions du pays, et nous échangions un "À bientôt !" courtois et sympathique. Très show biz, quoi ! En fait, Stark était vexé que j'aie osé décliner son offre. Du coup, il me snobait. Il faudra attendre mes premiers tubes, en 1973 et 1974, pour que ce blocage disparaisse enfin, et que l'idée de voir Mireille Mathieu et Michèle Torr partager une même affiche ne pose plus aucun problème à personne. Du moins officiellement [1] ! »

La « chiffonnière attitude », cela donne mauvais genre vis-à-vis de la clientèle. Or deux artistes face à

1. Michèle Torr, *op. cit.*, p. 54.

face, ce sont forcément deux ego qui s'affrontent. Fleuret moucheté ou barres de fer, selon l'éducation reçue...

Connue pour sa franchise de ton, en 1977 Nicoletta délivre cette déclaration étonnante : « Pour mieux faire naître Mireille Mathieu et lui permettre de bien s'installer, son imprésario n'a-t-il pas fait "signer" une autre débutante, dont le talent pouvait menacer la première, sans avoir une seconde projeté de la faire enregistrer ? Liée par contrat, la pauvre chanteuse se trouvait ainsi muselée et maintenue en hibernation jusqu'à ce que la célébrité de l'autre fût inébranlable. Par ailleurs, j'ai la certitude que, si la débutante forcée au silence est forte, elle parviendra à se libérer du piège et à rivaliser avec la "première" qui, du reste, ignore le plus souvent être le centre de telles manœuvres.

« Quant à moi, si j'apprenais que mon directeur artistique a engagé une fille qui a du talent pour éviter qu'elle ne me fasse du tort, je piquerais une méchante colère [1]. »

*

Son certificat de bonne conduite signé Michel Drucker en poche, on regarde Mireille s'envoler la foi tranquille vers le Brésil trépident ; Air France l'a choisie comme ambassadrice pour inaugurer la nouvelle ligne Concorde Paris-Manaus-Lima. Descendue à Manaus, en plein cœur de l'Amazonie, la « petite » se donne en spectacle sur la vaste scène de l'opéra d'Avignon, quatre-vingt-dix ans après Sarah Bernhardt. Va-t'en savoir si la Mamet ne l'a pas un jour applaudie, au pays, cette Sarah quelque chose ?!

1. Nicoletta, *45 tours et puis s'en vont*, Paris, Robert Laffont, 1977.

De retour en France, Super Mathieu enchaîne avec une opération chanson à vocation footballistique. Marchant sur les traces de l'empereur, les « Verts » de l'AS Saint-Étienne engagés dans la grande épopée européenne, peuvent compter sur Mireille pour stimuler les troupes. Comme elle fut de « Glasgow », elle sera cette fois de « Saint-Étienne » pour le match retour. Le foot : Mimi adore ! Ce sont là goûts de garçons, mais ça la dépayse, tu comprends. Les boutiques, le cinéma et les ballades au bois mis à part, elle ne connaît pas d'autres modes d'évasion... avoués. Pour le reste, on attend encore le nom de l'heureux élu. « *The winner is...* »

Or quand on lui parle mariage, à mesure elle se claquemure dans un silence obstiné : « Je ne veux pas parler de cela. » Reçue à Neuilly par la Demoiselle, Anne-Marie Duval de *Télé-Star* n'obtient rien de plus que ses prédécesseurs : « Pour l'instant, ma vie c'est mon métier et j'espère que dans dix ans, ça sera encore mon métier. » Là-dessus, Mimi, Mireille, MM, la Mathieu et la « petite » se lèvent comme une seule femme pour toucher le premier objet en bois à portée de main : une table. « C'est pour conjurer le mauvais sort... »

— Bile pas, Mimi, aurait soufflé Maurice Chevalier.

Preuve que cela marche encore : l'Avignonnaise est engagée pour une nouvelle tournée mondiale avec comme partenaires les Muppet's en plumes et sans os ! « Pépé Jo » a sûrement pris toutes les mesures pour l'abriter des pulsions meurtrières de Miss Piggy. Tu sais, maman, cette cochonne-là elle aime pas beaucoup les « ôtres » femmes !...

En avant-première chez les Carpentier, « Pépé Jo » la fait bouger avec le chorégraphe Barry Collins, la met en situation comique avec Roger Pierre, lui fait apprendre à se taire avec Marceau, le mime, qu'elle a déjà rencontré à New York. Ensuite, il mélange le tout et expédie les cassettes de l'émission au Canada, au Mexique, en Amérique du Sud, au Japon, aux

Philippines, en Australie. Après la diffusion du show dans chacun de ces pays, Mireille n'a plus qu'à aller ramasser ses lauriers sous toutes ces latitudes. Non pour démontrer aux gratte-papier de Paris qu'elle n'est pas encore devenue une vedette en peluche, mais parce qu'à défaut du corps il faut bien que la voix exulte, con !

*

C'est un autre genre de représentation que « Pépé Jo » offre à la capitale française, sur la scène d'un palais volé à nos rois. Du chêne du bon Saint-Louis il ne reste plus que les glands, mais la République aime à faire de la Justice des hommes un spectacle dont la pompe et la machinerie n'abusent pas les gens de théâtre.

La danse de Stark sous le glaive et la balance remonte à juillet 1973, date d'un dépôt de plainte par le ministère des Finances pour infraction à la législation sur les changes. En clair, le service des douanes soupçonnait alors le manager de Mireille Mathieu d'avoir encaissé à l'étranger, sous le couvert d'une société de Genève (la société M.E.P.A.), des revenus provenant de l'exploitation de l'activité artistique et discographique de la chanteuse dans tous les pays non francophones.

Cinq mois après l'ouverture de l'enquête par la section financière du parquet, Mireille Mathieu était entendue par un juge au palais de justice, en qualité de témoin. Sans « Pépé Jo », retenu au Canada à cause d'un anévrisme de l'aorte, on s'en souvient.

Les agents des douanes étant de ces tortues dont La Fontaine fit des fables, celle du Vieux Lion et des gabelous rebondit en 1976. Avec dans la course une autre bestiole à caractère tenace : le fisc...

Il y a donc double plainte et là on ne parle plus soupçons. Les douanes avancent le chiffre d'un avoir de 8 millions de francs, constitué illégalement par

Stark, grâce à la fameuse M.E.P.A. Par solidarité, le fisc jette dans la balance ses propres chiffres et griefs : 6,5 millions de francs de dissimulation de recettes et de bénéfices, dont une partie comptabilisée sous forme de cadeaux extrêmement chers, distribués à des membres de sa famille, à des relations professionnelles ou à des journalistes.

« Fraude fiscale, c'est depuis quelque temps le crime sans pardon de multiples personnalités, médecins, avocats, vedettes du spectacle, la grande traque fiscale continue, est-il avoué dans *France-Soir*. Avant Johnny Stark, Charles Aznavour, Johnny Hallyday, Claude François, Robert Judet, l'architecte de Parly II et d'Élysée II, l'agent immobilier Robert Mollard, avaient fait l'objet de la curiosité des fonctionnaires des Finances [1]. »

Guy Lux, qui affirme ne se faire « l'avocat de personne », est d'avis que la « publicité destructrice » donnée à toutes ces affaires est carrément « inadmissible ». Selon lui, les vedettes ne gagnent pas le centième de ce que l'on pense : « À quoi cela sert-il d'en faire état, alors que les milliards de certains scandales nationaux sont passés sous silence : Sécurité Sociale, prélèvements sur les jeux et les courses, investissements fonciers, détournement de fonds de la vignette destinée aux vieillards, Centre Beaubourg, lenteurs de la justice, grands travaux entrepris et symphonies inachevées [2]... »

D'autres, tel ce journaliste du *Crapouillot*, se montrent généreusement dubitatifs : « Sous prétexte que, depuis quelques saisons, la rue de Rivoli pratique la chasse au gros, et que les polyvalents font des safaris dans la jungle du show business, certaines bonnes âmes voudraient nous attendrir sur le sort misérable de quelques

1. *France-Soir*, 30 novembre 1976.
2. Guy Lux, *op. cit.*, pp. 267-268.

millionnaires (lourds) sauvagement agressés par les agents du fisc et emmenés sans douceur en maison de redressement (fiscal).

« Halte-là ! bonnes gens, gardez votre indignation pour des causes plus dignes ! Le sort de ces parias ne vaut pas tant de larmes. On ne les a pas encore vus à la soupe populaire et, s'ils couchent sous les ponts, ce sont toujours des ponts d'or.

« S'il est un vrai scandale fiscal dans le show business, c'est celui de la taxation des disques (de musique classique ou de variétés). Ceux-ci, en effet, sont frappés d'une TVA au taux majoré de 33, 33 % (la même que pour les livres pornographiques ! Rue de Rivoli, où l'on ne répugne pas à faire son beurre sur le dos des adolescents, ne sont-ils pas les premiers acheteurs de disques [1] ? »

En somme, peuchère, ne volerait-on que les voleurs ? C'est à perdre son peu de latin !

Dans la presse, qui lui donne du « Tonton fraudeur » avant tout jugement, « Pépé Jo », bien sûr, assure avoir confiance en la justice de son pays. « Ça me fait sourire les sommes avancées, explique-t-il dans *France-Soir*. Tout à l'heure, j'ouvre la radio et j'entends sur un poste périphérique parler de milliards. Même anciens, vous vous rendez compte de ces chiffres. Je ne suis pas une industrie, un secteur de l'activité du pays, comme ce fabricant d'avions, vous voyez ce que je veux dire… Je suis simplement un monsieur qui s'occupe d'une petite artiste. »

Nous ferons grâce au lecteur du commentaire des journalistes sur la « petite artiste », un terme pour la première et dernière fois employé par Stark à propos de Mireille Mathieu. Il se sent relax, notre « Pépé Jo » : « Je suis certain que la prochaine fois que nous nous retrouverons, ce sera pour parler métier. »

1. *Crapouillot*, n° 38.

★

Le Quotidien de Paris, 12 juillet 1977 : « La 11e chambre correctionnelle de Paris condamne Johnny Stark à 18 mois de prison avec sursis pour fraude fiscale et douanière. Monsieur Stark devra verser aux douaniers 4 millions 554 000 francs à titre de rétribution, et la même somme à titre d'amende douanière. Le jugement sera publié au *Journal Officiel* et affiché à la porte de son appartement. »

« Pépé Jo » est un inguérissable joueur. Cow-boy jusqu'au bout du chapeau qu'il coiffe parfois, il n'est pas du genre à crier haro sur le baudet pour se plaindre de harcèlement. La dragée avalée on l'imagine plutôt levant son verre à la santé de « mes amis, mes amours, mes emmerdes » pour célébrer ses challenges à venir.

Ainsi va la vie au pays de Johnny !

C'est pour cela qu'on l'aime « Pépé Jo ». Parce qu'il est classe et « régulier », comme disent les gens d'un certain milieu, parce qu'il sait encaisser comme un vrai mec doit être en mesure de le faire. Que nous voilà loin de la mentalité de certaines crapules en *Golden Lady*, producteurs malhonnêtes, lâches et pervers, toujours en course aujourd'hui, qui, délaissant un temps leurs gigolos, courent pleurer dans les jupons de la Justice au moindre bobo, à la recherche de nouveaux profits bien mal acquis.

★

Les tarifs pratiqués par « Pépé Jo » pour un gala de Mireille Mathieu ne sont pas un secret d'État. Au mitan des années 70, Stark/Mathieu réclament 45 000 francs par représentation, ce forfait incluant une première partie de ballets. Soit l'équivalent de deux années de SMIC… à partager avec le fisc. À cachet égal avec Sylvie Vartan (entourée de sa troupe) et Charles Aznavour,

Pygmalion et sa muse sont deux fois plus gourmands que Dalida, un quart plus exigeants que Tino Rossi, Coluche ou Annie Cordy. Plus précieuse encore qu'Hallyday, Claude François ou Serge Lama, notre « petite » ! En terme boursier, cela s'appelle être « coté ». Internationale nous sommes, internationale nous resterons, n'est-ce pas, chère Mireille ?

En mars 1978, Claude François se retire définitivement de la compétition, laissant un grand vide et de nombreux projets : un duo de formalité à la télévision avec Sylvie Vartan, le jour de sa mort, mais plus sérieusement l'enregistrement de *Quelquefois* (une chanson qu'il a créée avec Martine Clémenceau) en anglais avec Mireille (*Time to time*). Il était également prévu une version allemande eu égard à l'imposante notoriété de M. M. outre-Rhin.

Adieu Cloclo. Le spectacle se doit de continuer.

XXIII

MORT DU BUTCH

« Mon âme est ou n'est pas. Si elle est, elle est de toute éternité. »

Alexandre Dumas

Il y a déjà plusieurs années que les disques de Mireille Mathieu ne sont plus édités sous le label Barclay. Au profit de Philips.

À l'origine de la rupture entre le Butch et le nabab de Saint-Trop ; une autre histoire de gros sous. On connaît la mentalité qui prévaut chez nombre d'éditeurs. S'il y eut autrefois des mécènes parmi eux, ces « gens-là » oublient trop souvent qu'ils ne sont plus aujourd'hui que des marchands avec ou sans tapis, au service de l'artiste et non l'inverse. Nous n'ignorons pas non plus qu'en la matière le Butch ne fut jamais un lapin de six mois. Ainsi, plus d'une fois Barclay allait-il se faire rappeler à l'ordre par « Pépé Jo » par petits papiers bleus interposés. Plus d'une fois, le Barbe-Bleue du show biz relèverait le gant. Jusqu'au duel final.

Le divorce fatalement survint, après une première séparation. L'un et l'autre avaient pourtant mis du leur, jouant sur le chaud et le froid de l'amitié passionnelle pour mieux cacher la forêt de royalties qui les séparait.

Stark : « Je serais très content de traiter à nouveau avec Eddie. Je l'aime bien. Mais je ne suis pas d'accord sur sa gestion et sur son entourage. Il y a autour de lui seulement quatre personnes valables... Je passerais même sur tous les autres petits ennuis, notamment sur le fait que nous ne recevons plus les comptes des royalties qu'avec un an de retard. »

Grégoire Katz, directeur de Barclay : « En moins de quatre ans, nous avons versé plus d'un milliard d'anciens francs à Johnny Stark ! »

Lorsqu'il défend son patron et ses intérêts, M. Katz n'accomplit que son travail. Encore omet-il de préciser à partir de combien de milliards – encaissés grâce à Stark et à la voix magique de notre petite poupée *Made in France* (Delanoë/Bourtayre) – un Barclay peut s'estimer en dessous du seuil de pauvreté...

La Mamet, elle, aurait fait plus court : « Plus ils en ont, plus ils en veulent ! »

Encline à respecter tous les protocoles, en mai 2005, Barclay disparu, dans *Le Parisien* la fée Mireille devait remettre bon ordre dans les souvenirs : « Je le savais malade, mais pas aussi gravement. Quand j'ai entendu le flash à la radio, ce matin, ce fut un grand choc. Superstitieuse, je n'aime pas du tout les vendredis 13. Je les crains. [...] Barclay était un très grand seigneur. Il était le pape du show biz. Il aimait les artistes sans doute parce qu'il était lui aussi un artiste, un grand musicien de jazz. Il aimait ce métier de producteur et vivait pour cette passion, toujours à la recherche de nouveaux talents.

« L'homme était séduisant, charmeur. Bien qu'invitée, jamais je ne suis allée à ses fameuses fêtes de Saint-Tropez. En revanche, il nous invitait à Paris, c'était très intime, plus calme, il était au piano. Je suis très triste. »

★

En France, le début des années 80 sonne disco, punk et ska, et super Goldman arrive sur son cheval blanc drainant dans son sillage toute une armada d'auteurs-compositeurs-interprètes résolus à abolir l'ère des Lux, des Gilbert, des Drucker, des Martin et des Carpentier auxquels ils n'avaient pas accès jusque-là. Dans un livre étonnant sur les dessous de l'Olympe de la variété française, Michel Drucker dénonce l'ostracisme qui a cours en ce royaume : « J'ai encore en tête des discussions très serrées avec Alain Souchon qui, souvent, m'a demandé :

« — Il y a qui dans l'émission ?

« Sous-entendu : je veux bien y participer mais je m'estimerais déshonoré d'avoir à chanter en duo avec Mireille Mathieu... Ceux qui me disent : je ne viens pas, ce n'est pas ma famille, ceux-là entretiennent des chapelles, toutes les chapelles [1]. »

Mireille Mathieu interprétant *New York New York* (adapté par Eddie Marnay), dans une robe-sac à paillettes sur la scène du Sporting de Monte-Carlo et Jean-Jacques Goldman saignant sur sa Gibson dans un vieux jean usé font-ils le même métier ? Une question qui n'effleure pas Mireille. Goldman a bien déclaré que la façon de chanter de Mathieu et celle de Michèle Torr étaient démodées mais si cette réflexion avait un sens, qu'est-ce que la mode face aux goûts ? En 1998, J.-J. G. fera amende honorable en invitant la « petite » aux « Restos du cœur », dont il est l'éminent patron.

Et la bougresse prendra même un malin plaisir à interpréter *Femme libérée* en trio avec Julien Clerc et... Alain Souchon, tous deux à peines audibles à côté d'elle. « J'ai adoré, avoue Mireille. Je devais répéter une heure et je suis restée quatre. On a chanté tous ensemble avec Jean-Jacques. Il n'y avait pas l'hypocrisie qu'on

1. Michel Drucker, *Hors antenne*, Paris, Calmann-Lévy, 1987.

trouve souvent dans ce métier. En France, la grande famille de la chanson, ça n'existe pas. Alors qu'en Allemagne, en Russie ou aux États-Unis, les artistes se saluent entre eux, il y a une courtoisie. Ici, ça n'est pas le cas. Les Enfoirés sont une exception [1]. » Goldman une exception, sans doute.

À quel moment parle-t-on de la vocation première de l'œuvre de Coluche, à l'époque où les amuseurs publics avaient de la gueule et une dimension, mais ne se privaient déjà pas de piocher allégrement dans le patrimoine humoristique pour « créer » des boutades maison ? Dans son florilège littéraire des « petites curiosités françaises », Jérôme Duhamel, petit-fils de Georges, nous en fait une éclatante démonstration, en juxtaposant les phrases de Coluche à celles que d'autres, comme Sacha Guitry, Georges Courteline ou Tristan Bernard avaient prononcées avant lui. Jusqu'au bout, Papy Mougeot se sera bien payé la tête du peuple… et celle de Mireille Mathieu. Celui-là aussi, qu'est-ce qu'il a pu nous la chambrer notre « petite » ! Sans toutefois tomber dans la méchanceté de ses pairs. À l'instar de Maurice Chevalier (étiqueté pingre) qui a laissé l'empreinte de sa générosité en créant à Ris-Orangis une maison de retraite pour les vieux comédiens en difficulté, Coluche est parti en léguant à l'humain ses fameux « Restos ».

Ne perdons pas de vue que cet organisme reste avant toute chose une œuvre caritative et non un appareil destiné à promouvoir des artistes en mal de publicité. D'extraction modeste, sans être Mère Teresa Mireille cultive un certain sentiment de solidarité. Cela ne mange pas de pain, penseront certains. On peut la croire sincère quand elle se dit sensible à la misère et au malheur d'autrui. En 1985, lorsque Line Renaud la sollicite pour monter la AACS (Association des artistes

1. *Platine*, novembre 2002.

contre le sida), Mimi fait plus que participer. Dans son autobiographie, la pétulante Line lui rend hommage : « De son côté, Dalida lance un branle-bas de combat, convainc d'autres artistes, entre autres Mireille Mathieu qui reprend à son tour la chaîne de la solidarité et appelle d'autres amis [1]... »

Autre exemple d'implication de la « petite » au service des démunis : la distribution de cadeaux aux enfants déshérités sur la place de la Madeleine à Paris. Une manifestation clinquante à laquelle elle prête régulièrement son concours, avec Stéphane Bern, son ami et partisan. Et encore sa participation au gala de solidarité « Asie du Sud-Est », le 30 janvier 2005 à l'Opéra-Théâtre d'Avignon, en compagnie de Jean Alési, d'Emma Daumas et de Daniel Auteuil.

En France, toujours, à Paris, en janvier 2001 elle offre sa voix en hommage aux victimes des attentats du 11 septembre, dans les jardins du Luxembourg.

En Belgique enfin, on n'a pas oublié les visites de M.M. dans un centre pour enfants handicapés, en compagnie de la reine Fabiola. Ni son concert donné en 1988 au Forest National de Bruxelles, au profit des œuvres de la princesse Paola.

Beaucoup trop de beau monde, de diadèmes et de photographes au cœur de toutes ces actions, mais l'essentiel est de participer, n'est-ce pas Monsieur de Coubertin ?... Qui nous dit qu'en douce, la « petite » n'ouvre pas son cœur et son escarcelle à d'autres êtres ou causes en souffrance ?

À Avignon autrefois, vivait Charlot, un ami de Marcelle et Roger. « Une longue barbe, un grand pardessus et un béret », souvent Charlot venait distraire les petits Mathieu, le soir, dans l'appartement en Fibrociment du quartier de la Croisière (avant l'ère de la

1. Line Renaud, *Les Brumes d'où je viens*, Paris, Édition n° 1, 1989.

Croix-des-Oiseaux), puis repartait, seul, dans la nuit, avec sa vieille boîte de conserve que maman Marcelle avait garnie avec une louchée de lentilles ou de pois chiches. Jusqu'au jour, un matin d'hiver, où Charlot fut retrouvé mort, de froid sans doute, recroquevillé au pied d'un arbre. Devenue riche et célèbre, Mireille eut une pensée pour lui. Elle aurait voulu faire son bonheur, mais il était trop tard.

Foncièrement généreuse et concernée, notre Mimi ? Pas moins que ses pairs, et beaucoup plus que d'autres que l'on voit plus souvent chez les grands couturiers que dans les locaux du Secours populaire. Ceux-là oublient que donner est le propre de l'artiste.

Or branchés ou pas, c'est une loi naturelle pour les anciens que d'être bousculés. À leur tour, les jeunes moutons subiront un jour le joug du jeunisme. D'autres farfelus viendront, qui feront danser les foules. Naîtra alors la nostalgie et l'on parlera d'eux comme du bon vieux temps, en maugréant contre les « nouveaux ». À l'aube des années 80, Goldman n'en est qu'à ses glorieux balbutiements, mais il est né sage, il sait déjà tout cela. Comme il n'ignore pas que la Mathieu compte à son actif plus de quinze ans de notes attaquées de front et d'odeurs de coulisses, de scènes internationales jonchées de fleurs et de bravos criés dans toutes les langues, de décalages horaires et de bagages perdus dans les aéroports. Quinze ans de sourires gratuits « pour la photo » et de « Oui, Pépé Jo », qui ont signé sa réussite et ne la font plus pleurer.

« C'est Mireille qui détient chez nous le record du nombre de shows télévisés ! » clame un ami de la chanteuse. Presque autant que toutes les marquises de la variété française réunies. L'exploit consiste non pas à squatter les écrans de télévision, mais à y capter l'attention du public de manière à ce qu'il en redemande. Chez les célèbres producteurs, dans des sketches musicaux et autres duos, Mimi fut tour à tour la maîtresse de Delon, la partenaire de Gene Kelly, celle du ténor Ruggiero Raimondi (ils interprétèrent ensemble le sublime *Night and Day* de Cole Porter), comme celle de Chantal Goya (déguisées toutes deux en Poulbot, elles chantèrent *Des sous, des souliers*). Elle fut itou une fille du rock avec Johnny et Sardou, toute de cuir vêtue, et encore Mozart, sous la dictée de Roger Pierre, son professeur *ès* rires. Aux dires du célèbre fantaisiste l'élève fut toujours à la hauteur.

Michèle Lorin, une amie du comédien Dominique Paturel, se souvient de l'un de ces tournages : « Dominique m'avait emmenée un jour aux Buttes-Chaumont pour un sketch chez les Carpentier qu'il devait enregistrer avec Roger Pierre, Jean-Marc Thibault et Mireille Mathieu. Le public étant constitué de figurants rémunérés, nous, les invités, n'avions pas accès au plateau. On nous avait donc placés dans une sorte de foyer d'où nous pouvions suivre l'émission sur un petit écran. Mireille fut parfaite, mais lors des répétitions il y avait eu un problème dans la mesure où Paturel, Pierre et Thibault, rois du gag et impénitents trublions, avaient risqué une improvisation qui fit perdre pied à Mathieu. En un mot, ils avaient commencé à "dérailler" comme cela se fait entre vieux cabots. Mireille, très jolie, très "bonne famille" et très disciplinée, mais qui n'est pas actrice de métier, connaissait son texte à la virgule près. Une virgule qu'il ne fallait pas déplacer. »

⋆

Chez Maritie et Gilbert Carpentier, toujours, en 1982 le comédien Patrick Duffy, l'un des héros de *Dallas* (un *soap opera* de luxe qui débuta en 1978 sous forme de mini-série pour se terminer quatorze ans plus tard), est accueilli en *guest star* par Mimi d'Avignon. « Rendez-vous » commercial ; tous deux sont tenus d'assurer la promotion télévisée d'un titre déjà rendu fameux par le disque et la radio : *Together we are strong.* Au grand mécontentement de Mme Duffy, jalouse de Mireille.

Dans son livre *Merci les artistes*, Maritie Carpentier nous régale de sa version du « cas de conscience » de Mireille Mathieu dans l'épisode « Patrick Duffy » : « Très grand, portant chapeau de cow-boy, chemise à carreaux et lacet de cuir pour nouer son col, Patrick Duffy, plus connu en France sous le nom de Bobby Ewing, le frère de J.R. dans *Dallas*, débarque à Roissy où nous l'attendons avec des photographes. Il tient ostensiblement par le cou une petite femme blonde qu'on n'aurait pas remarquée s'il ne l'avait pas serrée aussi farouchement contre lui, et si elle n'avait pas fait... la tête – pour rester polie. Photos, interviews, champagne dans le salon des VIP, puis Stark emmène en limousine le héros du jour et l'on se retrouve le lendemain au studio.

« Là, le réalisateur s'aperçoit que le duo Mireille et Bobby n'est pas cadrable : ils doivent bien avoir trente ou trente-cinq centimètres de différence. On apporte donc un cube de cette hauteur, on y juche Mireille, et cela devient un gag assez touchant : le géant et la petite Française ! Mais Mireille ne rit pas du tout ; elle demande à nous voir et nous dit :

« — Je ne peux pas être dans les bras de Patrick Duffy et jouer les amoureuses avec sa femme qui ne me quitte pas des yeux et me foudroie du regard. C'est insupportable.

« Nous avons eu le fin mot de l'histoire : les Duffy avaient lu dans l'avion un journal français, bien connu pour aimer les ragots et les potins, lequel annonçait une *love story* de Mireille avec le héros de *Dallas* venu la rejoindre à Paris ! Gilbert a eu *la* bonne idée : puisque Mme Duffy avait demandé des adresses de boutiques et de grands magasins, il fallait qu'un assistant lui propose de l'emmener faire ses courses “avant les embouteillages de fin de journée" et qu'ils partent tout de suite. Miracle ! Elle accepte et, à son retour, tout était dans la boîte : chansons et enchaînements.

« Quant à l'émission, diffusée le samedi suivant, elle a battu les records d'audience, égalant même l'indétrônable Tino Rossi. »

★

Quand il ne sert pas, le folklore n'empêche rien et Mireille renoue cette année-là et la suivante avec le triomphe international, à travers une longue tournée sur les cinq continents. La voici une troisième fois présentée à Elizabeth II lors du très institutionnel gala du Royal Performance. À la même époque, Julio Iglesias lui sort son violon : « J'ai un faible pour les chanteurs européens. Si je devais choisir entre un récital de Tom Jones et un tour de chant de Mireille Mathieu, je choisirai Mireille. Bien que si petite, elle a une si grande voix, la plus belle de France, qui la transfigure de la tête aux pieds [1] ! »

Le public français reste dans la manche de l'Avignonnaise. En 1984, alors que tous les anciens rament, sa tournée d'été lui offre les meilleures garanties pour sa grande rentrée parisienne de janvier 1986, après treize ans d'absence sur une scène de la capitale française. Devant une salle de 3 700 personnes pleine chaque soir comme un œuf, la « petite » brûle sa flamme au palais des Congrès pendant quatre semaines à guichets fermés. Le soir de la première, tous ses auteurs, anciens et nouveaux, sont présents (Eddie Marnay, Pierre Delanoë, Marie-Paule Belle, Didier Barbelivien). Composée par Stark, la salle est prestigieuse : Delon, Cardin, Chazot, Manuel, Le Luron, Verneuil…

1. Julio Iglesias, *Julio raconte Iglesias*, Paris, Michel Lafon-Carrère, 1985.

Succès oblige, le spectacle est prolongé d'une semaine.

Juste avant Paris, sous un mistral contre lequel elle aurait pu perdre, « Mireille d'Avignon » s'est offert un petit triomphe personnel en revenant chanter en plein air dans sa ville natale. Voilà plus de vingt ans qu'elle n'y a avait pas paru sur une scène. Un comble !

« C'était la veille même de l'ouverture du Festival 85, raconte l'enfant prodigue dans ses Mémoires, et je savais que cela ne faisait pas plaisir à ses organisateurs que Mireille Mathieu chante sur la Place du Palais-des-Papes, devant le fameux palais où l'on allait jouer dès le lendemain les auteurs sérieux… »

Convaincus que Mathieu ne gagnerait pas chez elle, paraît-il qu'à l'issue du spectacle qui se termina en apothéose, les organisateurs du Festival furent les plus prompts à applaudir…

Aux yeux des Français, la Mathieu est alors la chanteuse la plus populaire avec Michel Sardou. Tous deux sont couronnés par le public aux *Victoires de la musique*. Où est le désamour pointé par Pascal Sevran dix ans plus tôt ? Sevran dont Mireille enregistre une gentille chanson jadis refusée par Dalida : *C'est peut-être moi qui partirai*, coécrite avec Serge Lebrail et joliment mise en musique par Pascal Auriat – tous trois furent les parents d'*Il venait d'avoir dix-huit ans*. Un bon passeport pour être reçue chez l'ami de *Ces malades qui nous gouvernent*, dans une émission de télévision qui préfigure *La Chance aux chansons*.

Quelques années plus tard, la « petite » se dira meurtrie d'autres déclarations publiques de Sevran peu amènes à son égard. Des propos rapportés à la chanteuse absente de France pour cause de triomphe à l'étranger, par des amis qui lui voulaient certainement du bien. Pardonne, Mireille, ce caprice d'enfant à l'adulte Sevran.

Il te boude aujourd'hui dans ses émissions peuplées de fantômes, les mêmes que dans ses livres. Souviens-toi de ce qu'il écrivait sur Sheila en 1978 dans le fameux ouvrage où il dénonçait tes « chansons de marbre » : « Ceux qui s'étonneront de ne pas trouver Sheila, par exemple, au tableau d'honneur des années 60, ne savent pas ce que music-hall veut dire. » Et encore, comme si la chose ne fut pas suffisamment admise : « Sheila le music-hall connaît pas. »

Plus tard, le même ne jurerait plus que par Annie Chancel pour lui réserver, ô faveur !, une paire de sabots chaque fois que la maman de « Ludo » se porterait candidate au « bonheur dans le pré » à Morterolles. Tout espoir n'est donc pas perdu.

À toutes fins inutiles, cher Pascalou de nos souvenirs, pour la « petite » prévoit du 33 1/2 senior et pourquoi pas une nouvelle chanson. Sans marbre s'entend…

⋆

Le succès, toujours le succès, qui continue à obéir à la loi des séries. Le tabac au palais des Congrès ne pouvait qu'engendrer une nouvelle tournée mondiale. Un truc énorme avec une escale mémorable en Chine, filmée pour la télévision française. Lorsque Mireille rentre à Paris, la journaliste Jacqueline Cartier (*France-Soir*) met le point final à la rédaction de l'autobiographie commandée et supervisée par Stark : *Oui, je crois.*

« Je suis allée à Avignon interroger toute la famille, confesse Jacqueline. Ensuite, j'ai voyagé dans les meilleures conditions avec Mireille à travers le monde pour la suivre dans ses tournées. » L'entreprise achevée, la « petite » n'a plus qu'à empocher des droits d'auteur sonnants et trébuchants qui dégringolent dans son escarcelle déjà rondelette de cigale en exil.

Dans ses propres Mémoires, Charles Ronsac, directeur de la collection « Vécu » chez Robert Laffont, rend hommage à l'honnêteté morale de Mireille Mathieu :

« Et que dire des artistes ? Comédiens, musiciens ou autres, ils sont bien peu nombreux ceux qui peuvent se passer d'assistance. Et qui croit que tel chanteur ou chanteuse a écrit son livre sans “nègre” ? À cet égard, Mireille Mathieu a honnêtement – et heureusement – innové en acceptant que le nom de sa collaboratrice, Jacqueline Cartier, figure sur la page de titre de son “Vécu”, mieux : en chantant ses louanges en public. »

« J'ai été deux fois livre d'or ! » nous a confié personnellement Mireille, en 2003, avec une candeur désarmante. D'aucuns se moqueront, mais en acceptant de se rendre chez Patrick Sabatier au *Jeu de la vérité*, elle les a mises en avant. Là où Vartan se dégonfle et Goya se laisse piéger, là où Dalida avertit qu'elle ne dira que *sa* vérité, elle y va de tout son naturel pour leur faire à tous une nique royale. Notamment lorsqu'un téléspectateur lui demande son avis sur une récente déclaration de Michel Berger : « Il existe peu de grandes vedettes en France, France Gall a un boulevard devant elle. » La « petite » rappelle au préalable qu'elle et France Gall partagèrent la même loge dans la tournée d'Hugues Aufray, vingt ans plus tôt. Puis elle répond en substance qu'elle apprécie et respecte Michel Berger, et que si son épouse a un boulevard devant elle, elle, Mireille Mathieu, a un océan. Sans doute a-t-il la chance de faire une carrière en France, mais, elle, Mireille Mathieu, a le privilège de chanter en langue anglaise, espagnole, allemande, japonaise, etc. Son succès à l'étranger est la parade la plus souvent utilisée par Mireille pour défaire ceux qui la dénigrent ou tentent de minimiser son prestige.

Si commentaires il y a sur sa prestation chez Sabatier, aussi remarquée que chez Chancel au *Grand Échiquier* – sur le même plateau elle a chanté *Tous mes rêves*, l'aria composée par Michel Legrand, en duo avec Placido Domingo –, l'intéressée ne les entend pas. L'air de Scandinavie est bien trop pur et l'Allemagne toujours si empreinte à recevoir « MM » pour une série de shows et de récitals dans chaque État de la République fédérale…

Or le plus joli coup de Mireille en 1987, c'est le Stadium de Moscou : vingt mille personnes chaque soir pendant vingt jours. Monstrueux ! Après cela, on peut revenir la frange haute tourner en France, en Italie puis à nouveau s'envoler vers la Scandinavie.

★

Comment se porte notre Butch ? Il n'est pas au mieux. Le cœur, toujours. Chez lui, tout part de là. Le 24 avril 1989, à 12 heures 30, au centre médico-chirurgical de Suresnes, « pour la première fois l'aigle baisse la tête ». Dix ans après son divorce d'avec Nicole. « Le Roi est mort ! » Vive Johnny Stark ?

En dehors de l'émotion suscitée chez ceux qui garderont le meilleur souvenir du « Cow-Boy », c'est à Mireille que l'on pense, vers elle que se tournent les regards. Que va devenir la Demoiselle sans lui qui respirait pour elle et qui à présent repose en Avignon, dans le caveau familial des Mathieu, comme s'il eût épousé l'une des filles du tailleur de pierres ? Dans un univers impitoyablement machiste et accessoirement méchant, l'épaule de Stark était ce qui préserve du pire. Pour la deuxième fois, après le décès de papa Roger en août 1985 (une rupture d'anévrisme), à trente-neuf ans, la « petite » se sent orpheline. Plus qu'un trou, c'est un gouffre. Affectivement, elle est perdue. Professionnellement, tout le monde s'accorde à reconnaître que l'on ne rencontre qu'un seul Stark dans sa vie.

Didier Barbelivien, alors très en cour sur le marché de la variété française, prend le deuil au bond et présente à Mireille une chanson bouleversante en hommage au Butch, qu'elle enregistre à chaud : *L'Américain.*

C'est fini, la « petite » ne veut plus de manager. Elle conduira sa carrière toute seule ! « Je n'ai aucune certitude, plus j'avance dans ce métier, plus je doute, confessera-t-elle *a posteriori*. Johnny était un perfectionniste. Quand j'ai débuté, j'ai souvent pleuré. C'était un homme très dur, mais je le remercie de tout ce qu'il m'a appris. Aujourd'hui, j'essaie de m'appliquer à moi-même ce qu'il m'a enseigné, de garder la même exigence envers moi que celle qu'il avait, lui. Johnny s'occupait de beaucoup de choses, même s'il ne m'a jamais fait de compliments… » C'est en disant « tu es le meilleur » à un artiste qu'on le tue.

Aidée par l'équipe de Stark (Nadine Joubert, Vincence Stark), mais également par sa sœur Matite qui la suit partout et peu à peu va reprendre les affaires en main, la « petite » repart courageusement. Or sans « Pépé Jo » l'aventure tourne à la retraite de Russie. La presse fait état du désarroi de Mireille Mathieu et parle « trahison » et « mensonges » dans l'entourage de la chanteuse. Mireille elle-même confie : « Lorsque je m'en suis rendu compte, j'ai été complètement anéantie. Carrément KO. Exactement comme un boxeur sur un ring. À ce moment-là, j'ai ressenti le besoin de prendre du recul pour faire le point. Faire le ménage, aussi, autour de moi… »

Mathieu risque sans péril un changement de look (un carré à la Louise Brooks). Ses fans n'apprécient pas ; elle fait machine arrière.

Un palais des Congrès en 1990, programmé avant la dernière farce du Boss, qui marchote mais dont elle n'a pas à rougir – quarante mille spectateurs en vingt-trois dates –, suivi d'un disque en français (elle fait appel à François Feldman qui signe entre autres la musique et l'orchestration de *Ce soir je t'ai perdu*), un autre en espagnol et de quelques galas en Scandinavie ; voilà à peu près tout de l'activité de Mireille Mathieu. En France, son image a pris un sérieux coup de vieux, dont la disparition de Stark donne toute la mesure. Que faire ?

« Et c'est là qu'elle a commis sa seconde erreur, explique-t-on dans l'une de ces revues dites "à sensation", toujours très bien informées, avec lesquelles les artistes collaborent très souvent : à part sa famille, elle n'a plus voulu voir autour d'elle aucun des témoins, même les plus proches, de son bonheur passé. Elle s'est séparée du "cocon", de la précieuse Nadine Joubert, la fidèle collaboratrice de Johnny Stark depuis trente-huit ans. Mi-secrétaire, mi-dame de confiance, habilleuse aussi à ses heures, et un peu nounou avec Mireille, l'indispensable Nadine qui avait toujours fait partie de la famille, du clan. »

Dès lors, entre quatre ou cinq grosses émissions en Allemagne où elle est accueillie en invitée-vedette, des tours de chant en Scandinavie et surtout en Russie, un nouveau rythme de carrière s'installe. Parfois, un gala de prestige ici ou là. Comme à San Remo, en 1997. Pour la toute première fois, au Festival qui fut le chant du cygne de Luigi Tenco et faillit être celui de Dalida, un chanteur reçoit ce que les Anglais nomment une *standing ovation.* Tous les festivaliers debout pour acclamer la Française après son interprétation de la *Vie en rose.* Un fait si exceptionnel qu'il mérite d'être rapporté.

Au printemps de la même année, Mireille retourne en Chine, mais 1997 reste pour elle un cru résolument italien. Et pieux. En décembre, au comble de l'émotion, elle chante au Vatican pour la soirée de Noël, devant Jean-Paul II, l'un des hommes qu'elle admire le plus.

★

En Europe, l'Allemagne et la Russie restent les deux fiefs de la Demoiselle d'Avignon. Outre-Rhin, elle continue de vendre davantage de disques qu'en France.

« Là-bas, Mireille ne chante pas en allemand, mais "pour" les Allemands, nous précise un admirateur belge. À savoir que ses orchestrations respectent la sensibilité du pays. Prenons l'exemple de sa chanson *Roma Roma Roma* enregistrée en français et en allemand. En écoutant la version française, on se sent devenir romantique, prêt à partir en train pour une semaine de "vacances romaines". Avec l'orchestration allemande, cela donne quelque chose de beaucoup plus festif, une sorte d'ambiance très "fête de la bière". En Allemagne, une rose porte le nom de Mireille Mathieu et les amateurs recherchent fiévreusement les boîtes d'allumettes à l'effigie de la chanteuse. Il y en a trois différentes, toutes commercialisées sur le marché germanique dans les années 60. »

Depuis 1997, tous les deux ans environ, entre deux concerts à Augsbourg ou à Bratislava, Mireille Mathieu fait les beaux soirs du palais du Kremlin à Moscou devant des salles de six mille personnes. En Ukraine, une petite ville de la République lui consacre un musée et, à chacune de ses conférences de presse, les journalistes se massent par centaines.

Mireille et Moscou : une autre *love affair* de longue date et promise au plus bel avenir. Le 9 mai 2005, à la demande expresse du président Poutine, le merle blanc d'Avignon est allé se poser sur la place Rouge afin de participer à la célébration du soixantième anniversaire de la victoire de 1945. Une victoire sur le nazisme hélas exploitée à dessein par les Russes pour aliéner autant de peuples européens que d'infamants traités le leur permirent.

Certes, les intentions de Mireille Mathieu planent à mille lieues au-dessus de ces crimes dont la tradition se perpétue aujourd'hui encore en Tchétchénie. Comme elle s'est rendue chez Hassan II, « notre ami le Roi » ou bien chez Mohamed Reza Pahlavi, sans se préoccuper de ce qui se passait dans les prisons iraniennes pleines de barbus dégénérés qui tinrent un jour leur sinistre revanche, et encore à Pékin, chantant l'amour fol devant un gouvernement chinois, grand pourfendeur devant l'Éternel de la dignité humaine et bourreau du peuple tibétain, elle a accepté les honneurs du couple Poutine. Des dents grincent.

Comment reprocher à l'artiste Mathieu d'aller exercer son métier là où son métier l'appelle ? On a bien vu Gérard Depardieu à Cuba, auprès de son ami Fidel Castro. Des journalistes français ont parlé de « prospections pétrolières »... L'argent n'a pas d'odeur, dit-on. Or ce ne sont pas seulement des roubles que Mireille part régulièrement chercher sur la place Rouge, seulement un peu de cet amour qui depuis trop longtemps lui est refusé sur celle de Paris.

Simpliste mais émouvante la déclaration de l'interprète de *Mille colombes* (Marnay/Bruhn) et de *Trois milliards de gens sur terre* (Marnay/Claudric), à Moscou, en mai 2005 : « Je suis née après la guerre, mais je crois que ce mot "guerre" doit être effacé de tous les dictionnaires de chaque langue et ne plus jamais réapparaître, pour qu'il y ait toujours la paix sur la terre entière. »

L'utopie n'a jamais fait de tort à personne. Allons deviner si elle ne procure pas même une infinie volupté à ceux qui en abusent...

XXIV

LE TROU FRANÇAIS

« J'aurais tort de me plaindre. Oui, je suis profondément heureuse de faire ce métier, autant que je suis consciente de ma chance fabuleuse. »

Mireille Mathieu (citée par Christian Page)

ET la France ?

Depuis quinze ans, Marianne semble faire sa mauvaise tête à son buste le plus célèbre après celui de BB. Bouc émissaire national, tête de Turc d'animateurs pit-bulls, qui mordent les femmes et lèchent les grands frères du « rap'n'roll », Mireille Mathieu reste encore très populaire. Or on lui laisse beaucoup moins l'occasion d'exprimer son art. À l'ère bobo, la fille passe pour trop cocardière, trop « catho » et n'a plus le bon profil. L'a-t-elle jamais eu auprès de ceux qui la rejettent ?

Alors que la télévision tire vers le bas une population française qui ne réagit plus, Mathieu passe encore pour l'illettrée de référence. Dans une chronique sur la télévision parue en 2005, où il trace entre autres portraits celui de Jacques Weber, Antoine de Caunes plante une lame bien mollassonne dans le dos d'une Mathieu sensible mais aguerrie : « Passe encore que Mireille Mathieu soit persuadée que l'auteur du *Misanthrope* est Voltaire... »

Humour de potache ne tirant guère à conséquence en comparaison des banderilles lancées par Laurent Ruquier. Le systématisme avec lequel le chef de bande de *On a tout essayé* frappe sur Mireille Mathieu dans ses émissions et dans ses écrits paraît relever du trouble obsessionnel. Philippe Bouvard un temps en proie à la même pathologie a cru pouvoir en donner une explication :

« Dans mon métier, on écrit très rarement du mal de quelqu'un pour la seule raison qu'on lui en veut. Ce n'est qu'un peu plus tard, dans une seconde phase, qu'on se prend à haïr, soit parce que l'on veut justifier *a posteriori* un article agressif, soit parce que par un étrange “transfert” on éprouve un second mouvement d'humeur à l'égard de celui qui a déjà souffert injustement du premier. »

« L'humour est la propreté morale et quotidienne de l'esprit », alléguait Jules Renard. Lorsqu'il sombre dans le jeu de fléchettes et sert de parabellum, il perd de sa délectation. Entre deux soliloques à caractère discriminatoire envers le peuple corse, trois potins sur les habitants de la planète Loft (?) et de fines analyses politiques qui lui vaudront sans doute un jour la Légion d'honneur créée par… flûte, encore un Corse ! dans son *Best of* édité en 2003, Ruquier opère sous trois angles d'attaque :

1) L'intellect de la chanteuse :

« Hervé Bazin a la même coupe de cheveux que Mireille Mathieu… avec quelque chose en dessous. »

« Décès d'Hervé Bazin, Mireille Mathieu réclame la perruque. »

« Nelson Montfort est au tennis ce que Mireille Mathieu est à la chanson. C'est pas qu'il pose des questions intéressantes, mais il peut le faire en plusieurs langues. »

2) La sexualité de la « petite » :

« Aux dernières nouvelles, Mireille Mathieu chercherait un zob pour cet été. »

« Mireille, du “Petit Conservatoire”, a chanté *Le petit chemin qui sent la noisette* alors que celui de Mireille Mathieu n’en a jamais vu. »

« La dernière fois que Mireille Mathieu a embrassé un garçon sur la bouche, c’était l’époque où elle faisait du secourisme. »

3) Les opinions politiques de Mathieu (à l’occasion de l’annonce de la candidature de Jacques Chirac, en février 2002, à Avignon) :

« Il faut que les chanteuses à la retraite arrêtent de faire pression sur les hommes politiques de ce pays. C’est Dalida qui a convaincu Chevènement du fait que son élection était écrite, c’est Marie Laforêt qui a fait revenir Didier Schuller, et là, à Avignon, ça paraît évident, c’est Mireille Mathieu qui a poussé le Président à se déclarer dans la Cité des Papes… Oui, c’est un scoop, mais ça paraît évident, Mireille Mathieu a mis en scène la surprise du chef… Dans la question que lui a posée Marie-Josée Roig, maire de la ville, comment ne pas reconnaître la patte de la célèbre interprète de *Paris en colère*, “C’est la France tout entière qui vous attend” ? »

En incarcérant Mimi dans le sérail des « chanteuses à la retraite », l’animateur fait précisément allusion aux difficultés rencontrées par Mathieu dans sa carrière française. Un jour, dans les années 90, un célèbre auteur-compositeur adepte de Bacchus aborda Mireille sans délicatesse, en ces termes :

— Tu es morte avec Stark !

« Homme de vin homme de rien », se serait empressée de dégainer ici encore la Mamet. Or on entend bien que ce que l’on écoute. Grande dame, la « petite » passa sa route. Ainsi l’aurait voulu « Pépé Jo ».

Pour autant, le déclin français de la Mathieu, une chute vertigineuse, coïncide avec le décès de Stark. Avec quelques longueurs d’avance, Pascal Sevran avait vu juste. Il est loin le temps où Guy Lux écrivait : « Il n'y a pas de vénalité à se faire plaisir entre amis ou relations. Lorsque Claude François, Enrico Macias, Joe Dassin, Mireille Mathieu, Dalida, Pierre Perret et tant d'autres vous adressent un cadeau de fin d'année, ce n'est pas pour avoir un passage de plus ou de moins. Ils sont harcelés de demandes et refusent deux émissions sur trois [1]. »

★

Une mécanique, le succès ? Certes pas. Il naît de l'affect conjugué de milliers de sentiments et nul n'est jamais totalement maître des siens. Prenons l'exemple de Cher et de Tom Jones. Tombés en disgrâce pendant des années, ils se débattirent pour refaire surface. En une chanson à l'audience interplanétaire, ils touchèrent les cœurs et redevinrent aussi populaires que Madonna ou Michael Jackson en son temps. La langue anglaise leur permettait ce défi.

Ramené à l'échelle hexagonale, l'exemple d'Henri Salvador est tout aussi chantant. Plus aucune maison de disques ne voulait de lui. Et voilà notre bon vieux rigolard reparti pour une carrière internationale qu'on lui souhaite aussi longue qu'une vie d'homme sans musique. La seule inquiétude d'Henri à présent : « Ne pas mourir ! »…

Ailleurs, le cas « Dalida » ; la malheureuse n'a jamais été aussi riche qu'aujourd'hui ! À quand une loi destinée à abolir le commerce *post mortem* des artistes en reversant à des œuvres humanitaires les royalties empochées par les « héritiers » ?

Avec son avant-dernier bouleversant album (le 37e français), *De tes mains*, paru en 2002, après une improductivité de sept années, Mireille Mathieu prend un virage contrôlé. Francis Lai pour la tradition, mais

1. Guy Lux, *op. cit.*

aussi une nouvelle équipe d'auteurs et de compositeurs (Gérard Presgurvic, Jean Musy, Daniel Lavoie), des chansons fortes construites autour du sentiment amoureux (*La Solitude* ; *La vie n'est plus la vie sans nous* ; *Pense à moi*), mais aussi une exigence que l'on n'a pu jusque-là que soupçonner chez l'interprète d'*Une femme amoureuse* ou de *La Paloma*. La sonorité de cet album, favorablement reçu par le public, est puissante, son écho douloureux. Pour la première fois depuis 1988, il est donné à la chanteuse de prolonger l'un de ses Olympia par une tournée française de vingt dates. Ce en dépit d'une médiatisation beaucoup moins carnavalesque et abusive que celle accordée à d'autres, contraintes ensuite d'annuler les deux tiers de leurs « concerts » prévus, faute de réservations.

« Je travaille plus en Allemagne qu'en France, c'est certain, reconnaît la Demoiselle d'Avignon. Je suis l'une des rares Françaises à faire le tour du monde, et ça n'est pas par l'Alliance Française, car dans ce cas c'est facile de chanter à l'étranger. Moi je chante devant du vrai public, c'est différent. Et contrairement à un chanteur anglo-saxon qui peut se contenter de chanter en anglais à l'étranger, je chante en français, mais aussi dans la langue de chaque pays que je visite. Moi je ne fais jamais de play-back à la télé et en France, on ne peut pas dire qu'il y ait beaucoup de chanteurs qui sachent chanter [1]... »

Nous validons, Mimi. Nous savons aussi qu'au soir de la mort de Francis Lemarque, tu as été la seule à délivrer un magistral *Temps du muguet* en langue locale sur la scène d'un grand théâtre de Moscou : hommage au célèbre auteur-compositeur qui avait adapté pour la France cette chanson du folklore russe.

Signe des temps : le dimanche 3 juillet 2005, la « petite » est invitée à Magny-Cours au Grand Prix de

1. *Platine, op. cit.*

Formule 1 où elle doit interpréter *La Marseillaise* en mondovision. Alors que toutes les caméras étrangères se braquent sur elle, celles de TF1 s'égarent…

« Quel manque de respect pour Mireille et pour l'hymne national français ! se désole un observateur étranger. TF1 a boudé Mireille ; aucune allusion concernant sa présence et les journalistes ont continué à "papoter" pendant *La Marseillaise.* C'est à peine si l'on a entendu la voix de Mireille au loin et aperçu une demi-seconde son visage, alors qu'à l'étranger sa prestation a été diffusée dans son intégralité. Mais vous autres Français êtes bien placés pour constater que "nul n'est prophète en son pays". "Avec le temps, va, tout s'en va", n'est-ce pas, "Pépé Léo" ? »

*

Rayon cinéma, les espoirs que Johnny Stark a fondés pour sa protégée ont tous fait chou blanc. Hors des apparitions dans des feuilletons américains à la fin des années 60, en France le nom de Mireille Mathieu apparaît au générique dans seulement deux longs métrages : *La Bonne Année* de Claude Lelouch et *L'Événement le plus important depuis que l'homme a marché sur la Lune,* de Jacques Demy. Dans le second elle incarne son propre personnage. Les projets avortés les plus ambitieux restent américains ; Sergio Leone a pressenti Mireille pour un rôle dans un western et les auteurs prolifiques de *My Fair Lady* l'ont demandée pour une comédie musicale. En revanche, l'Avignonnaise ne compte plus le nombre de thèmes de films enregistrés en quarante ans de carrière.

Parce qu'elle demeure une chanteuse avant tout et non une actrice ou la petite sœur d'Ubu, parce que peut-être n'a-t-elle pas non plus tous les dons requis pour cela, il ne faut pas s'attendre à la voir un jour s'acoquiner avec celles que l'impayable Bardot qualifie sans complexes ni sommations de « plus grandes putasses de ce nouveau siècle décadent », dans des émissions « mauvais genre ».

Qu'est-ce que tu veux qu'elle ait à leur dire, notre « petite » !?

À ce tarif-là, on se sent bien mieux chez soi, auprès de son arbre, à deux pas de ceux plantés jadis par Buffon au jardin des Plantes, à méditer sur l'Ermitage de Jean-Jacques Rousseau, hé Matite ?

★

À l'heure du grand départ, le Butch laissa une « entreprise » au mieux de sa forme. Il avait réussi le pari engagé un soir de novembre 1965, sur le plateau du *Jeu de la chance* : faire de la fille de la Croix-des-Oiseaux une chanteuse d'envergure internationale à jamais à l'abri du besoin.

« Au Brésil, lorsqu'on évoque les chanteurs français, trois noms reviennent systématiquement, nous dit Alessandro Nielsen, un habitant de Fortaleza : Édith Piaf, Mireille Mathieu et Charles Aznavour. »

En Amérique latine, Mathieu est également très appréciée au Mexique et au Guatemala. Dans un remarquable ouvrage sur la chanson, Marcel Amont relate une anecdote qui nous renseigne quant à l'impact international de Mireille Mathieu : « En juillet 1992, je visite le Népal avec ma famille. Nous traversons le petit village de Bungamati. Perdus dans la contemplation des maisons lépreuses autour des temples rutilants, sautant sous la pluie de pavé en pavé dans les ruelles défoncées, escortés d'enfants rigolards et dépenaillés, dans la cohue des portefaix à balancier, des fidèles au front marqué de rouge, parmi les bruits et les odeurs d'un autre monde. Tout à coup, d'un deuxième étage s'élève la voix de... Mireille Mathieu : "Oui, je crrrroi-oi-ois..." Un collègue de notre guide était venu rendre visite à ses frères et sœurs et leur faisait écouter la cassette dont lui avaient fait cadeau des touristes bruxellois [1]... »

Seul véritable échec au tableau : l'Amérique. En dépit d'efforts prodigieux et de coups publicitaires, malgré le déploiement de forces pour lancer sur le marché américain le disque *Mireille sings Paul Anka,* (Mireille chante Paul Anka), Mathieu n'est pas parvenue à ébranler le nouveau continent. Cet « échec » elle l'assume avec beaucoup plus de sportivité que bien de ses consœurs françaises qui à Vegas ou ailleurs ne sont connues que du groom de leur hôtel. D'Édith Piaf à Lucienne Boyer (*Parlez-moi d'amour*), de Sylvie Vartan à Line Renaud en passant par Liliane Montevecchi et Dalida : les dames aux chapeaux verts du music-hall français n'ont guère fait mieux que la « petite ». Bécaud, Montand et Aznavour ont bien donné des récitals à New York, mais presque n'importe quel artiste a la possibilité de s'offrir la location d'une salle telle que le Carnegie Hall, fût-elle prestigieuse. Il suffit pour cela d'établir au préalable une étude de marché et d'avoir de bonnes relations avec son banquier. Va pour l'élite new-yorkaise, mais le fermier du Middle West n'a jamais entendu parler de Bécaud, de Montand ou d'Aznavour.

— *Aznavour who ?*

Avec ses gentilles roucoulades, Jean Sablon a ramassé sa part de dollars et de lauriers aux États-Unis, mais en dehors de ses héritiers peu de gens s'en souviennent. Seul Maurice Chevalier a marqué les esprits et su attirer à lui le vrai public américain. Les portes d'Hollywood se sont réellement ouvertes pour le petit gars de Ménilmuche. On l'y a d'abord cantonné au cinéma dans des rôles d'éternel franchouillard, mais à l'automne de sa vie Momo pouvait se déclarer fier de remplir des arènes entières dans tous les États qui le

1. Marcel Amont, *Une chanson*, Paris, Seuil, 1994.

programmaient. En plus de la beauté, de la voix, de l'élégance, du sourire et du talent, Chevalier avait hérité ce petit plus qui distingue les vrais artistes des marionnettes imbibées de bruits et de fumigènes : la présence. Un talent international et une gloire américaine, presque immarcescible, dont le cœur était français.

« C'était beau l'Amérique, quand c'étaient des Anglais, des Français, des Allemands, des Italiens, des Noirs, des Juifs, qui changeaient de nationalité, qui se déshabillaient de leur passé pour inventer un nouvel État, écrit Pierre Delanoë. C'était beau comme un balai tout neuf qui balaie bien. C'était plein d'espoir, de richesse, de jeunesse, de trouvailles, c'était surtout plein de générosité. L'Amérique, ce n'est plus qu'une formidable "grande surface", qui vend n'importe quoi à n'importe qui. L'Amérique, c'est un monstre qui fait peur et qui fascine les faibles, les dégénérés que nous sommes [1]. »

Michel Fresnay, le costumier fétiche des Carpentier, qui habilla souvent Mireille ainsi que Régine, Zizi, Dalida, Vartan ou encore Joan Collins, promène lui aussi un regard lucide sur l'univers impitoyable de la jungle hollywoodienne, inaccessible aux *Frenchies* non autorisés, mais dont il connaît tous les dessous…

« Chaque année, Johnny Stark se rendait aux USA pour essayer de promouvoir Mireille Mathieu. Je me souviens qu'il rachetait tous les shows que Mireille faisait chez les Carpentier pour pouvoir les montrer aux Américains. Un jour, à Los Angeles, il me convia à un dîner qu'il donnait dans un restaurant très chic, en l'honneur de Mireille, et il disait lui réserver une surprise… Elle fut de taille : dans une longue robe blanche, coiffée de trois perruques l'une sur l'autre, affublée d'une étole en renard qui avait dû être blanc, une dame sans âge, la peau tirée de tous côtés, fit soudain une entrée sensationnelle ; la légendaire Mae

1. Pierre Delanoë, *op. cit.*

West ! Elle était accompagnée d'un monsieur sans doute son imprésario. À la fin du repas, Mireille demanda avec son petit accent provençal :

« — Oh, madame Mae West, j'aimerais bien avoir une photo avec vous !

« Muette jusque-là, West qui ne l'avait pas regardée une seule fois au cours du repas se fit traduire par son ami, qui annonça à Mireille dans un grand sourire :

« — Mme Mae West sera très heureuse de faire une photo avec vous... ce sera deux mille dollars !

« J'ai alors vu Stark aligner sans rechigner la somme convenue, parce que de cette façon Mireille pourrait se vanter d'avoir Mae West comme amie, laquelle n'avait rien à faire d'une inconnue nommée Mireille Mathieu. Ce qui fut valable pour Mireille l'est aussi pour nombre de vedettes françaises. »

En 1996 néanmoins, Mireille donna son accord pour un spectacle à Los Angeles à l'Universal Amphiteater. Elle fut saluée par la critique et obtint un succès notoire devant un public américain. À la différence de Johnny Hallyday qui, la même année, en dépit d'un déploiement de publicité rare, écopa d'un bide à Las Vegas, devant une salle composée de Français.

Où nous disions que la « petite » est une authentique chanteuse internationale !

*

Aujourd'hui, Mireille Mathieu continue de représenter l'image que l'on se fait d'une certaine France là où on l'aime. Si cela a de l'importance, pour elle cela semble en avoir, elle sait à qui elle doit d'être restée une icône en Russie et pour nos voisins et amis teutons une véritable diva. « Nous avons les moyens de vous faire chanter ! »

On reproche parfois à Mireille d'être trop consciente de sa propre valeur artistique. Laissons-la jouer son rôle selon sa musique intérieure et reconnaissons-lui le droit de ne pas minimiser la part de passion qui lui revient. Car s'il est des voix hautement plus saisissantes que la sienne (elle ne s'est jamais prise pour une chanteuse d'opéra), il n'existe qu'une seule Mireille Mathieu. En passant sans chichis des *Moulins de mon cœur* de Michel Legrand au *Zizi* de Pierre Perret qu'un soir à la télévision elle s'est mis entre les dents sans avoir à réciter trois *pater* ensuite, la « petite » a démontré une certaine élasticité dans sa conception du métier. L'air de rien, Mireille Mathieu qui dispense un cours sur les variations cyclothymiques du membre à des millions de téléspectateurs, c'est l'enseignement de l'éducation sexuelle qui s'en trouve avancée de plusieurs années !

Tout ça + ça + ça caricaturé à l'extrême nous donnerait-il enfin un vrai personnage ? Aucun d'entre nous n'est jamais rien d'autre que ce que le monde autour de lui a décidé qu'il est.

On peut ne pas aimer Mireille Mathieu, mais on ne doit pas le faire pour de mauvaises raisons. Ceux qui « déconnent » toujours dans le sens du vent en prendront leur parti. Attention : le présent *tribute* n'a pas vocation de devenir un « Sauvez Willy », ni une seconde Légion d'honneur. Pour cela il y a le SAMU et les institutions. Mathieu n'en a pas besoin, sa gloire tient debout toute seule. Si elle a travaillé et travaillé dur, elle l'a fait avant tout pour justifier de son existence, non pour subvenir aux besoins d'une œuvre ou d'une communauté. La France lui a servi la soupe, en retour elle rend à son pays de précieux services. Avant d'être financier le contrat est moral.

Si tel est son désir, puissent ses lauriers hexagonaux revenir un jour ceindre le front de la Demoiselle d'Avignon. Ne dit-on pas que, si tout change, les changements en apparence les plus profonds ne sont souvent que des retours vers ce qui fut, et qui n'est point, autant qu'on le croit, tout à fait mort ?

C'est tout le « Mal français » que l'on peut souhaiter à la « petite ».

ÉPILOGUE

« La difficulté n'est pas d'être invité, mais réinvité. »
Maxime russe

SELON le vécu et la philosophie personnel des êtres, la soixantaine marque le début d'une existence piquée de violettes et de petits vins blancs, ou bien l'âge sombre du douloureux bilan. Mireille Mathieu se souvient-elle de ce qu'elle avait exprimé avec tant de force à Marlyse Schaeffer, pour *Marie-Claire*, au début de sa carrière ?…

« Pas d'enfant dans la vie de Piaf. Pas de foyer. Rien que des hommes… Pour moi, un homme c'est un mari, des enfants. Ça ne va pas avec mon métier ? Moi, je veux tout réussir. » À moins d'une adoption de dernière minute, pour les enfants il se fait sans doute un peu tard… Quant aux hommes, Mathieu n'aura hélas jamais l'aplomb d'une Fortunée Sarfati – fille de son illustre mère, « Mme Sarfati », personnage créé par Élie Kakou –, pour répondre à ceux qui veulent à tout prix en glisser un dans son CV amoureux : « Qu'est-ce que tu veux que je fasse avec un mec ! Pour lui laver ses culottes ? Qu'il crève, c'est mieux ! » Ce n'est pas le genre de la « petite ». On lui a toujours appris à ne pas se faire remarquer autrement que par son labeur et ses mérites.

Des enfants il y en a beaucoup autour de Mireille, dans son giron familial. Ses sœurs Christiane, Marie-France et Béatrice (la plus jeune des filles), sans profession, consacrent tout leur temps aux leurs. Ils ont bien grandi les petits Mathieu qui faisaient l'admiration des passants dans les rues d'Avignon vers 1960 ! La plupart vivent en Provence. Vincent, par exemple, le cadet, pâtissier dans les Alpilles, entre Saint-Rémy-de-Provence et Cavaillon. Jean-Pierre, Roger et Régis (l'un des jumeaux) travaillent tous trois à la mairie d'Avignon. À Avignon, toujours : Guy (l'autre jumeau) a trouvé un emploi à la préfecture et Jean-Philippe à l'hôpital, en tant que laborantin. Pas très loin, à Barbantane, il y a Rémy, professeur d'éducation physique. Réjane, elle, exerce une bien belle activité puisqu'elle tient une boutique de fleurs à proximité du cimetière Saint-Véran à Avignon, où son père œuvra pendant tellement d'années. Son époux y a d'ailleurs pris la relève de papa Roger en qualité de tailleur de pierres. Nous avons également Sophie (elle a la pulpeuse beauté d'Ornella Muti), qui habite Paris et y travaille.

À l'instar de Mireille, Roger et Rémy sont les seuls célibataires recensés de la famille. Inutile de présenter Matite, qui vit à Neuilly avec Mireille ; nous la connaissons déjà. À la fois attachée de presse, secrétaire, manager, avenue Wagram, près de l'Étoile, elle s'active au bureau d'Abilène Productions (une société créée par Stark) d'où elle gère la carrière administrative de son aînée avec des avocats, négociant les contrats et veillant au grain. Matite est l'ombre de Mireille qui reste maîtresse de ses choix artistiques. Systématiquement, Mireille prend sa sœur à témoin lorsqu'elle exprime une opinion : « Hé Matite ? » Leur complicité ressemble à celle de deux siamoises.

Au cœur de la tribu Mathieu : « la Mama », Marcelle, dix-sept fois grand-mère et trois fois arrière-grand-mère. Mireille dispose de beaucoup plus de temps aujourd'hui pour cette maman à qui elle a dédié une chanson et qu'en définitive elle n'a jamais vraiment quittée. Souvent Marcelle accompagne son enfant prodige dans ses déplacements professionnels à travers le monde.

En 1982, Mireille déclarait à feu Christian Page, auteur d'une hagiographie de la chanteuse : « Je la regarde découvrir tant de choses nouvelles. Elle est dépaysée, s'étonne de tout, c'est extraordinaire ! Il faut dire que ma mère a toujours travaillé dur pour élever ses enfants. Elle n'a guère eu de loisirs jusqu'ici. Et puis… elle est tellement curieuse ! Elle a tellement rêvé de voyager sans jamais pouvoir le faire ! Habituée à travailler, elle veut tout faire, s'occuper de tout. Pas question pour maman de prendre un bus ou un taxi. Elle refuse énergiquement car elle adore marcher dans les rues… »

Maman Marcelle (en 1982, toujours) : « Je la vois peu, forcément. Deux ou trois fois par an, mais on se téléphone tous les jours. J'ai beaucoup de plaisir à entendre ma fille chanter. Quand elle passe à la télévision, on la regarde et on l'écoute sans parler. Il faut dire que, malgré le temps, je ne m'y suis pas encore habituée. J'ai toujours peur qu'elle se trompe, qu'elle oublie d'un coup les paroles de ses chansons ! Je suis très heureuse pour elle. Il faut dire qu'elle a travaillé dur pour en arriver là. Et elle le mérite. Le travail, l'amour de son métier, c'est une de ses grandes qualités [1]. »

Après avoir été décorée par Charles Pasqua à Avignon, en 1988 (en lui épinglant la médaille du Mérite, l'ancien patron de Pernod lui piqua la poitrine), Mireille a été

---

1. Christian Page, *op. cit*, p. 159.

faite chevalier de la Légion d'honneur par Jacques Chirac, en 1997. Le comble de la fierté pour Mme Mathieu. C'est mieux que le Papet qui avait combattu à Verdun n'ait pas été présent ; Dieu sait encore quel commentaire il aurait bien pu faire, celui-là !...

Un autre drôle d'oiseau n'est pas passé à côté du sien, lorsqu'en 1991 il déclara : « L'immigration est source de régénération par le brassage des sexes et des cultures. Prenons l'exemple d'une dynastie dégénérée portant un nom bien français, très hexagonal, comme une famille Mathieu. Au sein de celle-ci jamais un Turc, un Nègre ou un Oustachi n'a sailli une de ses femelles composantes. Aussi, quelques générations plus tard, on obtient par exemple une petite Mireille, hydrocéphale ou pinarcéphale, synthèse de l'accouplement entre cousins, cousines, c'est-à-dire en circuit fermé. »

À chacun sa vision des choses. Au gré de Brigitte Bardot et de beaucoup d'autres, la dégénérescence, cela commence par les caméras de M6 qui filment en direct le rappeur Joey Starr chez lui, assommant un petit singe prisonnier dans une cage, avec une rafale de coups de poings. Mireille nous a affirmé son admiration pour BB. Après moult hésitations, déclarant ne pas savoir écrire, elle s'est résolue à signer un éloge dans un album de luxe consacré à l'ancienne actrice et paru au Seuil en 2005.

Tu comprends, Matite, cette femme elle a été créée par Dieu !...

Bardot qui n'a rien abdiqué de sa liberté et de ses pulsions et feu Choron restent deux pôles de provocation absolument indispensables. Il est à regretter que notre cher professeur, héritier malgré lui du Père Duchesne, n'ait jamais eu vent de la sublime interprétation de *L'Esclave*, par Mireille Mathieu ; sans doute aurait-il mis moins de hâte à vouloir nous quitter...

Un harem byzantin. La « petite » réincarnée en chien aux abois y recueille les fantasmes d'une esclave :

« […] Moi je voudrais des chambres pleines,
Où je m'étendrais toute nue
Cerclée de chiennes et de chaînes
Buvant des boissons inconnues…
Moi je voudrais un noir esclave
Aux dents blanches et cruelles
Qui partagerait mes entraves
Et qui m'emmènerait au ciel.

Moi toute blanche et lui tout noir
Il mordrait mon corps en rampant
Avec des lenteurs de serpent…[…] »

Ce texte subliminal et décalé extrait largement la chanteuse de son registre commercial et ce talent inédit lui va « comme un gant », ainsi que le dirait Calogero. Dommage que d'autres auteurs talentueux (dont Gainsbourg) n'aient jamais osé avec Mathieu ce qu'a tenté l'exceptionnel Serge Lama (sur une musique de Y. Gilbert), créateur de la chanson.

⋆

Après Annette Charlot – la Mère Teresa du show biz (*dixit* Thierry Séchan) – et Jean Lumière, Jeannine Reiss, ancienne répétitrice de Maria Callas, est devenue le professeur de chant de Mireille. Approcher cette grande dame à la personnalité très affirmée fut un travail de longue haleine pour la « petite ». D'abord distante, Mme Reiss se prit bientôt de considération pour Mireille Mathieu, simple chanteuse de variétés. Aujourd'hui, toutes deux passent parfois leurs dimanches à vocaliser. Lorsqu'il arrive à Mme Reiss de venir applaudir Mireille, après la représentation, soucieuse, l'élève questionne humblement le maître :

— Ça a été, madame ?

Jeannine Reiss (à Michel Drucker) : « Mireille part toujours du principe qu'elle ne sait rien et qu'elle doit tout apprendre. Comme tous les grands artistes, c'est une élève très écouteuse, très professionnelle, remarquablement exacte. Quand on lui rectifie un son ou une prise de respiration, elle le fait avec le sérieux d'une petite fille qui apprendrait à lire, alors qu'elle sait très bien lire. Elle apprend avec bonheur, en japonais, en allemand ou en russe. Rien ne lui fait peur. Dès qu'il s'agit de travailler, elle part comme un petit poulain au galop. C'est son bonheur quotidien.

« Je crois que l'art suprême chez un artiste, c'est de vous donner l'impression qu'il improvise, alors que cette improvisation est basée sur des heures, des semaines, des mois de répétitions. Mireille suit la même route. Je lui ai dit plusieurs fois que si je l'avais connue plus tôt, dans d'autres circonstances, mon rêve aurait été de lui faire chanter *Carmen.* »

Après un témoignage de cette facture, émanant d'une telle sommité de l'art lyrique, on saura quel sort réserver à la réflexion de José Artur : « Mireille Mathieu chante comme elle danse. » À celle de Luc Ferry, notre très « efficace » ancien ministre de l'Éducation nationale : « Entre Pierre Boulez et Mireille Mathieu, je choisis Bach et Schubert. »

⋆

En quarante années de carrière, Mireille Mathieu s'est produite dans trois salles parisiennes : l'Olympia, le palais des Sports (une fois, avec les Chœurs de l'Armée rouge) et le palais des Congrès. Boulevard des Capucines, où elle passe de manière espacée mais régulièrement, les braves gens du métier et du Tout-Paris ne se déplacent plus pour elle.

« C'est triste, se désole Jean-Claude, l'un de ses admirateurs belges. Chez nous également, ceux qui aiment

Mireille Mathieu, bêtement, n'osent pas l'avouer. À Bruxelles, dans la banque où je travaille, l'un de mes collègues se moquait souvent de mon admiration pour Mireille.

« — Comment peux-tu écouter ça !

« Un jour, je l'ai mis devant le fait accompli en lui prêtant un disque de mon idole :

« — Écoute "ça", comme tu dis, on en reparlera...

« Il est revenu le lendemain, bouleversé. *Mais toi,* une chanson d'amour magnifiquement interprétée l'avait tellement ému qu'il m'a avoué en avoir pleuré dans sa chambre. Aujourd'hui, Mireille a gagné en maturité et ça lui va bien. Les dernières robes de Christian Lacroix lui confèrent une sensualité que je ne lui avais jamais connue. Je m'avancerais même à parler d'une aisance nouvelle. En 2002, lors de sa dernière venue au Cirque royal de Bruxelles, où les places étaient très chères, elle a répondu avec une repartie drôle et étonnante à un spectateur qui lui avait adressé je ne sais plus trop quelle harangue, entre deux chansons. Elle fit mouche et cela contribua à détendre une atmosphère plutôt crispée au début du spectacle.

« J'aime Mireille depuis que j'ai quinze ans, et je me souviens avoir pleuré en lisant *Un oursin dans le caviar*, de Philippe Bouvard, dans lequel celui-ci racontait comment il avait un jour surpris Mireille et Stark en conversation plus qu'animée, au cours de laquelle cette phrase de Mireille avait jailli :

« — D'abord, je couche avec qui je veux !

« J'étais encore adolescent et, pour avoir fait mes études dans une école chrétienne, le fait que l'on veuille ôter sa pureté à une jeune fille que j'idéalisais m'avait paru être un crime. Il faut se remettre dans le contexte d'une époque encore verrouillée d'un point de vue moral. Bouvard, lui, en avait dégagé une tout autre interprétation :

"Au total, sept petits mots, mais qui, depuis que je

les ai entendus, m'amènent à considérer différemment le personnage de la petite Avignonnaise. Par la suite, et sans jamais lui en dire la raison, je ne lui ai plus jamais parlé sur le même ton. Il faut respecter les femmes libres..."

« Je suis un fan, mais je ne me suis jamais interdit la critique. Ni la contre-critique... On entend souvent dire que Mireille Mathieu devrait changer de coiffure. Je ne suis pas d'accord. Elle a créé son image et n'a aucune raison de la modifier sur la base de remarques de ceux qui, précisément, ne l'aiment pas. Les fans de Mireille l'aiment comme elle est. J'en connais beaucoup qui n'apprécièrent pas en 1990 sa tentative de changement de look : un carré à la Louise Brooks. Leur remarque : "Ce n'est plus notre Mireille !" S'il faut d'abord disserter sur le "Mimi brushing" avant d'apprécier sa voix, cela devient grave. Les hommes ont l'avantage de devenir chauves. C'est un bonheur dont on la prive, mais elle s'en réjouira...

« Enfin, Mireille pourrait-elle revenir en force ? Les générations changent et le rétro est devenu de bon ton. De plus, le clivage entre les générations s'estompe. Mireille Mathieu pourrait retrouver sa gloire d'antan en France et en Belgique si elle était entourée de "commerciaux" dotés d'un savoir-faire, qui utiliseraient les médias avec la même énergie que celle dépensée pour les nombreux médiocres qui saturent les ondes. »

★

À l'étranger, le prestige de la Française Mireille Mathieu passe également par l'existence de sites internet qui ont éclos çà et là. On en trouve en Allemagne, au Danemark, en Russie, aux États-Unis (un site officiel tenu par un pasteur et extrêmement contrôlé par Paris), en Belgique, plusieurs au Mexique ainsi qu'au Japon. Le plus émouvant est un site israélien (« *Mon Credo* ») créé par un jeune admirateur décédé en 2002 dans des conditions dramatiques, à l'âge de vingt ans : Michaël Helimski.

Né à Moscou, Michaël passa en Russie les onze premières années de sa courte existence. Avant de s'installer en Israël avec ses parents. Ce garçon plein de vie et beau comme un dieu grec aimait à se faire filmer au quotidien, chez lui ou en vacances, pour ensuite réaliser des montages avec en fond sonore la voix de Mireille Mathieu qu'il n'avait jamais rencontrée. Ce déficit aurait dû être comblé en novembre 2002, à l'Olympia. Le sort en décida autrement. Brisés, les parents de Michaël n'ont pas pour autant renoncé à poursuivre l'œuvre de leur fils. Sur son site, ils font apparaître en dernière page une flamme, symbole du souvenir et de l'amour perpétuel. Une vie entière dédiée à Mireille Mathieu…

Quel politique autre que ces illuminés qui endeuillèrent le siècle précédent et entachent celui-ci pourrait se vanter de susciter pareilles passions ?

Du monde entier (Écosse, Autriche, Hongrie, États-Unis, Suisse, Russie, Australie, Finlande, etc.) parvinrent à la famille du jeune défunt des messages de sympathie de la part de fans de Mathieu. Aucune manifestation officielle de la part de Mireille. Un soir de représentation à l'Olympia, apprenant que le père du petit Michaël se trouvait dans la salle, elle l'aurait fait rechercher, sans succès.

La « petite » peut dire un grand merci à tous ces petits soldats de l'ombre, publicitaires bénévoles qui soufflent de toutes leurs forces sur les braises en espérant voir un jour le brasier repartir.

*

Quel sera l'héritage artistique laissé par Mireille Mathieu, fleur de Provence et ennemie du soleil qu'elle n'affronte jamais sans un voile et une ombrelle japonaise créée par un ami styliste ? Il serait séant de s'interroger sur celui qu'elle a reçu. Là, on ne peut s'empêcher de penser à la Môme…

Mireille voue un trop grand respect à Édith Piaf pour prétendre en être l'héritière. Piaf n'a pas non plus laissé d'héritiers mâles. Seulement des opportunistes qui lui ont survécu.

On s'inspire d'un créateur disparu, on ne peut et on ne doit jamais le réincarner ou le cloner. Les expressions « héritier de » « le nouveau ou la nouvelle Untel ou Unetelle » sont des termes stériles, commerciaux et fantasmagoriques, utilisés jusqu'au dégoût dans les médias. Jacques Dutronc s'est gaussé de la filiation artistique établie par certains journalistes entre Renaud et Georges Brassens. De même, on a pu lire que Marc Lavoine et Benjamin Violay se disputaient la filiation de Serge Gainsbourg. Pourquoi pas Zazie fille spirituelle d'Aretha Franklin, après tout ?

« Tuez-les tous, Dieu reconnaîtra les siens ! »

« Non, rien de rien », la « petite » ne revendique rien. Lorsqu'on lui apprend que Patricia Kaas est souvent posée en héritière de Mireille Mathieu, elle ne comprend pas et fait mine de répondre à côté :

« Je ne savais pas… Je ne trouve pas que nous ayons la même voix. »

Puis se rattrape :

« Je n'ai pas la prétention d'avoir une héritière. »

Mathieu, fille de la télévision qui l'a enfantée un jour de 1965, peut-elle être considérée comme la sœur aînée et la pionnière des enfants de *Graine de star*, de la *Star Academy* et de la *Nouvelle Star*, toutes ces émissions de divertissement où l'argent et la frime foulent aux pieds le concept sacré du spectacle ? Notre Avignonnaise est issue de la génération radio-crochet qui engendre un esprit différent. Or, à l'instar de ces jeunes pour certains pétris de talent, Mimi aurait pu n'être que l'étoile d'un soir, consommée et jetée en direct. Alors que celui de ces gosses, gonflés d'un espoir mort-né mais qui n'ont pratiquement aucune chance de pouvoir fidéliser un public, est scellé d'avance, le destin de « Mireille d'Avignon » était ailleurs. Nous ne vivons plus dans le même siècle, la conjoncture artistique liée à l'évolution du monde est radicalement changée.

Exit le temps jadis de Marcillac et la chaîne unique de télévision !

Tout va trop (pas assez ?) vite et trop (pas assez ?) loin. Dans notre société faussement progressiste où tout le monde ne mange pas de pain, les enjeux continuent de remplacer le jeu et le dieu Fric d'imposer sa chapelle au mépris de l'humain. Comme au temps de « Pépé Jo » ? Selon que l'on s'appelle X ou Y, la réponse peut varier.

Mathieu éprouve-t-elle au moins de la compassion face au drame de toute cette belle jeunesse candidate au mirage de la gloire ? Il serait déplacé de lui demander de montrer envers eux la même générosité que naguère Maurice Chevalier à son égard – de la manière d'entrer en scène à celle de saluer, elle a énormément appris au contact de Chevalier dont Loulou Gasté disait : « Observez-le bien, ce type-là, c'est Harvard ! » –, mais elle aurait tort de les mal juger. Car voici des futurs suicidés qui, au mépris des théories de Freud, n'emporteront pas leur secret avec eux ! Sans « Pépé Jo » et son précieux trousseau de clefs qui lui a ouvert toutes les portes, Mireille ruminerait sans doute aujourd'hui sa vie de chanteuse ratée, « dans un Monoprix d'Avignon », selon la formule de Paul Guth. Le Butch, lui, avait le mode d'emploi pour inventer une autre Mireille Mathieu.

La « petite » en convient. Elle sait aussi qu'elle a été choisie pour incarner une illusion et qu'elle est au service de cette illusion. Les sacrifices sont lourds ; à vouloir incarner les « inaccessibles étoiles » on perd un peu de son identité, de sa vérité et beaucoup trop de liberté. Or l'avers de la médaille est alléchant, et là il nous faut reparler argent. Que vaudrait la gloire sans les privilèges et l'aisance financière qui l'accompagnent ? Mathieu a bien mené sa barque, nous en sommes heureux pour elle. Heureux que la chance ait favorisé une famille comme la sienne. Mais à cet état de choses bassement matérialiste, nous préférerons toujours la définition mystique de Joséphine Baker, après que la « Maman du monde » se fut ruinée au service de son idéal de Fraternité universelle : « Je suis riche dans ma tête. »

Lorsqu'en 2002 un journaliste demande à Mireille Mathieu si elle est une femme d'affaires, celle-ci lui sert cette métaphore attendue : « Je suis une cigale, venant du Midi… » Une cigale multimillionnaire avec un majordome à son service, un chauffeur qui ne doit l'appeler que « Mademoiselle » et qu'elle vouvoie, et un tel souci de son image qu'elle la contrôle sous ses moindres aspects, comme un chef d'entreprise qui soigne la qualité de ses produits. Le négatif de Piaf, fille du vent et de l'instant, rien devant rien derrière ! Et beaucoup d'êtres brûlés tout autour…

Et si finalement Mireille Mathieu devait sa fortune à ce signe distinctif dessiné par le petit Jésus sur la paume de sa main gauche, celle du cœur, qui fait avouer à l'intéressée : « Je suis née avec une étoile dans la main » ?

★

Discrète et casanière, la « petite » ne sort que très rarement. À Paris, elle compte quelques « amis sûrs », très peu. Ceux-là sont admis chez elle, dans le sanctuaire de Neuilly, autorisés à partager le secret des dieux.

Nous savons par Mireille que dans son hôtel particulier de trois étages, sa chambre de « star » est de la même couleur que celle qu'elle partageait avec ses sœurs à la Croix-des-Oiseaux : corail. Le 10 novembre 2002, dans un *Vivement Dimanche* animé par Michel Drucker et qui lui fut entièrement consacré, chacun des chroniqueurs y alla de sa petite science divinatoire pour tenter d'imaginer l'intérieur de la pieuse Mimi. Pierre Bénichou visa avec le plus de justesse : « Un espace très briqué, avec des objets d'art chacun à leur place. Un style Napoléon III… »

— Du Napoléon III et aussi du Louis XVI, précisa Mireille.

Dans la même émission, elle révéla le profil d'une femme à dimension humaine, pleine de tempérament et d'humour, fine à ses heures, habile parfois à exploiter sa propre candeur, à l'aise dans la repartie, au fait de l'actualité, éminemment proche des siens, touchante dans ses rapports à sa « maman chérie », finalement très en phase avec elle-même, en accord avec son destin. Un rien sensationnaliste aussi, notamment lorsqu'elle accueille Tom Jones avec force « wouh ! wouh ! wouh ! ». Il fallait le tact, le savoir-vivre et la bienveillance garantie de Michel Drucker pour faire avouer à Mireille, le sourire mutin et l'œil qui frise, qu'elle continuait à recevoir un abondant courrier et lequel !…

« Des lettres très étranges et très coquines. Des objets que je ne peux dire…

— Des préservatifs ?

— Des préservatifs, oui, des préservatifs ! »

Goût fraise ou fruit de la passion ? La révélation n'alla pas au-delà.

« Le meilleur préservatif, madame, c'est la laideur ! » (Hervé Bazin *dixit.*)

D'autres personnes ne sont plus les bienvenues à Neuilly. Nous l'avons vu.

Que s'est-il passé ?

Peu nous chaut de le savoir.

D'autres encore, de vieux garçons un rien « gazettes » et obnubilés par la chose pailletée, butinant d'étoile en étoile, à qui Mireille rapporte volontiers de l'eau bénite de chacun de ses voyages à Lourdes, mais dont elle se méfie, restent à la porte.

Avant d'accepter toute invitation à déjeuner chez ses amis, la chanteuse s'enquiert systématiquement de savoir qui sera de la fête – une courtoisie dont il appartient à tout hôte digne de ce nom de s'acquitter au préalable. La Demoiselle n'est pas du genre asocial et maîtrise suffisamment ses opinions pour pouvoir en faire un commerce des plus agréables, mais dans les mondanités il y en a tant de ces « petits cochons roses » dont parlait Pierre Lazareff, qui vous dévorent tout cru avant que vous n'ayez le temps de leur souhaiter bon appétit...

Enfin, parce qu'il ne faut pas décourager tout à fait la jeunesse, Mireille Mathieu dit apprécier Isabelle Boulay, autre petit bout de bonne femme au talent assuré qui recueille également les suffrages de Michèle Torr. Curieusement, la gentille Canadienne qui mène sa carrière en pantoufles ne semble pas déranger grand monde. Or si dans ses Mémoires Michèle Torr reconnaît qu'écouter Céline Dion, la référence du genre avec Maria Carrey, est pour elle chaque fois « une grande leçon », sauf erreur notre Mimi ne prend les siennes que chez Mme Jeannine Reiss...

Allez va ! chacune de ces dames aura son *Gloria.*

Longtemps après que, dans le caveau familial d'Avignon, son corps aura été rejoindre ceux qui l'y auront précédée, on se souviendra de la petite fille de la Croix-des-Oiseaux qui porta si haut dans le monde les couleurs d'un beau pays qu'on appelait la France.

Celle de Jean d'Ormesson.

Dans *Au plaisir de Dieu*, un chef-d'œuvre accompli brillamment adapté à la télévision et qui captiva des millions de Français, le pimpant académicien retrace la fabuleuse saga de son illustre famille, depuis les Croisades jusqu'aux événements de mai 1968. Dans l'un des chapitres, « La sœur du vice-consul », malicieux, d'Ormesson s'amuse à glisser sur la pente de la fiction et laisse entrer la fille du tailleur d'Avignon chez les Plessis-Vaudreuil...

« [...] Ce projet génial, nous n'allions pas avoir l'occasion de le mettre à exécution. Le 9 mai 1940, Ursula avalait d'un coup trois boîtes de barbituriques. Non, elle n'avait pas été prévenue, par une intuition foudroyante ni par des agents secrets à sa dévotion, de l'attaque des *Panzer* et des *Stuka*, qui devait se déchaîner le lendemain. Mais un apprenti torero qu'elle avait déniché six mois plus tôt à Saragosse ou à Pampelune venait de la quitter pour la fille du propriétaire d'un petit hôtel de Marseille. Les deux jeunes gens devaient vivre ensemble un ou deux ans avant de se séparer à leur tour. Ils allaient avoir le temps de mettre au monde une petite fille que vous connaissez tous : avec son accent du Midi, son nez en l'air, ses cheveux très noirs, c'est une des vedettes les plus populaires de la chanson d'aujourd'hui et de la télévision. Je me demande si elle a la moindre idée de ses liens avec nous à travers Ursula. J'en doute un peu. »

Marianne rabibochée avec ses ci-devant par le truchement de la sans-culotte Mireille Mathieu, il fallait oser prendre pareil raccourci avec l'Histoire !

La « petite » peut se prétendre fière d'avoir ainsi été immortalisée sous la plume d'un Jean d'Ormesson. Or plus forte que la symbolique, l'argent et les honneurs qui ne sont que ce que la vanité des hommes en fait, il y a la vie. Qu'ici et là on se rassure : la « petite » ne reniera jamais la sienne.

ANNEXES

CATALOGUE

Le catalogue des chansons de Mireille Mathieu appartient à Abilène Productions.

« J'ai vendu 122 millions dans le monde », affirme Mireille. Laissons-lui la responsabilité de ce chiffre astronomique.

« Si les producteurs devaient payer les artistes sur les chiffres annoncés de vente de disques et de fréquentation des spectacles, ils seraient tous ruinés », persifle Paul Lederman, imprésario, entre autres, de Claude François et de Thierry Le Luron, dans une édition des *Dossiers du Canard.*

En France, depuis 1974, Mathieu ne compte qu'une quinzaine de tubes, seulement deux de ses albums ont été classés « disque d'or », quatre 45 tours et deux compilations (dont une double).

Or à l'étranger on trouve des pressages officiels de disques de Mireille Mathieu, dans de très nombreux pays et sur tous les continents :

Europe :
Italie
Espagne
Grèce
Allemagne (ex-RFA et ex-RDA)
Royaume-Uni
Suède
Pologne
Portugal
(ex-) Yougoslavie
Russie
Hollande

Asie :
Turquie
Japon
Singapour
Corée du Sud
Israël

Amérique (Nord) :
États-Unis
Canada

Amérique (latine) :
Mexique
Brésil
Argentine
Équateur
Guatemala
Venezuela
Chili
Uruguay

Afrique :
Afrique du Sud

Océanie :
Australie
Nouvelle-Zélande

Pour plus de détails, il est recommandé de consulter le site officiel de la « petite ». On y apprend que l'œuvre est si vaste qu'il devient de plus en plus difficile de tout recenser.

« J'IRAI PAS À L'INAUGURATION »

MONSIEUR Roger Pierre fut et reste un z'heureux roi du rire. Avec les ans, sa franche bonne humeur et sa générosité n'ont rien perdu de leur vérité.

Voici un texte qu'il nous a confié. Il s'agit d'une « couillonnade » provençale aux accents de Motte-Beuvron, fraîche et cocasse, dont Mireille Mathieu (Zézette) tient la vedette et où ne manque que César et la soutane de Don Camillo. Ce sketch d'une douzaine de minutes conçu pour la télévision fut créé dans l'un des fameux shows des Carpentier, en 1975.

Mesdames, messieurs…

« J'irai pas à l'inauguration !… »

Les personnages : Zézette (la femme)
Henri (le mari… et le maire du pays)
Barnabaze Maxime (adjoint au maire)
Raphaël (capitaine des pompiers)
Marceau (chef de la fanfare)

Le décor : Une chambre à coucher « provençale », pas riche mais cossue – ambiance de la chambre de *La Femme du boulanger.* Une ou deux fenêtres « praticables » s'ouvrent sur la place du village. On aperçoit des toits, un clocher, des ifs, des oriflammes…

À l'extérieur, une ambiance de fête (foule, manèges, rires, tambourins et fifres).

Dans la chambre : le lit (ancien) a beaucoup d'importance (deux gros oreillers, un édredon, un traversin, deux tables de nuit, un guéridon fleuri, des portraits de famille aux murs dont un d'Henri en sergent-chef, avec décorations, une photo de mariage aussi, très classique, des vêtements sur les chaises. Autre photo : Zézette en communiante…

Zézette : Henri !… lève-toi !
Henri : *(couché)* Non !
Zézette : Henri… Riton… Riton !
Henri : Non non…
Zézette : Allons, monsieur mon mari adoré… Hum !
Henri : Hum…
Zézette : Riri… Papounet… Allons, debout petit kitchounet bleu…
Henri : Non non non…
Zézette : *(tapant un grand coup sur le volumineux édredon)* Debout fainéant ! *(Henri bascule dans la rigole)*…
Henri : Ça va pas, non !
Zézette : Non ça n'va pas !
Henri : Quel jour on est ?
Zézette : Dimanche toute la journée.
Henri : Un dimanche à neuf heures ! Fiche-moi la paix, Zézette, je dors…
Zézette : *(retapant)* Non ! *(rebascule)*
Henri : Ça va pas, non !… T'es folle ! D'abord, qu'est-ce que tu fais debout et en costume de Pâques ?
Zézette : Je t'attends…
Henri : Tu m'attends ?

Zézette : Tout le monde t'attend !

Henri : Qui, qui m'attend ?

Zézette : *(ouvrant la fenêtre brusquement)* Tous ! Tout l'département.

Henri : Ferme ! Ferme… *(elle ferme la fenêtre)*. Vas-y leur dire à tous… qui s'couchent !…

Zézette :… Se couchent ! Y sont tous en bas depuis sept heures… pour ton inauguration !

Henri : M'en fous ! J'irai pas à l'inauguration !

Zézette : Mais on inaugure… ton pont !

Henri : Mon pont… quel pont ? Ah oui, le pont…

Zézette : Ton pont !

Henri : Mon pont j'm'asseois dessus…

Zézette : Henri… tu vas leur faire ça… Il faut couper le ruban !

Henri : J'ai déjà les jambes coupées… Je couperai rien du tout !

Zézette : Bon ! Eh bien mon bonhomme, tu te débrouilleras tout seul ! V'là ton pantalon ! Tes bretelles ! Tes chaussures neuves ! Ton chapeau noir ! Tes gants beurre frais ! Tiens ton écharpe *(elle regarde l'écharpe)*. Pauvre France ! Si c'est pas malheureux de voir un maire pareil !

Henri : Le maire dort ! Et la femme du maire devrait se conduire en mère… de famille et s'occuper de ses enfants !

Zézette : Tes enfants, eux aussi y sont prêts !

Henri : Va dire à nos enfants, aux quatre…

Zézette : … 6, on en a 6 : 4 garçons ! 2 filles !

Henri : C'est bien ce que je disais… 4 ! Les filles, ça ne compte pas et les femmes ne se mêlent pas de politique… Dis à ces quatre petits que leur père leur fait la bise mais que le maire veut qu'on lui foute la paix ! Quant à toi, la mère… si tu retapes sur l'édredon… Pan ! Je t'assomme avec le polochon !

Zézette : Mais c'est qu'il le ferait… *(elle tape)*

Henri : Tiens ! *(il tape)*

Zézette : Raté ! Recommence !

Henri : J'ai droit à deux lancers *(il recommence et c'est l'adjoint qui reçoit le polochon)*.

Zézette : Voilà M. Barnabaze, ton premier adjoint ! C'est malin…

Barnabaze : Alors, madame Zézette, où en est-il ? Il se décide ?

Zézette : Eh non ! Il nous fait le coup de la Chandeleur, du 14 juillet et de la saint Jôny… Y veut pas !…

Barnabaze : Ça fait la quatrième inauguration que tu sabotes, Henri !

Zézette : Allons, qu'est-ce qu'on dit à ce bon M. Maxime ?

Henri : *(il dit le mot de Cambronne en articulant en silence)*.

Barnabaze : Allons, mon cher Henri… Je viens vous chercher, le cortège s'impatiente…

Zézette : *(à la fenêtre)* Y a tout le conseil municipal… les footballeurs, les Dames de la Croix-du-Secours…

Barnabaze : Et le sous-préfet Auchamp est là !

Henri : Auchamp est là… j'y vas… vite, mon pantalon ! *(Zézette l'aide à s'habiller dans la frénésie.)*

Zézette : Tes bretelles… Ta cravate…

Barnabaze :… Il y a aussi M. Bonnebourde de la Chambre de commerce.

Henri : *(s'arrêtant brusquement)* Bonnebourde est là ! J'y vas pas… (*Il se déshabille et se recouche.)*

Zézette : Henri ! Non !

Barnabaze : Écoutez, Bonnebourde est une grosse personnalité de l'Amicale des charcutiers.

Henri : C'est une grosse andouille, oui !

Barnabaze : Oh Henri ! Comment vous dites ?…

Henri : Oh, toi tu sais pas encore tout.

Barnabaze : Moi ?

Henri : Oui, toi.

Barnabaze : Qu'est-ce que je ne sais pas moi ?

Henri : T'es cocu ! *(Maxime sort, éberlué.)*

Zézette : Oh Henri, c'est pas vrai, tu sais bien qu'il est veuf.

Henri : Non, mais ça l'a fait partir, justement.

Zézette : Si tu te lèves pas, t'auras pas ton déjeuner.

Henri : Mais je voudrais bien voir ça ! *(Il se lève, va arracher le plateau des mains de Zézette, mange tout d'un coup et se remet dans le lit.)*

Zézette : Mais tu bois pas sucré ?

Henri : Je m'en fous, la vie est amère !

Zézette : Henri !

Henri : JE DORS ! *(Il ferme les yeux. Un ronflement – une voix à l'extérieur)*

La Voix : *(off)* Eh Henri ! *(La femme va à la fenêtre, l'ouvre et hurle.)*

Zézette : Y dort ! *(Un pompier entre.)*

Le pompier : Alors, c'est vrai, le Henri y veut pas venir ?

Zézette : Eh ben non ! Y fait sa tête !

Le pompier : Je vas y causer… Allez, Henri ! C'est quand même queq'chose, ça !

Henri : Elle vient de te gueuler par la fenêtre que je dormais. Alors, Raphaël, dis-y pendant que tu y es que c'est une menteuse !

Le pompier : Ta femme, c'est ma sœur ! Y touche pas. Et toi, t'es mon beau-frère. On a été à l'école ensemble. Y a quarante ans que tu mens.

Henri : Je mens pas quand je dors.

Le pompier : Mais tu dors pas en ce moment !

Henri : Ben, prouve-le !

Raphaël : Je vas te faire décaniller de là-dedans, moi, que ça va pas traîner. Tu peux faire le tout feu tout flamme, j'en ai éteint d'autres.

Henri : Me touche pas, sapeur, je… Je suis ton maire. Pompier tête de cochon, va ! *(Ils s'empoignent et luttent sur le lit.)*

Henri : Zézette, mon fusil ! Violation de domicile. Mais y m'asphyxie là-dessous !

Raphaël : En chemise, je te traînerai en bas devant tout ce monde !

Henri : Nu pieds, nu pattes ? Saligaud ! Zézette, passe-moi mon fusil !

Raphaël : Zézette, passe-moi ses chaussures que j'y mette.

Henri : Zézette, mon fusil !

Raphaël : Zézette, les chaussures !

Henri : Le fusil !

Raphaël : Les chaussures !

Henri : Le fusil !

Raphaël : Les chaussures ! *(Zézette passe le fusil et les chaussures.)*

Zézette : T'nez, vl'à tout ! Et débrouillez-vous ! *(Henri a empoigné son fusil et fait sortir le pompier qui se sauve en courant, emportant les chaussures. On entend : Pan ! (off). Henri pose son fusil.*

Henri : Ah, enfin. Maintenant j'y vas.

Zézette : À l'inauguration ?

Henri : Non, au lit. *(Il se recouche.)*

Zézette : Têtu, va ! Comme ton père !

Henri : Et toi, t'es aussi bête que ton frère.

Zézette : Dis pas de mal des pompiers.

Henri : En parlant de pompier, tu me fais penser que ce cochon m'a embarqué mes chaussures. *(Il va à la fenêtre.)*

Henri : *(criant)* Oh Raphaël, c'est un ordre ; renvoie-moi mes godasses !... *(Les deux chaussures sont renvoyées par la fenêtre à toute vitesse. Dehors, cris, vivats, bravos.)*

Zézette : Alors, tu les mets ou tu les mets pas ?

Henri : Je les mets dans mon lit ! Comme ça, si y vient les chercher là... Et maintenant, Bonne Mère, je veux plus rien entendre. *(À ce moment-là, démarre la fanfare. Henri est à nouveau dans son lit.)*

Henri : Zézette, fais-les taire. Mais qu'y z'arrêtent ! *(Zézette ferme la fenêtre. La porte s'ouvre et entre Marceau, le chef de la fanfare.)*

Marceau : Mon cher Henri, on s'arrêtera quand le cortège s'ébranlera.

Henri : Eh bien !... sans moi.

Marceau : Mais tu sais bien que c'est pour ton inauguration.

Henri : Faisez-la sans moi, je suis contre !

Zézette : Oui mais au Conseil général t'as voté pour.

Henri : Eh bien, ce matin, j'ai changé.

Zézette : Oublie pas que t'es le parrain. Tu as accepté d'être le parrain du pont.

Henri : J'étais soûl !

Marceau : Trop tard, Henri. Voilà un an que le pont suspendu pour bicyclettes est reconstruit et ça fait six fois que tu remets l'inauguration : t'as les oreillons, tu boites, t'as une angine, tu fais pipi bleu, et aujourd'hui...

Henri : Je dors.

Marceau : Enfin, écoute, ça va pas durer cinq minutes. Tu coupes le ruban, tu dis deux mots, on trinque au Pastis, on fait une photo et tu vas te recoucher.

Henri : J'y suis couché. Faut pas remettre à tout à l'heure ce qu'on peut faire tout de suite.

Zézette : Pense au pont. Enfin, tu te rappelles que ce pont avait sauté pendant les z'années z'épiques.

Henri : Je pense bien que je m'en rappelle des z'années z'épiques sous l'occupation, puisque c'est même toi qui l'as fait sauter, monsieur Marceau !

Marceau : Mais je suis un enfant de la patrie et c'était la guerre !

Henri : Oui, mais la guerre elle a fini, ici le 20 août 1944 et le pont tu l'as fait sauter le 21 août 1944 !

Marceau : C'est pas ma faute, c'était une bombe à retardement.

Zézette : Et combien qu'il avait de retard, ton mécanisme ? Huit jours.

Marceau : Je vous demande pardon. À la prochaine guerre, je le ferai sauter avant le début des hostilités.

Mais pense aux malheureux cyclistes qui font quatorze kilomètres de détour pour rejoindre la route nationale.

Henri : Ils ont qu'à pas y aller…

Zézette : Alors, qu'est-ce que tu veux qu'y fassent les cyclistes ?

Henri : Qu'y nagent ou qu'y s'couchent ! Et pis qu'y dorment !

Marceau : Il faut bien qu'ils mangent !

Henri : Qui dort dîne ! J'irai pas à l'inauguration.

Marceau : Tu veux de l'argent ? Tu veux une médaille ? Toi, tu veux que j'écrive ton discours. Veux-tu qu'on t'installe le téléphone pour rien ? Tiens, tu veux qu'on te supprime la TVA !!!

Zézette : *(regardant à la fenêtre et l'ouvrant)* Oh oh ! Monsieur Marceau ! Si Henri descend pas tout de suite, c'est un vrai scandale. Vous savez qui il y a en tête du cortège et qui trépigne ?… Bougnoux !

Henri : *(dans son lit)* Bougnoux… Le député sortant… M'en fous, je sortirai pas…

Zézette : Et ces pauvres petites majorettes…

Henri : *(sursautant)* Hein ! Y a des majorettes ! Les petites d'Aix ? Et vous le disiez pas… J'adore les majorettes, moi ! Vite vite… Tout est prêt. *(Il s'habille.)*

Zézette : Oui ! Oui !…

Henri :… La fanfare… Au complet ? Les pompiers, ça brille ?

Zézette : Ça brille, ça brille !

Henri : Combien elles sont les majorettes ?

Zézette : *(va à la fenêtre)*… Quatre-vingts au moins !

Henri : Quatre-vingts ! Au moins ! C'est à cette heure-ci que tu me réveilles… Aidez-moi, bon sang !… Zézette, le chapeau ! Où elles sont mes chaussures ?

Zézette : Elles sont dans le lit !

Henri : C'est une place pour les chaussures, ça… Les majorettes, elles ont bien les petits bâtons qui tournent ?

Zézette : Oui… Oui !

Henri : Oh, j'en ai la tête qui tourne… Toutes ces petites jambes qui… houp houp… *(Pendant ce temps, le chef de la fanfare et Zézette se sont affairés auprès de lui pour lui mettre à qui mieux mieux toutes les pièces de son costume et ses attributs de maire… Le pompier et l'adjoint viennent les aider.)*

Henri : *(mettant le chapeau)* Ça y est !

Zézette : Henri, tu es beau !

Henri : Zézette, tu es brave !

Marceau : Prêt ?

Ensemble : Prêt ?

Henri : *(portant la main à son col)* Le bouton de col ! *(Et d'un seul mouvement, tous se mettent à quatre pattes. À ce moment, on entend une explosion à l'extérieur : Boum ! Les cadres se détachent des murs. Tous se redressent. On entend une voix off qui crie.)*

La voix : C'est le pont suspendu qui vient de sauter !

Zézette : C'est le pont suspendu… Tout neuf ! qui vient de sauter !

Henri : *(se retournant vers Marceau)* Dis, toi, combien que t'en avais mis de bombes à retardement en 1944 ?

Marceau : Ben… Deux… je crois… Oui ! Sûr… Deux ! *(Sans un mot, Henri s'est déshabillé et s'est précipité dans son lit avec son chapeau et ses chaussettes, tout en recachant ses chaussures sous les draps. Il croise les bras sur l'oreiller, les fusille tous du regard.)*

Henri : C'est ça… c'est ça… C'est bien ça ! Y a le compte !

Zézette : (*se recouchant à côté de son mari, le chapeau sur la tête)* On savait bien qu'on irait pas !

Henri et Zézette : *(ensemble)* À l'inauguration !

(Ils restent pétrifiés dans le lit.)

Fin musicale par la fanfare. Toute dernière mesure de La Marseillaise *: « Abreuve nos sillons ! Tsoin ! Tsoin. »*

SAINTE RITA

CETTE chanson, dont l'histoire a été évoquée dans ces pages, est l'œuvre de Roland Gerbeau. Pour la première fois, à l'occasion de ce livre, M. Gerbeau a accepté de nous laisser en reproduire le texte ainsi que la gamme.

Sainte Rita, patronne des désespérés, de qui Mireille Mathieu affirme avoir reçu un signe pour l'un des siens, et qui depuis lui voue une authentique ferveur…

« Sainte Rita, épouse souveraine,
Toi qui connais le malheur et la peine
De tout là-haut, bien loin du fond des cieux
Je t'en supplie, pose sur nous tes yeux.

Sainte Rita, je fais une prière
Là devant toi, pour que nos vies entières
Soient exaucées de tes bienfaits si doux
Pour tout cela, je t'implore à genoux.

Sainte Rita, toi qui vois la souffrance
Des innocents qui sortent de l'enfance
Et la folie des hommes ici-bas
Du haut des cieux, ne les condamne pas.

Sainte Rita, demande à notre Père
De nous aider à chasser la misère,
De nous sauver en nous donnant la foi.
Si tu le veux, je sais qu'il t'entendra.

Sainte Rita, toi dont le sacrifice,
Le désespoir, mit le cœur au supplice
Sans nul regret de perdre tout de toi
Tes chers petits dont tu guidais les pas.

Sainte Rita, madone d'espérance,
En te voyant, Jésus dans sa clémence
Du haut du ciel t'a prise par la main
Et de ta vie, il refit le chemin.

Sainte Rita, il fit de tes nuits noires
Un paradis, une si belle histoire,
Des jours si beaux,
Que le monde en pleura
Et dans sa gloire, il se pencha vers toi.

En te confiant sa couronne d'épines
Que tu serras tout contre ta poitrine
Dans un grand ciel illuminé de joie
Jésus alors t'a prise dans ses bras.

Sainte Rita, épouse souveraine,
Toi qui connais le malheur et la peine
De tout là-haut
Bien loin du fond des cieux
Fais que demain
Les hommes soient plus heureux
Plus heureux. »

Chanson à

Sainte Rita

Paroles et musique de Roland Gerbeau

Reproduction interdite sans permission de l'auteur

SAINTE RITA

Paroles et Musique :
Roland GERBEAU

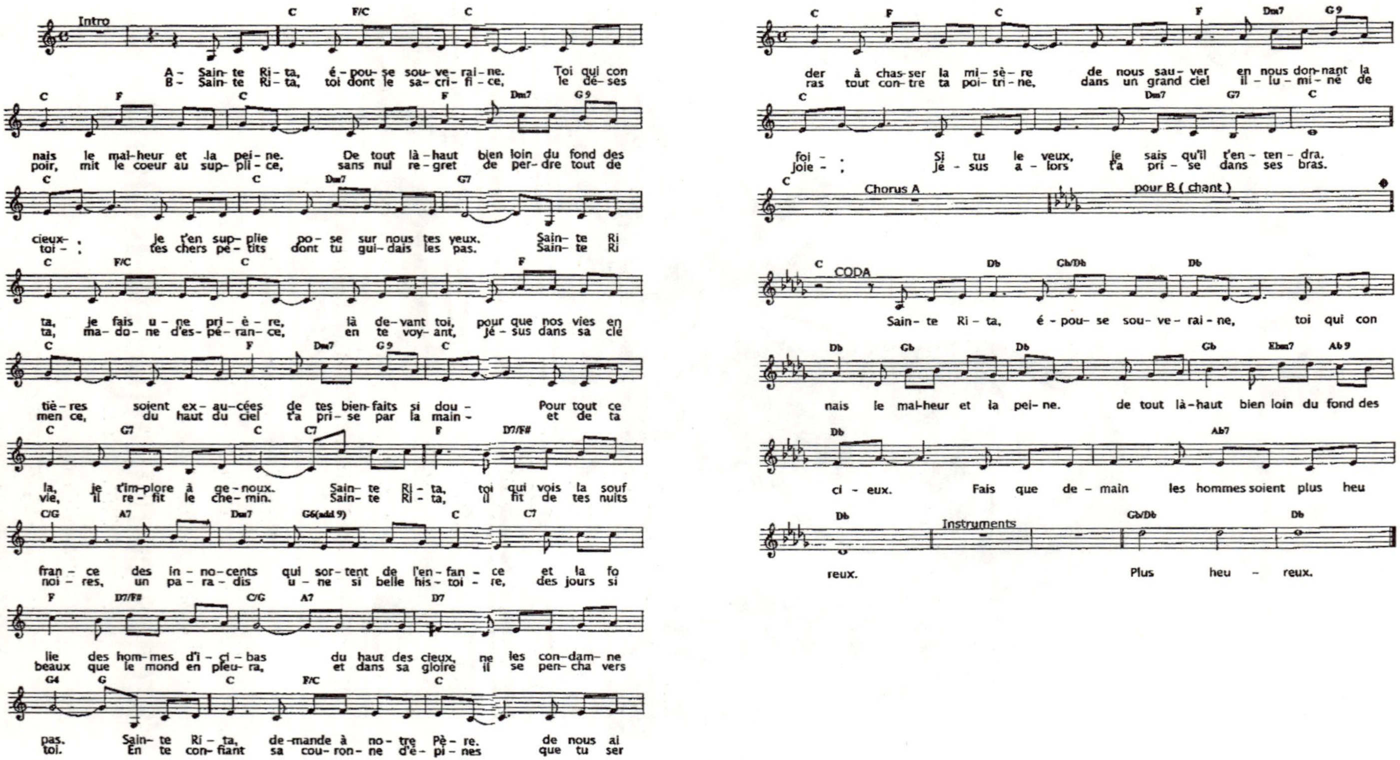

« LA CHANTEUSE ET LE RINGARD »

La tradition française exige que tout finisse par des chansons. Nous avons privilégié une « fin de la fin » aux armes de l'humour. Bons joueurs, les Belges en sont fort pourvus. Le charmant Jean-Claude Franssens, un admirateur bruxellois de Mireille Mathieu que nous avons déjà croisé, nous a donc fait parvenir cette savoureuse parodie d'une célèbre fable de Jean de La Fontaine.

La « petite » y est réincarnée sous le ramage d'un corbeau reconnaissable entre tous…

« Dame Mimi, à son micro clouée,
Tenait en respect le village.
Maître Ringard, par ses appas charmé,
Lui fit à peu près ce présage :
"Hé, bonjour, Moineau d'Avignon.
Que vous êtes dodue ! Que vous me chantez beau !
Sans mentir, si votre corsage
Se rapporte à votre tapage,

LA VÉRITABLE MIREILLE MATHIEU

Vous êtes l'autre Piaf des grands chanteurs à voix.
À ces mots, la Mimi n'en croit pas sa foi ;
Et pour montrer sa belle croix,
Elle roule un large rrrâââ, sa gorge se déploie.
Le Ringard s'en saisit, et dit : "Mon Moineau,
Découvrez que tout poseur
Subit les torts de celui qui déroute ;
Cette leçon mettra du bon beurre sur ma croûte."
Dame Mimi, navrée mais têtue,
Jura, croquant Ringard, qu'elle en serait repue. »

Qui se cache sous le nom du « Ringard » ? Équation belge à une inconnue…

BIBLIOGRAPHIE

Amont Marcel, *Une chanson, « Qu'y a-t-il à l'intérieur d'une chanson ? »*, Paris, Seuil, Paris, 1994.

Barbier Michèle, *Tumpie, dite Joséphine Baker,* Alan Sutton, Saint-Cyr-sur-Loire, 2005.

Barclay Eddie, *Que la fête continue,* Paris, Robert Laffont, 1988.

Bedos Guy, *Je craque...*, Paris, Calmann-Lévy, 1976.

Bedos Guy, *Petites drôleries et autres méchancetés sans importance,* Paris, Le Seuil, 1989.

Bonini Emmanuel, *Sylvie Vartan, « Le Feu sous la glace »*, Paris, Flammarion, 2004.

Bonini Emmanuel, *Tino Rossi,* Paris, Éditions du Rocher, 2003.

Bouvard Philippe, *Un oursin dans le caviar*, Paris, Stock, 1974.

Carpentier Maritie et Gilbert, *Merci les artistes*, Paris, Anne-Marie Carrière, 2001.

Caunes Antoine de et Algoud Albert, *Portraits télé*, Paris, Hors Collection, 2005.

Charpentreau Jacques, *Nouvelles veillées en chanson, « Des disques et des thèmes »*, Paris, Les Éditions ouvrières, 1970.

Chazot Jacques, *La Mémoire des autres*, Paris, Mengès, 1982.

Chevalier Maurice, *80 Berges*, Paris, Julliard, 1967.

Choron (Professeur) & Florentin J.-C., *Je bois, je fume et je vous emmerde*, Paris, Régine Deforges, 1992.

Collard Jacques, *Des paillettes au creux des rides*, Paris, Zélie, 1993.

Coquatrix Paulette, *Les Coulisses de ma mémoire*, Paris, Grasset, 1984.

Delanoë Pierre, *La Vie en chantant*, Paris, Julliard, 1979.

Drucker Michel, *Hors antenne, Conversations avec Maurice Achard*, Paris, Calmann-Lévy, 1987.

Duchemin Alain, *Paris en fêtes*, Paris, Éditions France-Empire, 1985.

Duhamel Jérôme, *Le Grand Méchant Bêtisier*, Paris, Albin Michel, 1992.

Duhamel Jérôme, *Le Grand Livre des petites curiosités françaises*, Paris, Albin Michel, 2002.

Dupont Quentin, *Léo Ferré, « Vous savez qui je suis maintenant »*, Paris, Éditions de la mémoire et de la mer.

Gourbin Bernard, *Années 60, « Stars des sixties »*, Rennes, Éditions Ouest-France, 1997.

Hémeret Janine et Georges, *L'Histoire des présidents*, Paris, Éditions Morena, 1997.

Hermelin-de Panafieu-Moreau, *Mass media, « Radio, Disque, Chanson »*, Belgique, Éditions Bloud & Gay, 1966.

Iglesias Julio, *Julio raconte Iglesias*, Paris, Michel Lafon-Carrère, 1985.

Lacout Dominique et Wodrascka Alain, *Léo Ferré, « Je parle pour dans dix siècles ! »*, Paris, Éditions Didier Carpentier, 2003.

Lamy Jean-Claude, *Pierre Lazareff « À la une »,* Paris, Stock, 1974.

Le Luron Thierry, *Comme trois pommes,* Paris, Flammarion, 1978.

Lux Guy, *Coups francs,* Paris, Stock, 1977.

Marcillac Raymond, *Les Dessous de la radio et de la télévision,* Paris, Jacques Granger, 1994.

Mathieu Mireille, *Oui, je crois* (en collaboration avec Jacqueline Cartier), Paris, Robert Laffont, 1987.

Nicoletta, *45 tours et puis s'en vont,* Paris, Robert Laffont, 1977.

Ormesson Jean d', *Au plaisir de Dieu,* Paris, Gallimard, 1974.

Page Christian, *Mireille Mathieu,* Paris, Bréa Éditions, 1983.

Peigné Jean, *Salut les sixties,* Éditions de Fallois, 2003.

Pierre Roger et Thibault Jean-Marc, *C'est pour rire,* Paris, Stock, 1974.

Renaud Line, *Les Brumes d'où je viens,* Paris, Édition n° 1, 1989.

Ribet Roland, *L'Imprésario impertinent,* Paris, Jacques Granger, 1993.

Ronsac Charles, *Trois noms pour une vie,* Paris, Robert Laffont, 1988.

Rossi Tino, *Tino,* Paris, Stock, 1974.

Ruquier Laurent, *Chroniques insolentes,* Paris, Hors Collection, 2003.

Séchan Thierry, *Nos amis les chanteurs,* Paris, Les Belles Lettres, 1992.

Sevran Pascal, *Histoire du music-hall,* Paris, Olivier Orban, 1978.

Spade Henri (textes de), *L'Album de famille de la télévision française 1950-1959,* Paris, Robert Laffont-Éditions des Alouettes, 1978.

Takodjerad Bruno et Lecœuvre Fabien, *Les Années roman-photo*, Paris, Éditions Veyrier, Paris, 1991.

Torr Michèle, *La Couleur des mots*, Paris, Jacques-Marie Laffont, 2005.

Vance Vick, *Vedettes à la une, « Mireille Mathieu »*, Paris, Éditions RTL, 1973.

Principaux journaux et revues consultés :

Carrefour
Combat
France-Soir
Journal de Genève
Jour de France
La Bourgogne dimanche
La Croix
La Dernière Heure
L'Aurore
La Réforme
La Tribune de Genève
Le Crapouillot
Le Figaro
Le Figaro littéraire
Le Monde
Le Parisien
Les Dossiers du Canard
Les Lettres françaises
Le Soir
L'Express
L'Humanité
Marie-Claire
Miroir de l'Histoire
Noir et Blanc
Paris-Jour
Paris Match
Paris-Presse
Télérama
Témoignage Chrétien
24 Heures

Émission *Vivement Dimanche*, du 10 novembre 2002 (n° 167).

REMERCIEMENTS

CHAQUE vie est une œuvre en soit. Dans ce contexte, le biographe a valeur de sherpa. L'intéressant est toujours ce qui ne se voit pas et qui gagne parfois à être connu. Ne parlons pas de « vérité ». Car « il est vain de prétendre que l'on connaît quelqu'un. Chaque personne porte en elle son lot de mystère, son fardeau caché qui explique ses actions à venir. On ne perçoit jamais les autres que par bribes, dans des situations déterminées, mais l'essentiel demeure inexplorable ».

Il nous faudrait un jour écrire ce que nous intitulerions « Les dessous des biographies », tant ce qui précède la conception et la naissance de ce style d'ouvrages foisonne en rencontres avec des personnages insolites ou tout simplement humains, en anecdotes détonantes, savoureuses ou rustiques, en complications de dernière minute et en fabuleux dénouements. Avant le grand lâcher commercial. Avant que l'enfant ne perde à tout jamais le chemin de la maison où il a grandi.

Chez les auteurs itou, la dépression postnatale n'est pas une légende.

Parce que le livre est à l'écrivain ce que le refrain est à l'interprète, équilibristes ou cabots, plumassiers ou artisans des mots, gueulants ou miauleuses, cracheurs de feu ou peintres maudits, les artistes se rejoignent sur un même fil et se comprennent. L'art de l'un au service de l'autre et un objectif unique : donner.

Parce qu'on espère qu'elle est de cette grande famille-là, Mireille Mathieu nous a semblé digne d'une vraie rencontre, à la mesure de son parcours. Ex-vivants et futurs morts s'y côtoient, bons ou mauvais, futiles ou précieux, marchands de bulles ou princes authentiques. Tous ont leur utilité pour nous aider à comprendre le talent qui se cache sous la frange d'une Avignonnaise dont la voix continue à faire trembler le monde : la « petite ». Comment ne pas s'éprendre d'une enfant des garrigues haute comme trois santons à genoux, qui dans ses chansons engage les hommes à rester debout face à l'adversité : « *Si la paix se prend pour la guerre, tu chanteras demain* » (Eddie Marnay/Jean Claudric) ?

Commençons par rendre aux césars de cette aventure ce qui leur revient.

Quand même notre rendez-vous fut tardif, au premier d'entre eux, Raoul Colombe, adjoint au maire d'Avignon pendant dix-huit ans et levier initial de la gloire de Mireille Mathieu, je voudrais dire que je suis heureux d'avoir croisé son chemin. « J'ai quatre-vingt-dix ans ! » annonce M. Colombe, sans fierté ni regrets. Quarante-cinq ans sur chaque épaule et l'enthousiasme d'un boy-scout. Cher Raoul, je ne vous remercierai jamais assez pour votre humour, votre science de Provençal, votre voix gorgée de soleil au service d'un esprit vif, généreux et lucide. Merci pour la confiance que vous avez daigné m'accorder.

Sans Raoul Colombe et tous les éléments et autres documents rares et inédits qu'il a bien voulu mettre à notre disposition, jamais les débuts de Mireille Mathieu dans la chanson (avant et après le *Jeu de la chance*) n'auraient pu être aussi richement reconstitués.

Merci à M. Raymond Marcillac de m'avoir reçu dans son appartement parisien, à proximité de la Maison de la Radio que l'on aperçoit depuis l'un des balcons. Ses renseignements m'ont permis de retrouver Nanou Taddei, la collaboratrice de *Télé-Dimanche*. En sus de Mireille Mathieu, Nanou offrit leur chance à Thierry Le Luron et à Chantal Gallia. Chaque 18 avril, l'imitatrice qui connut son heure de gloire voici quelques années donne signe de vie et de reconnaissance à Mme Taddei.

Ma gratitude envers mon ami Guillaume Biro. Je l'aime, il le sait. Je lui exprime à nouveau toute l'affection et la sympathie qu'il m'inspire et que je lui voue sans conditions. Dieu ne défera jamais ceux que Renée Saint-Cyr a unis. Merci, Guillaume, pour vos précisions et vos souvenirs, toujours d'une rigoureuse justesse.

Juste à côté, Roland Berger, qui fut de l'aventure « Dalida », nous a apporté son propre témoignage sur la personnalité de Johnny Stark. Selon lui, « Pépé Jo » était une grande chose. Il ne pouvait pas plaire aux médiocres.

Merci à Roland Gerbeau, notre guide dans l'odyssée « Tino Rossi », en 2003. Je lui dédie le succès de ce livre à la gloire de mon compatriote corse. Encore une fois, parce qu'il est de ce bois, Roland m'a démontré que l'amitié et l'affection sont des liens qui savent résister au temps.

Quelle chance d'être entouré d'hommes de cette qualité !

Toujours présent également, chaque fois que je fais appel à sa mémoire : Roger Pierre.

Je vous saurai gré, cher monsieur, de recevoir ici la marque de mon infinie reconnaissance.

Alain Fournier, spécialiste de Léo Ferré, m'a éclairé avec efficacité dans l'affaire de la chanson *Lettre à une chanteuse morte*. Merci Alain, veille bien sur tes petits monstres à quatre pattes et sur la cuisson de tes confitures !

Parce que les êtres ne peuvent trouver leur légitimité que dans leur aptitude à l'échange que Michel Fresnay, Jean Henri Martin, Éric Durand et Hervé Marc veuillent bien accepter une poignée de main franche et cordiale pour leur témoignage et leurs précisions.

Un baisemain à Michèle Lorin et à Jacqueline Cartier pour leur concours et leur disponibilité.

Une fleur au généreux Jean-Claude Franssens, dont le site belge consacré à Mireille Mathieu, à la fois libre et respectueux, pétille d'intelligence.

Une pensée particulière pour Alessandro Nielsen.

Trois fois merci à l'ensemble du personnel du département Art et spectacle de la Bibliothèque nationale, au service du bureau d'état civil de la mairie de Huningue et à celui de la mairie de Suresnes.

TABLE

CET OUVRAGE
A ÉTÉ ACHEVÉ D'IMPRIMER
SUR ROTO-PAGE
PAR L'IMPRIMERIE FLOCH
À MAYENNE EN OCTOBRE 2005

N° d'éd. FD083501. N° d'impr. 64163.
D. L. : novembre 2005.
(Imprimé en France)